リーディングス

外から見た奄美諸島

―奄美のアイデンティティは何か―

叶 芳和 編著

【執筆者】
四本延宏 星野一昭 新井典子 及川 高
名越 護 田畑千秋 桑原季雄 ヨーゼフ・クライナー
仲里 効 皆村武一 箕輪 優 安田荘一郎
東 美佐夫 酒井正弘 久保井博彦 指宿邦彦
浜田百合子 南 祐和 叶 芳和

南方新社

まえがき——奄美は人を変える

奄美の魅力を伝える本を作りたかった。卒業して島から旅立つ高校生たちが柳行李に忍ばせる「一冊の本」。旅行者が奄美を深く知るために読む本も必要だ。そのための一冊が欲しかった。専門書ではなく、啓蒙書がいい。

奄美諸島は古代、どこの国にも属さない自由な民から出発し(無国籍)、南海の交流・交易圏で存在を発揮し、一〇〇〇年前、陶器「カムィヤキ」にみるように環東シナ海域で琉球より先進的な存在であった。グスク遺跡出土の穀類を時代測定して分かったことであるが、八～一二世紀、農耕が普及したのも沖縄諸島より早かった。近年の研究によると、奄美諸島は沖縄諸島より進んでいたというのが定説になっている。

古代奄美は元気だった。その後、琉球に支配され、一六〇九年から薩摩に支配され、戦後は米軍統治下に置かれる等再び「被支配国」となり、数奇な運命をたどった。奄美の歴史を「通史」で見ると、実に面白い。心惹かれ、興味が涌いてくる。歴史・文化遺産は最高の地域資源である。観光資源としての価値も大きい。

本書は三部から成る。第一部は奄美学のインフラである。奄美の風土・地理から発した歴史、自然、言語に関する論考。いずれも今日までの奄美を創ってきた基底にある要素である。日本の古代、大和朝廷時代の言葉が残っているといわれるが、隆起サンゴ礁の入り江ごとに隔離された集落ごとに生物相が異なり、同時に言葉も異なり、言語の多様性と生態系の多様性は合わせ鏡のようになっている。いわば〝生物文化多様性〟から奄美語が誕生している。奄美語の研究および保存活動アプローチのイノベーションになろう。

第二部は各論である。「外から見た」奄美論を特集した。奄美の内にいると気づかないが、「外から」見ると大変価値あるものがある。奄美の普通、日常性は外から見れば〝非日常〟であり、それが奄美への観光需要を生み出すように、外からの目が奄美の価値を発見してくれる。この価値を創造し、広めることが、奄美の地域振興に繋がる。奄美のアイデンティティを探る「外から見た奄美」編纂の目的はここにある。

柳田国男、名越左源太、西郷隆盛、田中一村等々を取り上げた。この巨匠たちは奄美に何を見たか。奄美のアイデンティティを探る方法論として、「外から見た奄美」というアプローチを採った。なお、柳田国男は「日本民俗学の父」といわれるが、柳田は奄美・沖縄に多くの古い文化が残っていることを発見、そのことが民俗学という学問を創り出すことに繋がったといわれている。

第三部は、奄美のイッピンである。一番のイッピンは「人」であろう。司馬遼太郎は奄美大島加計呂麻出身の一貫《いっかん》さんを「天国からまぎれこんできたひと」と言っているが、これも奄美の本質を見抜いた表現だ。司馬は加計呂麻島を天国と見たのである。奄美で育つと人が希人《まれびと》になる？

「ゆっくり時間が流れる」。これこそ奄美の特徴だ。亜熱帯の柔（和）らかな自然、外海離島という地理が、「一貫さん」を育てた。みんな同じだ（中学卒まで一五年、高校卒まで一八年、ゆっくり流れる時間の下で育っている）。奄美の一番のイッピンは「人」である。これが忘れられている。観光も、奄美の良さがわかるこの財産を生かした観光がいい。

「島唄が聴こえたらそこは「奄美」になる」。奄美育ちにとっての奄美のイッピンは、「島唄」ではないか。三味線《しゃみせん》の音に乗った島唄を異郷の地で聴いた時の嬉しさ、懐かしさは奄美に生れ育った者に共通の感性だ。島唄は生涯、心に住みついている。将来、地球のどこに根を張ろうと、「島唄が聴こえたらそこは「奄美」になる」。旅行者にとっても、民謡は旅情を掻き立てる。自分のふるさとの民謡と重ねて聴いているのであろう。

奄美の風土は、亜熱帯の気候と自然、四方海に囲まれた外海離島から育まれた。島唄も、伝統的な島料理も、大島紬も、歴史も、この風土に発している。奄美のアイデンティティは奄美の風土から出ている。島ごと集落ごとに言葉が異なる奄美語も、奄美の自然が育む生物多様性に由来している。

奄美の風土は、人を変える力がある。西郷隆盛は奄美を見たから日本史を変えたといわれる。奄美に触れて、ものの考え方、人生を変えた人は沢山いる。亜熱帯の自然、そのもとで育まれた人情等々が、訪れる人を変えるのであろう。移住を希望する人が多いのも、そのためであろう。

古代奄美人は「海洋の民」であった。その頃、奄美は元気だった。今、過疎化に悩んでいる。飛行機の時代になり、奄美の優位性である海路を使わない時代になったからであろうか。多分、否！「海洋の民」の精神は飛行機より高いはずだ。地域振興は、奄美のアイデンティティを探り、それに立脚した政策、発展戦略を模索すべきと思われる。

本書の書き手は多様で、いろんな立場の人がいる。歴史分析の方法は帰納法か演繹法か。混在しているが、本書ではそれを是とした。また、文体も様々だ。それも、各位の個性を生かすことにした。伸び伸びとした思考で議論してほしいからだ。

私は奄美学専攻ではない。本書の編集作業をしながら多くのことを学んだ。今回は「奄美学事始め」になった。二〇本の寄稿文には、奄美人にとっても「知らなかった奄美」が沢山出てきた。新たな発見が随所にある。編者にとってこれ以上の喜びはない。幸せ！　寄稿された皆さんに改めて感謝を申し上げたい。

なお、本書は編集過程で、オンライン研究会というまだ慣れない方法を採った。論文の寄稿者は奄美在住者だけではなく、東京、沖縄、鹿児島、熊本から参加した。一堂に会して議論できないので、インターネットの技術進歩という新しい時代にふさわしく、ズーム会議で学会並みの研究会を開催した。論文執筆者相互にコメントし合うだけではなく、部外者にもコメンテーター役を果たしていただいた。本書は、当初想っていた以上に良い本になったが、コメンテーター付きオンライン研究会の成果が大きかったと思われる。

良い本になったと思う。未来の奄美づくりに寄与できれば、望外の喜びである。

二〇二五年一月

叶　芳和

リーディングス　外から見た奄美諸島——奄美のアイデンティティは何か——目次

第一部　奄美学のインフラ　歴史・自然・言語

第1章　考古学から見た奄美―カムィヤキ発掘―

四本延宏

一　はじめに

奄美・沖縄・先島諸島はかつて貝の道・道の島・海上の道などと呼ばれた。島々は、夜光貝・ゴホウラ貝等の産地及び搬出経路として、また遣唐使船の南島路として環東シナ海における文化の交流・航海の要所としてその役割を果たしてきた。

『日本書紀』によると六八二年、阿麻弥人《あまみ》（奄美人）は多祢人《たね》（種子人）、夜久人《やく》（屋久人）と共に禄を賜っている。また『続日本紀』によれば六九八年朝廷は「南島」に使者を使わし、翌年には多祢・夜久・奄美・度感（徳之島）の人が使節に従い、朝貢を行ったとある。同じく『続日本紀』には、平安遷都から一〇年後の七二〇年には一三二人規模で朝貢を行ったとの記録があり、当時の南島と日本本土間において航路は確立されていたと考えられる。一〇世紀末の九九七年、藤原実資《ふじわらのさねすけ》の『小右記《しょうゆうき》』において、奄美人が九州地方を襲い三〇〇人もの人や物を奪ったと記録されている。『日本紀略』に九九八年には大宰府から喜駕島に南蛮賊の追捕が下知され、翌九九九年には追討したことが記録されている。

ところが、奄美・沖縄・先島諸島に関する記述はこれ以降ほとんど文献にみられず、古代から中世にかけての歴史は暗闇の状態であった。

しかし一九八三年、徳之島でカムィヤキ古窯跡群が発見されると、奄美・沖縄列島における徳之島の歴史的評価は変貌した。琉球列島のみならず全国から注目されるようになったのである。

はじめに、カムィヤキ窯跡発見に至るまでと発掘調査等の成果について述べる。次にカムィヤキ窯跡発見以来四一年が経過するなかで、多くの研究者により飛躍的に進んだ琉球列島の歴史像を紹介し、カムィヤキのもたらした社会変革をあきらかにしたい。

二　生産地不明・謎の焼き物「類須恵器」との出会い

筆者が徳之島カムィヤキ陶器窯跡発見につながった運命的ともいえる一冊の本がある。学生時代に手にした、長澤和俊編『奄美文化誌―南島の歴史と民俗―』（西日本新聞社、一九七四年）である。熊本大学教授の白木原和美《しらきはらかずみ》氏が奄美の歴史を述べる中で、「新時代の到来」という章において琉球列島から出土する焼き物について述べていた。要約すると、日本本土の須恵器によく似た焼き物が奄美・沖縄・八重山に濃密に分布し、生産地は不明であるが、シナ海世界におけるインターナショナルな趣を持つとあった。

白木原和美氏はその焼き物を日本本土の須恵器と区別するために「類須恵器《るいすえき》」と仮に名付けた。その「類須恵器」は、しばしば鉄の鋳《い》くずと一緒に発見され、一つの焼き物にはモミ痕が残され、南西諸島で一番古い米の証拠を示している。この焼き物と共に本土系の文化が鉄と米を本格的に伴って南西諸島に押し寄せ、それによって新しい力を蓄えると、奄美・沖縄の人々はやがて本格的な政治社会（按司の時代）を建設し、土器文化のころからなじみの深かった中国南部やインドシナ方面と万里の波濤を乗り越えて盛んな交易をはじめ、それらの文物を北九州に伝える大活躍を始めたということになる。このように述べていた。

筆者は一九七九年に大学を卒業し、徳之島に戻ってきた。そして一九八〇年に開館した伊仙町立歴史民俗資料館の臨時職員になった。業務は資料の収集・洗浄・燻蒸・整理・注記等が主であった。資料の中に、当時伊仙町の郵便局職員であった義憲《ぎのりかず》和氏が収集した多量の焼きもの片が詰まった木箱や段ボール箱もあった。中には、白木原論文の「類須恵器」が相当数含まれていた。この時が「類須恵器」との出会いであった。当時、資料の採集地とされるミンツィキ集落址《あと》を歩くと、畑の中や畔にも「類須恵器」が散乱していた。歴史民俗資料館の毎日は徳之島の歴史や文化の発見の日々でもあった。

そんな折、鹿児島短期大学付属南日本文化研究所発行の『南日本文化・第九号』（一九七六年）に、白木原和美氏と義憲和氏の連名で発表された「大島郡伊仙町の先史学的所見」との題の論文に接した。ミンツィキ集落址出土の「類須恵器」について、白木原和美氏は韓国の西海岸方面から輸入された可能性が強いとするのに対して、義憲和氏は異論を唱えた。それは出土品の中には熔着《ようちゃく》の跡や焼きひずみを生じたものがあるが、こうしたものは梱包の際に除かれるのが当然であるので生産地は至近の地域に限定されるというものだった。まさに生活者としての発想ともいうべきもので、この地元生産説は徳之島出身の私にとって魅力的であった。

三　窯跡発見

徳之島の伊仙町伊仙集落と馬根集落のほぼ中間の山林に、カムィヤキ池という名の溜め池がある。近くにはほかにもいくつか溜め池があり、古くから近くの集落の灌漑用及び飲料用水として利用されてきた。

ところでこのカムィヤキ池という風変わりな名前については、戦後間もないころまで沖縄から来た一人の陶工がこの池の近くで甕《かめ》（カムィ）を焼いていたから、そう呼ばれていると父や集落の古老から聞いていた。

一九八三年六月一六日、私はその話が気になっていたので溜め池周辺の調査に出かけた。梅雨時期で山中は蒸し暑いうえに足元は滑りやすく、ハブにも注意しながらの調査だった。

昼前に、カムィヤキ池近くにたどり着いた。池は改修工事中で、水が抜かれ法面は表層を削られて底部まで露出していた。ため池の東側の林や法面を歩いたが何も見つからなかった。次に西側に移動していくと、路上にあの「類須恵器」が一点、さらに前方には四、五点落ちていた。急いで池の西側斜面を駆け下りてみると、そこら中におびただしい数の「類須恵器」片が散乱していた。さらに真っ黒い炭と類須恵器片がぎっしりと詰まった層も確認できた。これは窯跡かもしれないぞと、はやる気持ちを抑えながらあたりを注意深く見まわした。すると池の法面中腹に、直径が一・五メートルほどの焼けたような暗褐色の土が楕円形上に浮き出ていた。手で触れてみると楕円を成している部分は非常に硬く、そこだけ高さ約一〇センチメートル、幅七センチメートル程度盛り上がっていて、明らかに窯壁の一部だと直感した。突然の衝撃と興奮に震える体を抑えながらカムィヤキ池を這い出して、伊仙郵便局にとびこみ、執務中の義憲和氏に「見つけました。類須恵器の窯跡を見つけました」と大声で叫んだ。

午後から義氏と二人で再度現場の調査をしたところ、カムィヤキ池の西側約五〇メートル地点においても窯跡を見つけた。伊仙町教育委員会に報告するとともに鹿児島県教育委員会文化課にも電話による報告を行った。文化課も驚いた様子で「本当に類須恵器を焼いた窯跡の発見なら重要なことだ。すぐにでも文化財担当職員を行かせるから、もう一度発見現場を詳しく確認して報告してくれ」とのことだった。そこで再々度、現場に行き窯跡だと確信したうえで担当職員の派遣を依頼した。担当者や専門家が来島して新たに窯跡であることを確認し、今後の保護対策等について伊仙町と協議した。

徳之島の方言では甕《かめ》や壺《つぼ》を総称して「カムィ」という。つまりカムィヤキ池とは甕（カムィ）を焼いた（ヤキ）池の意味だったのである。こうしてカムィヤキ池という名称は「類須恵器」を焼いた窯に由来する地名であることが確認された。このことから、島の地名の持つ意味の重要性にも気づかされたのである。もし筆者が、カムィヤキ池という地名を知らなければ、調査に行くことはなかったのである。

それまで諸説あった「類須恵器」の生産地は韓国でも日本本土でもなく、徳之島のカムィヤキ池一帯だと確定されたのである。千年近くの眠りから覚めた徳之島のカムィヤキ窯跡は、謎の多い奄美諸島・沖縄諸島・先島諸島の古代から中世に移る闇を照らす光として登場したのである。

四　発掘調査及びその後の経過

窯跡発見翌年の一九八四年一〇月からカムィヤキ池部分（阿三亀焼支群第二地区）の発掘調査（写真1）が始まった。調査は鹿児島県文化課の新東晃一氏、青﨑和憲氏が担当した。一二月からは西側斜面（阿三亀焼支群第一地区）

写真１　発掘された窯跡

の調査が実施された。続いて一九八五年には、近くのヨヲキ洞穴遺跡の発掘調査時に阿三柳田（南）支群が発見された。調査の結果、カムィヤキ古窯跡の重要性が評価され、一九九一年には亀焼支群第一地区が鹿児島県指定文化財として登録された。その後、調査は一段落したような状況になった。

ところが、文化庁の坂井秀弥調査官の国指定史跡に向けての積極的な指導により、大きな転機が訪れた。一九九六年度から一九九九年度にかけての重要遺跡確認緊急調査事業により伊仙町阿三・伊仙・検福の国有林を中心とした山中に多数の窯跡及び灰原が確認された。また新たに窯跡の発掘調査も行われて、窯の構造や遺物の出土状況もより明らかになってきた。

二〇〇一年度から二〇〇四年度にかけてはカムィヤキ古窯跡群発掘調査等事業が実施され、国指定史跡に向けての地形図作成や各種の分析調査が行われた。その結果、古窯跡群は七支群一八地区二七地点（写真２）に分類された、窯跡の総数は少なくとも一〇〇基以上とされている。

また、二〇〇一年には奄美群島交流推進事業・カムィヤキ古窯跡群シンポジウムが開催され、国内外から多くの研究者や考古学ファンが参加し、その総数は一〇〇〇名を超えるという注目度の高いものであった。

そして二〇〇七年には、カムィヤキが琉球列島における陶器生産の始まりであり、当時の社会・経済を知るうえで欠くことのできない遺跡であるとの重要性が評価され、国指定史跡カムィヤ陶器窯跡として登録された。

五　カムィヤキ陶器窯跡群の環境とカムィヤキ窯

カムィヤキ陶器窯跡群は徳之島の南西部伊仙町の阿三・伊仙・検福の国有林内において発見されている。窯数は一〇〇基以上と推定され、標高一七〇メートルから二〇〇メートルの丘陵の傾斜地中腹に築かれる。この丘陵の尾根筋には東西に一キロメートル以上の里道があり、この里道から更に枝状に各窯跡に里道が延びる。この里道により各窯跡は結ばれている。

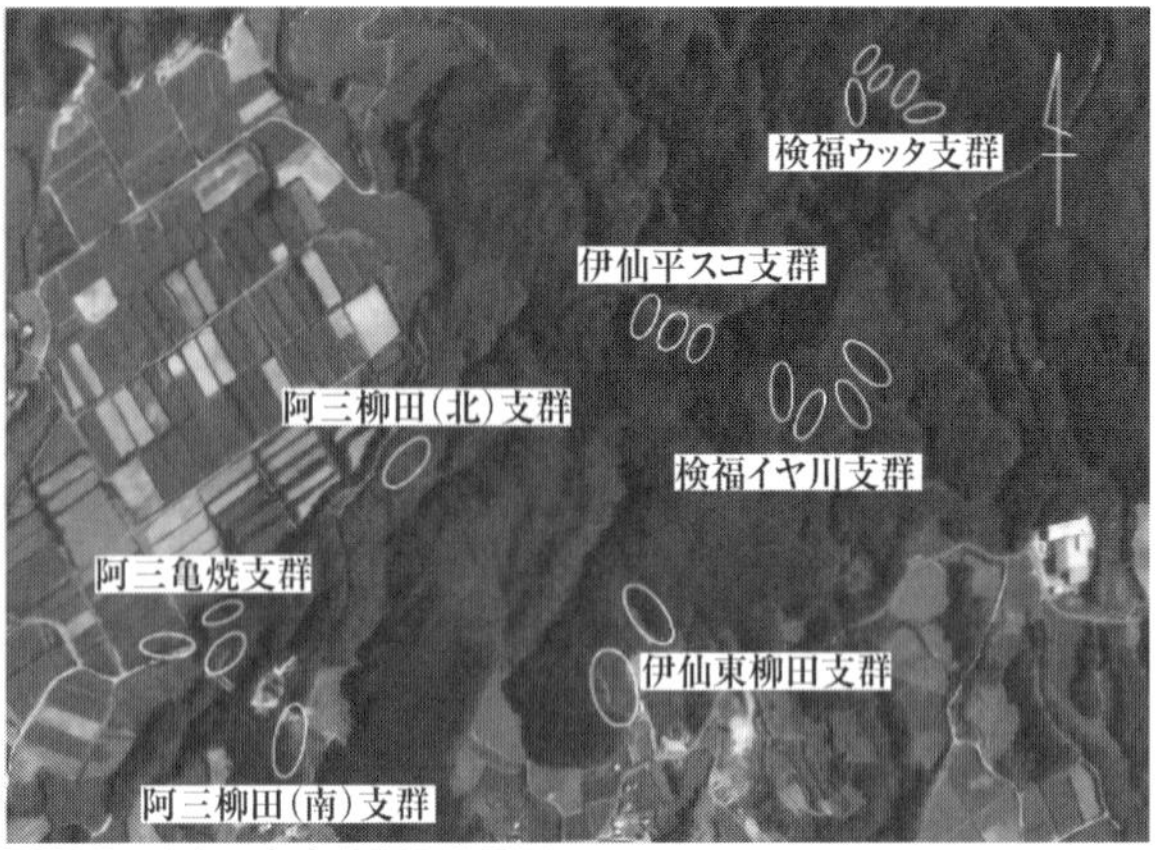

写真２　カムィヤキ古窯の位置図

焼き物に必要な粘土・水・燃料となる薪を得るには適した環境だったと考えられる。窯跡の位置図を徳之島の地質図に重ねてみると窯跡は花崗岩風化土地帯に重なることが分かる。このことから窯を構築した工人たちは、焼成温度が一二〇〇度以上の高温に耐えうる粘土を入手しやすいこの地を選んだことが想定される。伊仙町の大部分は隆起石灰岩地帯で水は地下に浸透するが、付近は火成岩である花崗岩地帯であるため溜め池として水を蓄えることができる。燃料の薪は、現在も広く分布するスダジイ・カシ類が主であったことが窯跡の木炭の樹種同定により判明している。

一九八四年一〇月のカムィヤキ池の発掘調査では七基の窯跡が出土し

た。また同年一二月から西側斜面の調査が行われ、こちらも七基の窯跡が確認でき、一基を発掘調査した。窯の特徴としては山の斜面を利用し、トンネル状に掘った登り窯であり、窯の形状は焚き口がすぼまっていて内部はゆるやかに広がり、煙道へとつながる。窯の形状は熊本県下り《さが》山《やま》窯や韓国でみられる窯に類似するとされた。焼成部は無段で傾斜度が三〇度から四〇度と急なため焼き物を乗せる焼台が多数置かれている。窯の規模としては幅が一メートル、長さが四～五メートルで本土の窯に比べると小さいのが特徴とされる。

器種としては甕・壺・鉢・碗・水差しがある。それまでは各地で出土する壺のみが注目を集めていたが多くの器種が確認されたのも成果である。

カムィヤキの制作方法は、まず粘土板を底部として粘土ひもを積み上げ削りと叩き締め技法で器形を整える。次に整形の最終段階として轆轤《ろくろ》を使用してナデ仕上げを行う。また壺の一部には頸部《けいぶ》に波状沈線をめぐらしているものもあり、カムィヤキの大きな特徴とされている。その後、地下式の登り窯で焼成（約一二〇〇度以上）し、最終段階では焚口と煙突部を閉鎖する。このような焼成方法を還元焼成といい、胎土《たいど》中の鉄分が還元されて、鉄特有の青灰色に変化する。

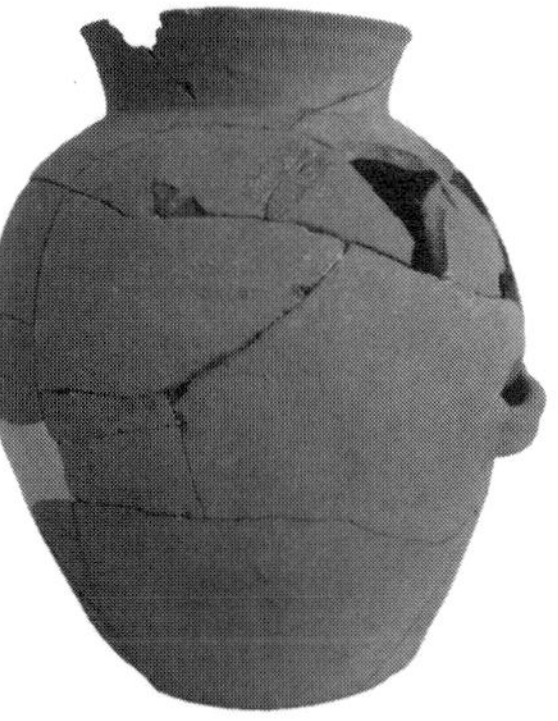

写真３　横長把手付のカムィヤキ

カムィヤキと福岡の鴻臚館《こうろかん》や博多遺跡群出土の高麗陶器《こうらいとうき》について比較を行なった赤司善彦氏は、カムィヤキの器形、口縁部《こうえんぶ》の形態、成形、調整方法、焼成方法から見る限り高麗の無釉陶器《むゆうとうき》製作技術と深い関わりがあり、高麗の陶工が関与した可能性が高いと述べている。特にカムィヤキの壺の体部に横長の把手《とって》を貼り付けその体部をくぼませたものを実見したときに高麗陶器との類似を強く意識したと述べている（写真３）。

また、カムィヤキの製作技術について熊本の下り山窯製品及び高麗陶器とを詳細に比較した新里亮人《しんざとあきと》氏は、焼き上がりの雰囲気と製作技術の両面において類似するのはカムィヤキと高麗陶器であり、両者は技術的に密接な関係にあると述べている。カムィヤキは南北一二〇〇キロメートルにも及ぶ琉球列島のほとんどすべての島々及び九州の西北地域において出土している。カムィヤキの分布について調査したのが池田榮史《いけだよしふみ》氏である。池田榮史氏は「増補・類須恵器出土地名表」（二〇〇三年）において三四五遺跡を報告している。池田榮史氏は九州地方からの出土があることは、類須恵器（カムィヤキ）の生産や供給について、中世南九州と何らかの関係を持っていたことを示唆する可能性が想起される、と注目すべき発言をしている。その後も出土遺跡は増加し最近では四〇〇遺跡を超えるとされ、九州では長崎県においても出土している。

六　カムィヤキ陶器窯跡の自然科学的分析結果について

窯跡の発掘調査と共に自然科学的分析が実施された。窯の操業年代、焼き物の粘土の分析、地中の窯跡探査、燃料の樹種の同定を実施し、それぞれ成果をあげている。調査内容結果については以下のとおりである。

①放射性炭素年代測定

窯跡から出土する木炭片を調査することにより、窯の操業年代を測ろうとするもので、数回実施されている。一九八四年には三点の試料を京都産業大学の山田治氏に調査依頼し、西暦一〇五〇＋－四五年、一二一〇＋－一三〇年、一一四〇＋－五五年との年代が得られた。また二〇〇二年から二〇〇五年度にかけては七点の試料を古環境研究所に依頼して、九五パーセントの確率の暦年代として、西暦九九〇～一一六〇年、一〇〇〇～一二一〇年、一〇二〇〜一二〇〇年、一〇三〇〜一二五〇年、一〇二〇〜一二二〇年、九八〇〜一一七〇年、一〇三〇〜一二四〇年という年代が得られた。この結果からは窯の操業年代は一〇世紀末から一三世紀中頃となる。

②地磁気年代測定

岩石や土に含まれる磁鉄鉱が磁気中で加熱されると当時の地磁気の方向と同一になることを利用して、熱を受けた場所（窯跡）の年代を決定するものである。本調査は五基の窯跡について島根大学の時枝克安氏、伊藤晴明氏に依頼して実施した結果、窯の操業年代は一二世紀中頃〜一三世紀前半とされた。

③蛍光X線分析

焼きものの原料である胎土（粘土）を分析することにより焼きものの性質や生産地の同定等に活用するものである。一九八四年と二〇〇一年から二〇〇四年にかけて三辻利一氏（大谷女子大学教授）に依頼して実施した。この結果カムィヤキは非常に鉄分が多く、なかには隆起石灰が由来と考えられるカルシウム分が多いものがあると判明した。一九八四年の調査において、カムィヤキ陶器窯跡、面縄のウガンウスジ、伊仙のミンツィキ集落址、犬田布のアジフー、沖永良部島の赤嶺原遺跡出土の陶片をそれぞれ分析したところ、五点すべてがカムィヤキ窯産であることが判明した。

④磁気探査

磁気探査とは窯跡を直接発掘することなく、窯跡の位置や数を調べようとするものである。土壌に含まれる鉄分が七七〇度以上の熱を受けると磁性の変化を起こすことを利用して、窯跡を探す方法である。調査は奈良国立文化財研究所職員の西村康氏及び兵庫県教育委員会の西口和彦氏に依頼した。地表からは痕跡を認めることができない地点においても窯跡としての反応を示す箇所が明らかになった。

⑤樹種同定

カムィヤキ窯跡から採取した木炭片二四点の樹種同定を古環境研究所に依頼した。その結果、オキナワジイ一四点、コナラ属アカガシ亜属（ウラジロガシ、オキナワウラジロガシのいずれか）二点、モチノキ属一点、ヤブツバキ一点、サカキ二点、アワブキ属一点、エゴノキ属一点、環孔材一点に分類された。いずれの樹木も亜熱帯または温帯から亜熱帯に分布する樹種であり、当時の遺跡周辺で採取可能であったと報告している。

七　カムィヤキの共伴物からの操業年代について

前述したように、自然科学的分析によるとカムィヤキ窯の操業時期は一〇世紀末から一三世紀中頃となる。一方で各遺跡からカムィヤキと共伴する遺物についても検討してみたい。

一点目に滑石製石鍋《かっせきせいいしなべ》があげられる。滑石とは非常に軟質で加工が容易な材で石鍋の原料となる。主な生産地は長崎県西彼杵《にしそのぎ》半島が中心であり、一一世紀頃に出現し、一四世紀後半頃には減少したとされている。滑石製石鍋の形状は、初期の把手付《とってつき》石鍋と後期の鍔付《つばつき》石鍋に大別される。琉球列島でカムィヤキとともに出土するのは初期の把手付石鍋が中心であることが指摘されている。

また石鍋については、完成品の石鍋とは別に石鍋破片が持ち込まれた可能性があるとの説がある。その破片の粉末を粘土に混入して、滑石混入土器が作成されたと考えられている。

次に共伴する遺物として中国の玉縁《たまぶち》の白磁碗《はくじわん》がある。玉縁の白磁碗は、碗の縁《ふち》の断面が厚くなる独特の形をしている。玉縁の白磁の中国における生産時期は一一世紀からとされており、カムィヤキ窯の操業時期を考えるうえで参考になる。

また、玉縁の白磁碗を模したカムィヤキ製品も出土するため、カムィヤキの工人たちがこの白磁を模倣したことは確実である。

まとめるとカムィヤキ窯の操業時期は、長崎県産の滑石製石鍋が流通し、同時に中国産の玉縁の白磁が流通した時代ということになり、一一～一四世紀頃と考えられる。

八　カムィヤキ窯の操業及び交易について

カムィヤキは奄美諸島・沖縄諸島・先島諸島の全域から出土するとともに九州の鹿児島・熊本・長崎の一部の遺跡からも出土していて、その流通範囲は南北一二〇〇キロメートルにも及ぶ。カムィヤキが流通する以前の琉球列島の状況は、奄美諸島と沖縄諸島はそれぞれ独自の土器文化があったが、先島諸島は沖縄諸島からは約二〇〇キロメートル離れていて、無土器文化の時代であった。また先島諸島の文化は、どちらかというと台湾やフィリピンの文化に近いと考えられていた。

徳之島でカムィヤキ窯が開業され、土器文化に終わりを告げる新しい焼き物の生産を始める。その焼き物は、何者かによって琉球列島全域に運ばれ、奄美諸島・沖縄諸島・先島諸島の焼き物文化を同一文化にまとめ上げるのである。当時の琉球列島はまだ農耕社会でなく、狩猟・漁労・採集を中心とした縄文時代とさほど違わない社会だった。

このような時代に、カムィヤキの生産、流通、交易、開窯はどのような組織によって運営されたかについては次のような考えが提示されている。

カムィヤキ窯の操業について

吉岡康暢《よしおかやすのぶ》氏は、カムィヤキ窯跡群を珠洲《すず》、常滑《とこなめ》・渥美《あつみ》、東播《とうばん》と並ぶ四大広域中世陶器窯と位置付けたうえで、「薩南地域の在地領主が主導し按司層との連携を図り、招き寄せられた高麗陶工の指導を受けて南九州の陶工が在地の土器工人と共に編成され、南島型の中世須恵器が創成されたと想定しておきたい」と述べた。

しかし、その後吉岡康暢氏は、喜界島における考古学的調査の進展によって、九世紀以降倭人の植民的基地の性格が濃厚であることが明らかになったとする。そのうえでカムィヤキ窯の営業主体は、博多に直結する喜界島勢力に主導され、徳之島の按司層と連携した植民倭人勢力である公算が極めて大きくなった、と前説を修正した。

また新里亮人氏は、「中世前期における海外貿易は博多において独占的に展開されていた」と想定し、日麗貿易と関連しながら「博多に拠点を置く商人を介した高麗陶工は、徳之島に窯業技術を伝え、朝鮮半島的な中世須恵器窯跡であるカムィヤキ窯を開窯したと考えておきたい」と述べている。

いずれにしても、一一世紀初頭のカムィヤキ窯の開業については、その生産技術を有し、製品の流通域を把握し、海上交通を支えうる技術と力を持つ強力な組織があったことを想定せざるを得ない。

カムィヤキの流通・交易について

村井章介氏は、尾張国千竈《ちかま》郷出身で川辺郡の得宗《とくそう》被官である千竈時家が一三〇六年四月一四日に三人の男子、二人の女子、二人の配偶者に所領を分譲したことを記録した「千竈文書」に注目している。カムィヤキの流通を考えるうえで特筆すべきこととして、所領《しょりょう》の対象として尾張国・薩摩国のほかに喜界島・大島・徳之島等を含む「島」

までが分譲されていることを挙げている。ちなみに、徳之島は女子姫熊《ひめくま》に分譲されている。所領としての「島」の保有には、交易に関わり、交易を管理することで実現される経済的権益があったと考えられる、カムィヤキの搬出がその一翼を占めていたとすればおもしろい、と述べている。

次に、村井章介氏は、環東シナ海における交易ルートについて一四七一年に朝鮮王朝の申叔舟《しんしゅくしゅ》が編纂した『海東諸国記』の絵地図をあげる。この資料はカムィヤキ廃絶後の資料ではあるが絵地図はカムィヤキ時代を考えるのに役立つとして採用している。『海東諸国記』は、当時の朝鮮と日本・琉球との外交にあたって備えるべき解説書であり、

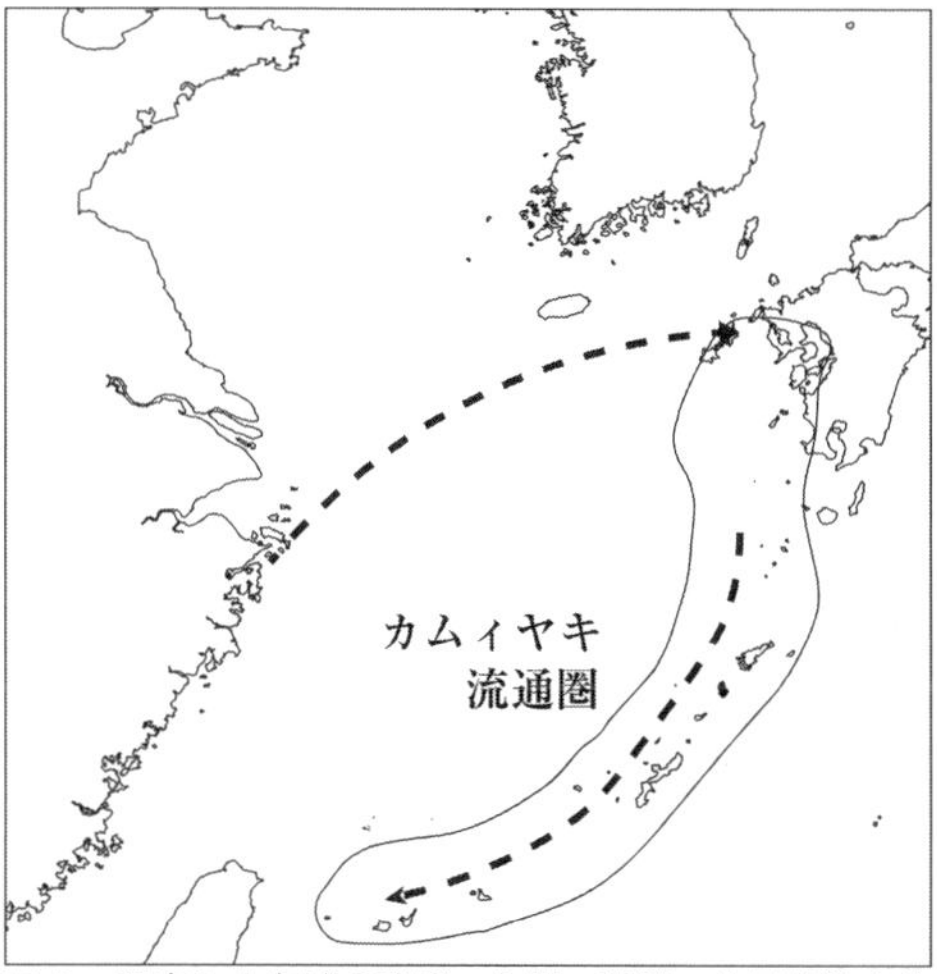

図１　環東シナ海域の琉球、九州、朝鮮、中国を結ぶ壮大な交易圏が確立されていた

中の絵地図には琉球・奄美・九州・朝鮮へ延びる航路としての線が描かれている。また、東シナ海上の島々は極めて詳細に航路の要所から距離や各島がどこに属しているかも描かれている。例えば、恵羅武《えらぶ》（口永良部島）は「去上松浦《かみまつうら》一百六十五里、去大島一百四十五里、去硫黄島《いおうじま》二十七里」とあり、度九島《とくしま》（徳之島）については「去大島三十里、属琉球」と大島（奄美大島）から三〇里あり、琉球に属すると当時の航海において必要な情報が書かれている。

村井章介氏は、「いまでこそ辺境の離島として注目されることが少ないこの海域の島々が、中世の環東シナ海域では、きわめて大きな役割を果たしていたのである。そこでは多民族の混在する海上交通のネットワークが活発に機能し、それがこの海

域を、「辺境の離島」どころか最も生産的で活動的な空間にしていた」とするのである。

徳之島のカムィヤキ窯の操業は高麗の影響を受けたとされ、その製品は九州の西海岸から琉球列島全域にかけて出土する。またカムィヤキには長崎県西彼杵半島産の滑石製石鍋・宋の玉縁白磁碗が共伴して出土する。以上のことから考えると、環東シナ海域の徳之島（琉球列島）、長崎を含む九州（日本）、高麗（朝鮮）、宋（中国）を結ぶ壮大な交流・交易圏が確立されていたのは確かであろう（図1）。

カムィヤキ窯の開窯目的

この時代、琉球列島から多くの産物が各地へ交易品として運び出された。当時の産物としては夜光貝・ビロウ・赤木・硫黄などがあげられる。これらの南島産物との交換物資としてのカムィヤキを生産するためにカムィヤキ窯は開窯された、とする説が一部にはあった。

ところが喜界島の城久遺跡群の調査が進み、遺跡の性格が明らかになるにしたがい、異なる説が出ている。高梨修氏は仮説として、「類須恵器の大量出土が認められる消費地遺跡がほとんど喜界島と徳之島に限られるという分布状態（中略）から考えるならばやはりカムィヤキ古窯跡群の生産陶器（類須恵器）は、喜界島に供給する目的で生産された可能性が高いのではないか」と述べている。

池田榮史氏はさらに、「琉球列島への大量の人の移住そのものを進めなければならない状況が日本列島の側に生じていた。（中略）滑石製石鍋破片やカムィヤキ製品は、南島産物の交換物資としてではなく、はじめから琉球列島へ移動する人々を対象として持ち込まれた製品や製作技術である。滑石製石鍋破片やカムィヤキ窯の製陶技術は、移住民の生活必需品である調理具や供膳《きょうぜん》具、貯蔵具を琉球列島内で供給するために、九州から南下する人々によって伝えられた。（中略）なお、これらの技術や製品の導入には、九州の西海岸を介して朝鮮半島と琉球列島を結ぶ海上航路の航行に長けた人材や、集団の参画が欠かせないことは言うまでもない」と述べる。

カムィヤキ窯の操業・交易・目的等については、これまで取り上げたように諸説がある。まだまだ解決されなければならないことだらけである。新たな遺物、遺跡の発見や発掘調査等が行われるたびに修正され、新たな歴史観が構築されるものと期待したい。

九　城久遺跡群・先島諸島とカムィヤキ

カムィヤキの生産・流通については、喜界島の城久遺跡群がにわかに注目され始めてきた。また先島諸島についてはカムィヤキの流通が、長く続いた無土器文化を終わらせたことが特に注目される。そこで、城久遺跡群については谷川健一氏、先島諸島については谷川健一氏及び大濱永亘《おおはまえいせん》氏の考えを著書より引用して紹介したい。

城久遺跡

奄美大島にほど近い喜界島には台地の上に城久と呼ばれる集落があり、そこの遺跡から大量の石鍋の破片やカムィヤキ土器、または青磁や白磁などが出土したことはすでに述べた通りである。それと奄美大島のヤコウガイ、徳之島のカムィヤキ土器などを合わせて考えると、大宰府や薩摩の豪族による南島経営の最前線、あるいは博多商人や宋商人の南島交易の先端拠点として、城久遺跡はきわめて重要な位置を占めていたことがわかる。

これからすれば、一一、一二世紀の奄美諸島は、琉球弧の中で最も早くから開けた地域であったことは明らかである。（中略）つまりグスク時代の黎明期には奄美のほうが沖縄本島よりもはるかに先進地であったことを喜界島の城久遺跡は如実に物語っている。（谷川健一『甦る海上の道・日本と琉球』文春新書、二〇〇七）

先島諸島について

①谷川健一氏

人間社会において文化は漸新するものではなく、一挙に飛躍し開花することがしばしばである。わが南島もこの例に洩れず、琉球社会は一一、一二世紀にはいると劇的に突如変化を見せる。それまで、沖縄本島では貝塚時代、先島では無土器時代がつづいた。八重山ではそのような石器時代が千年もの間存在した。この気の遠くなるような原始生活の長い眠りからゆり覚まされたのは、日本から与えられた文化の衝撃によるものだった。（同前掲書）

②大濵永亘氏

石垣島の平久保ジーバ川河口貝塚からカムィヤキの外来文物などが発見されたことから、一一世紀後半に徳之島のカムィヤキなどを携えて来島した人々が無土器時代の先住民と融和しつつ定住し、初めて土器文化を伝えたと推測される。とくに、石鍋模倣土器・滑石混入土器などの出土状況や形態からは、土器技術にたけた人が土器を生産していた可能性が高い、としてカムィヤキは焼き物ばかりでなく、同時に人の移住定住・土器製作技術が伝わって無土器時代が終わる、としている。

さらに、スク文化初期の各遺跡における外来文物の出土状況をみると長崎県西彼杵半島産の滑石製石鍋や中国製の白磁玉縁口縁碗よりも徳之島のカムィヤキが数多く出土していることがわかる。したがって南島の最南端八重山諸島ではカムィヤキの流通を担った人々によって先島経営が行われたと考える、と述べている。（大濵永亘「八重

山諸島の交易」谷川健一編『日琉交易の黎明』森話社、二〇〇八）

十　おわりに

カムィヤキについては琉球列島の土器文化を終わらせるとともに琉球列島を同一文化圏にまとめ社会変革の基盤となったことが大きな成果である。続く一四世紀中頃になると沖縄島に北山・中山・南山の三大勢力が起こり、それぞれが国として中国と朝貢貿易を始める。環東シナ海における交易はますます活性化し、中国から青磁・白磁・染付等の焼き物が大量に入るようになる。その結果、カムィヤキの需要は減少していき、カムィヤキ窯は廃絶したのではないかと考えられる。

一五世紀になるとこのカムィヤキ文化圏を版図とする琉球王国が成立し、黄金期を迎えるのである。

カムィヤキは窯跡発見から国指定史跡指定以降も様々な調査研究が行われている。また、琉球列島の古代から中世にかけての、歴史文化を研究する研究者や歴史家にとっては、避けてはとおれないテーマである。多くの研究者がカムィヤキについて様々な視点からアプローチしている。どのようなテーマでカムィヤキに迫ろうとしているのか、調査報告

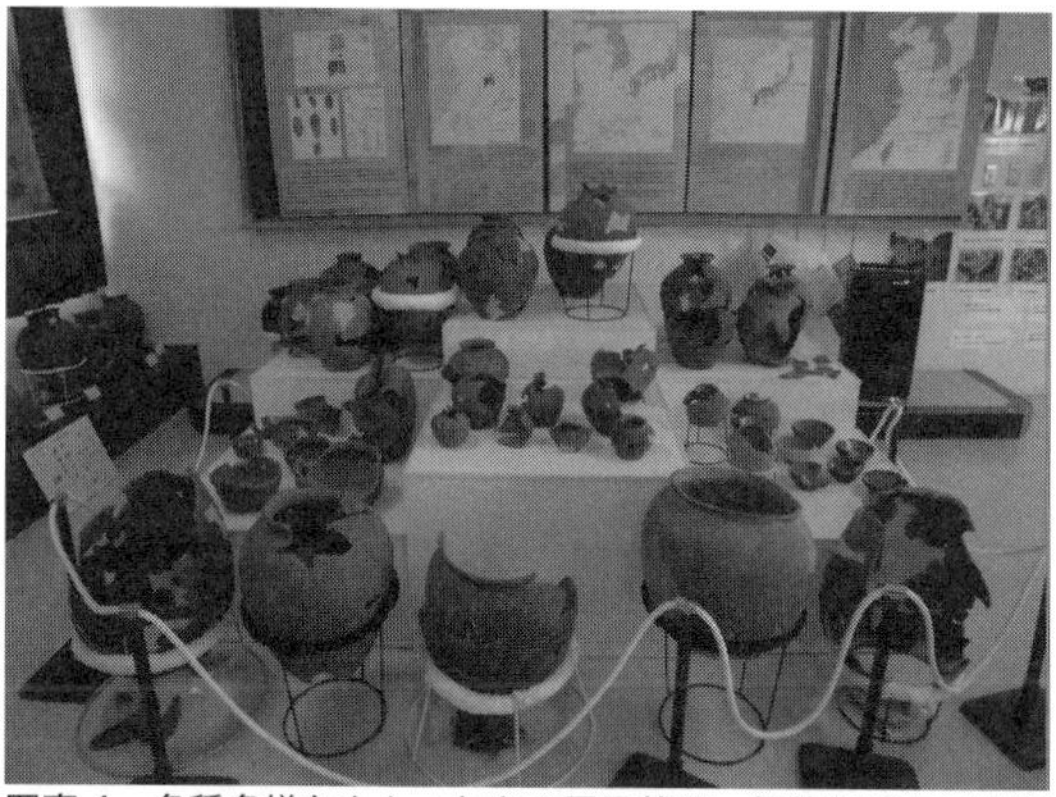

写真４　多種多様なカムィヤキの展示状況・伊仙町歴史民俗資料館

書・研究論文・シンポジウム等での発表から筆者が知りえたものを紹介した。

読者が琉球列島の歴史においてカムィヤキの果たした役割と今後の課題について知る機会になればと願うところである。最後に、まだまだ謎の多い、それゆえに魅力ある琉球列島の歴史解明に漕ぎ出す、新たな航海者の登場を期待したい（写真4）。

参考文献

赤司善彦「徳之島カムィヤキ古窯跡採集の南島陶質土器について」『九州歴史資料館研究論集』二四、一九九九

赤司善彦「カムィヤキと高麗陶器」『カムィヤキ古窯跡群シンポジウム資料集』伊仙町教育委員会、二〇〇二

赤司善彦「高麗時代の陶磁器と九州および南島」『東アジアの古代文化』大和書房、二〇〇七

池田榮史「増補・類須恵器出土地名表」『琉球大学法文学部人間科学科　人間科学』第一一号、二〇〇三

池田榮史「鹿児島・沖縄の中世相当期における考古学研究の動向」『第五回沖縄考古学会・鹿児島県考古学会合同学会研究発表会資料集　二〇年の成果と今後の課題』二〇〇四

池田榮史「古代・中世の日本と琉球列島」『東アジアの古代文化』大和書房、二〇〇七

池田榮史「琉球列島史を掘りおこす」中世学研究会編『琉球の中世』高志書院、二〇一九

伊仙町教育委員会「面縄第一・第二貝塚」『伊仙町埋蔵文化財発掘調査報告書』一九八三

伊仙町教育委員会「カムィヤキ古窯跡群Ⅰ」『伊仙町埋蔵文化財発掘調査報告書』一九八五

伊仙町教育委員会「カムィヤキ古窯跡群Ⅱ」『伊仙町埋蔵文化財発掘調査報告書』一九八五

伊仙町教育委員会「カムィヤキ古窯跡群Ⅲ」『伊仙町埋蔵文化財発掘調査報告書』二〇〇一

伊仙町教育委員会「カムィヤキ古窯跡群Ⅳ」『伊仙町埋蔵文化財発掘調査報告書』二〇〇五

大濵永亘「八重山諸島の交易」谷川健一編『日琉交易の黎明』森話社、二〇〇八

義憲和・四本延宏「亀焼古窯跡」『鹿児島考古』一八号、鹿児島県考古学会、一九八四

白木原和美「奄美の歴史、史前時代」長澤和俊編『奄美文化誌』西日本新聞社、一九七四
白木原和美・義憲和「大島郡伊仙町の先史学的所見」『南日本文化』第九号、鹿児島短期大学付属南日本文化研究所、一九七六
下地和宏「陶磁交易と宮古」谷川健一編『日琉交易の黎明』森話社、二〇〇八
新里亮人「カムィヤキ古窯の技術系譜と成立背景」今帰仁村教育委員会編『グスク文化を考える』今帰仁村教育委員会、二〇〇四
新里亮人「カムィヤキとカムィヤキ古窯跡群」『東アジアの古代文化』大和書房、二〇〇七
新里亮人「琉球列島出土の滑石製石鍋とその意義」谷川健一編『日琉交易の黎明』森話社、二〇〇八
新里亮人『琉球国成立前夜の考古学』同成社、二〇一八
鈴木靖民「古代喜界島の社会と歴史的展開」『東アジアの古代文化』大和書房、二〇〇七
鈴木康之「滑石製石鍋のたどった道」『東アジアの古代文化』大和書房、二〇〇七
澄田直敏・野崎拓司「喜界島城久遺跡群の調査」『東アジアの古代文化』大和書房、二〇〇七
高梨修『ヤコウガイの考古学』同成社、二〇〇五
高梨修「土器動態から考える日本文化の南漸」『沖縄文化はどこから来たか』森話社、二〇〇九
谷川健一『甦る海上の道・日本と琉球』文春新書、二〇〇七
谷川健一「日宋貿易と日琉交易」谷川健一編『日琉交易の黎明』森話社、二〇〇八
永山修一「古代・中世における薩摩・南島間の交流」村井章介・佐藤信・吉田伸之編『境界の日本史』山川出版社、一九九七
永山修一「カムィヤキ時代の南島世界」『カムィヤキ古窯跡群シンポジウム資料集』伊仙町教育委員会、二〇〇二
永山修一「文献から見るキカイガシマと城久遺跡群」『東アジアの古代文化』大和書房、二〇〇七
村井章介「中世国家の境界と琉球・蝦夷」村井章介・佐藤信・吉田伸之編『境界の日本史』山川出版社、一九九七
村井章介「カムィヤキと海上の道」『カムィヤキ古窯跡群シンポジウム資料集』伊仙町教育委員会、二〇〇二
村井章介『東アジアのなかの日本文化』北海道大学出版会、二〇〇二

吉岡康暢「カムィヤキの形式分類・編年と歴史性」『カムィヤキ古窯跡群シンポジウム資料集』伊仙町教育委員会、二〇〇二
吉岡康暢「南島の中世須恵器　中世初期環東アジア海域の陶芸交流」『国立歴史民俗博物館研究報告』第九四集、二〇〇二
吉岡康暢・門上秀叡『琉球出土陶磁社会史研究』真陽社、二〇一一
吉成直樹『琉球の成立　移住と交易の歴史』南方新社、二〇一一
四本延宏「カムィヤキ古窯跡群発見」『奄美博物館講演会資料集』名瀬市教育委員会、二〇〇一
四本延宏「琉球列島の歴史を変えたカムィヤキ古窯跡群」「『郷土の先人に学ぶ』刊行委員会編『郷土の先人に学ぶ』第五集、二〇〇四
四本延宏「徳之島カムィヤキ陶器窯跡」谷川健一編『日琉交易の黎明』森話社、二〇〇八

第2章　奄美の世界自然遺産

星野一昭

奄美群島の二つの島が二〇二一年に世界自然遺産に登録された。奄美大島と徳之島である。両島はどのような価値によって世界自然遺産に登録されることになったのだろうか？　登録までにどのような取組がなされてきたのだろうか？　また、登録は両島島民にとってどのような意味をもっているのだろうか？

本稿を通じてこれらの疑問に答え、島民の皆様、そして奄美を訪れる方々に奄美の自然の価値とその保全の重要性を知っていただくことが本稿の目的である。

一　世界遺産とは

世界のほとんどの国（一九六カ国）が加盟している国際条約「世界遺産条約」に基づいて、未来に残すべき人類の遺産として価値があると認定された文化財や自然地域が「世界遺産」である。

「世界遺産に登録される」と一般的には言うが、正確には条約が管理する「世界遺産一覧表」に記載されることが世界遺産になることを意味する。一覧表に記載されている案件は二〇二四年七月末時点で一二二三件。内訳は、文化遺産九五二件、自然遺産二三一件、複合遺産（文化と自然の両方の価値を有する遺産）四〇件である。文化遺産に比べて自然遺産の数が少ないのは登録されるための価値基準が厳しく審査され、類似の自然が既に登録されている場合は登録が極めて困難なことによる。美しい成層火山である富士山は世界的には類似の火山が大規模に存在しているため、自然遺産としての登録ではなく、信仰対象である文化遺産として登録されることになった。世界自然遺産は「早い者勝ち」の仕組みといえる。

日本の世界自然遺産

日本第一号の世界自然遺産は、一九九三年に登録された屋久島と白神山地であるが、屋久島が第一号になったのにはわけがある。

世界遺産条約がユネスコ（国連教育科学文化機関）総会で採択されたのは一九七二年で、イエローストーン国立公園など第一号の世界遺産が登録されたのは一九七八年だった。日本政府は条約作成後二〇年経った一九九二年にようやく条約に加盟した。政府の背中を押したのは屋久島の自然を活かした活性化を模索していた鹿児島県の検討会だった。県知事や検討会メンバーが中心となって政府に働きかけ条約加盟が実現した。こうした経緯から屋久島は当然日本第一号の世界自然遺産に登録されたのである。

その後、知床（二〇〇五年）、小笠原諸島（二〇一一年）、「奄美大島、徳之島、沖縄島北部及び西表島」（二〇二一年）（以下、「奄美沖縄四島」と略称する）が登録されることになった。

五つの世界自然遺産地域はそれぞれ、気候や地理的条件による生物の主要な分布区分（生物地理区）を代表した自然地域である。知床は亜寒帯地域、白神山地は冷温帯地域、小笠原諸島は海洋島、屋久島は暖温帯地域、そして奄美沖縄四島は亜熱帯地域の大陸島をそれぞれ代表する優れた自然地域である。この五地域で日本の代表的な自然地域がカバーされたことになる。したがって、新たな世界自然遺産候補地を見つけ出すことは難しく、奄美沖縄四島が日本最後の世界自然遺産地域になるかもしれない。

奄美沖縄四島の世界自然遺産としての価値

世界遺産登録の可否は条約締約国を代表する二一カ国で構成される世界遺産委員会が決定する。日本政府の登録申請書（正しくは「推薦書」という）の内容を検証するために条約の諮問機関であるＩＵＣＮ（国際自然保護連合）が四島を調査し、「登録が適当」とする評価報告書を世界遺産委員会に提出した。世界遺産委員会はその報告書を踏まえて、二〇二一年に奄美沖縄四島を世界自然遺産に登録した。

屋久島の場合は単独申請であったが、今回は四つの島が併せて世界自然遺産に登録申請された。これは、「シリアル・ノミネーション」といい、単独の島だけでは世界自然遺産の価値の説明が十分ではなく、四つの島の自然の価値を併せて申請することにより、奄美沖縄四島世界自然遺産の価値（「顕著で普遍的な価値」という）が証明された。

世界遺産委員会は、奄美沖縄四島について「島の成り立ちを反映した独自の生物進化を背景とした、国際的にも希少な固有種に代表される生物多様性保全上重要な地域であるとして、「生物多様性」の評価基準に適合する」と評価した。これが世界自然遺産としての価値である。

奄美沖縄四島は亜熱帯に位置するが、世界的には亜熱帯地域で常緑樹林に覆われているところは少ない。多くは乾燥地帯に位置し、雨緑林（雨季に葉をつける樹林）、サバンナ、ステップ、砂漠などの乾燥地の植生になっている。亜熱帯地域の常緑樹林に覆われた四島に世界自然遺産としての価値が認められたのである。

少し詳しく説明すると、イリオモテヤマネコ、アマミノクロウサギ（写真1）、ヤンバルクイナなど、IUCNレッドリストの絶滅危惧種九五種（そのうち七五種は固有種）を含む陸生動植物の生息・生育地であること、そして、大陸の端から切り離された地史を反映して遺存固有種（大陸に生息する近縁種が絶滅する中で生き延びた固有種）と新固有種（大陸から分離された後に島ごとに進化した固有種）の多様な事例がみられ、世界的にみても生物多様性の生息域内保全にとって極めて重要な自然の生息・生育地を包含した地域となっていると評価された。（注：生息地は動物に、生育地は植物に使われる。）

写真１　アマミノクロウサギ（写真：環境省、推薦書仮訳ｐ 166）

中琉球の三つの島（奄美大島、徳之島、沖縄島北部）には遺存固有種のトゲネズミ類が生息しているが、二五〇万年前にオキナワトゲネズミ（沖縄島北部）が種分化した後、一〇〇万年前にトクノシマトゲネズミ（徳之島）とアマミトゲネズミ（奄美大島）に種分化したことが明らかになり、いずれも新固有種とよばれる。沖縄島で絶滅したアマミノクロウサギは遺存固有種として奄美大島と徳之島に生息している。徳之島には脚先が白い個体がみられるが、遠い将来にはトゲネズミのように両島のアマミノクロウサギが別の種に分化するかもしれないと想像すると、両島での保護対策が確実に行われることを願わずにはいられない。

また、南琉球の西表島には中国南部や台湾のベンガルヤマネコから約九万年前に種分化したイリオモテヤマネコが生息し（大陸・台湾から海面低下時期に渡ってきたと考えられている)、ヤマネコが生息する世界最小の島に適応して多様な餌資源を利用している。コガタハナサキガエルは、九三〇万年~四一〇万年前に中琉球のハナサキガエル類と種分化したことが知られている。いずれも新固有種に分化した事例である。

こうしたことから、四つの島が併せて登録申請され、世界自然遺産に登録されることになった。

奄美大島と徳之島の価値

奄美沖縄四島の世界自然遺産としての価値を奄美大島と徳之島についてわかりやすく説明すると次のようになる。

奄美大島では島の八割が、徳之島では島の四割が森林である。これらの森林は常緑広葉樹林で両島の最高地点である湯湾岳(六九四メートル)と井之川岳(六四五メートル)の山頂まで一年中森林で覆われている。

これらの森林は一見するとどこにでもある常緑広葉樹林と思われるが、森林内には両島が大陸の辺縁部であった一二〇〇万年前から生き残り独自の進化を遂げた生物が今も生きている。

アマミノクロウサギやケナガネズミ、トゲネズミ類(アマミトゲネズミとトクノシマトゲネズミ)などである。奄美大島には六万人以上、徳之島には二万人以上が暮らしているが、森林の中には太古の歴史を今に伝える生物がいのちをつないでいる。科学的観点から生物多様性保全にとって極めて重要な地域であるだけでなく、島内に多くの人が暮らす中で世界自然遺産の価値を有する生物とその生息・生育環境を提供している森林が残されてきたこと自体が世界自然遺産の価値といえる。これは島民が「奇跡の島」として世界に誇るべきことではないだろうか。

これらの貴重な野生動物が夜間に道路脇に出現し、観察できることも他の地域では考えられない魅力である。しかし、車の通行が野生動物に悪影響を及ぼさないように慎重な配慮が必要で、交通事故はあってはならない。島民や訪問者は世界自然遺産の価値を十分に理解して保全のために努力していただきたい。

二　二〇〇三年に遺産候補地になる

屋久島と白神山地が一九九三年に世界自然遺産に登録された後、新たな自然遺産の登録申請が行われないまま、一〇年が経過した。このため、環境省と林野庁は二〇〇三年に共同で「世界自然遺産候補地に関する検討会」を設置して、自然環境の観点から価値の高い地域をできる限り広く対象として自然遺産の登録評価基準への適合性を詳細に検討した。その結果、評価基準を満たす可能性が高い地域として最終的に三地域（知床、小笠原諸島及び琉球諸島）が世界自然遺産の候補地とされた。その後、知床は二〇〇五年に、小笠原諸島は二〇一一年に世界自然遺産に登録されたが、奄美沖縄四島は世界自然遺産に登録されるまでに一八年を要することになった。

二〇〇三年以前にも奄美では、地元自治体から国に対して自然保護促進の要望が出され、環境省や林野庁による希少野生動植物の調査が実施されたり、二〇〇〇年には野生生物保護センターが大和村に設置されたりして、マングース駆除対策やアマミノクロウサギをはじめとする希少野生生物の保護対策の強化が図られてきた。こうしたことも遺産登録につながる動きとして捉えておく必要がある。

自然遺産の価値を有する島の特定

二〇〇三年に自然遺産候補地とされたのは「琉球諸島」であるが登録申請書（推薦書）では「琉球列島」として

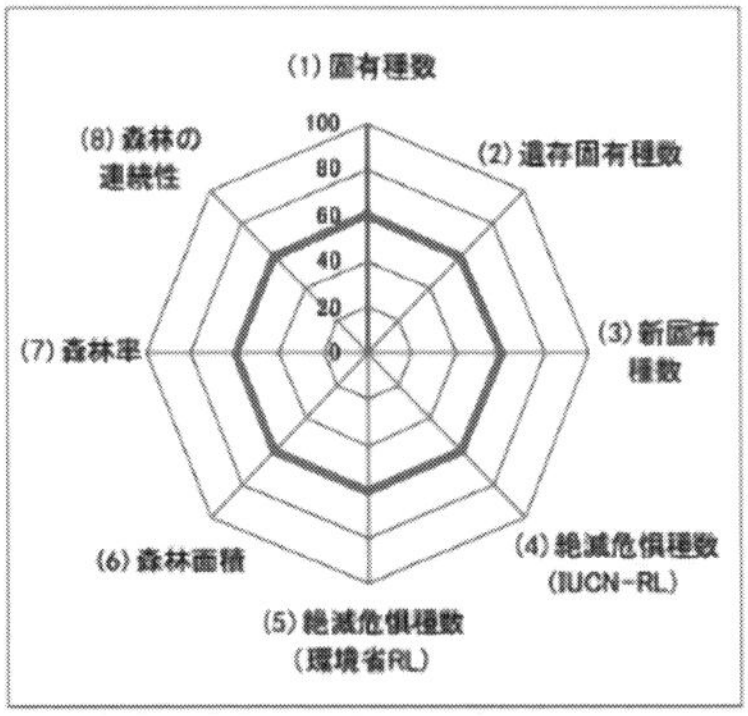

下記の指標を用いて、中琉球及び南琉球内の島嶼を比較した。

レーダーチャートは、各指標の最大値を100とした時の相対値で表示した。

- 陸生脊椎動物（亜種を含む）
  - (1) 固有種数
  - (2) 遺存固有種数
  - (3) 新固有種数
  - (4) 絶滅危惧種数（IUCN レッドリスト）
- 維管束植物（亜種・変種を含む）
  - (5) 絶滅危惧種数（環境省レッドリスト）*1
- 森林の状態
  - (6) 森林面積
  - (7) 森林率
  - (8) 森林の連続性*2

*1: 日本の維管束植物は、IUCN レッドリストで十分な種数が評価されていないため、ほぼ全ての種を評価対象とする環境省レッドリストを用いた。

*2: 植生図のフォーカル解析による、まとまり度60%以上の森林が島面積に占める割合。

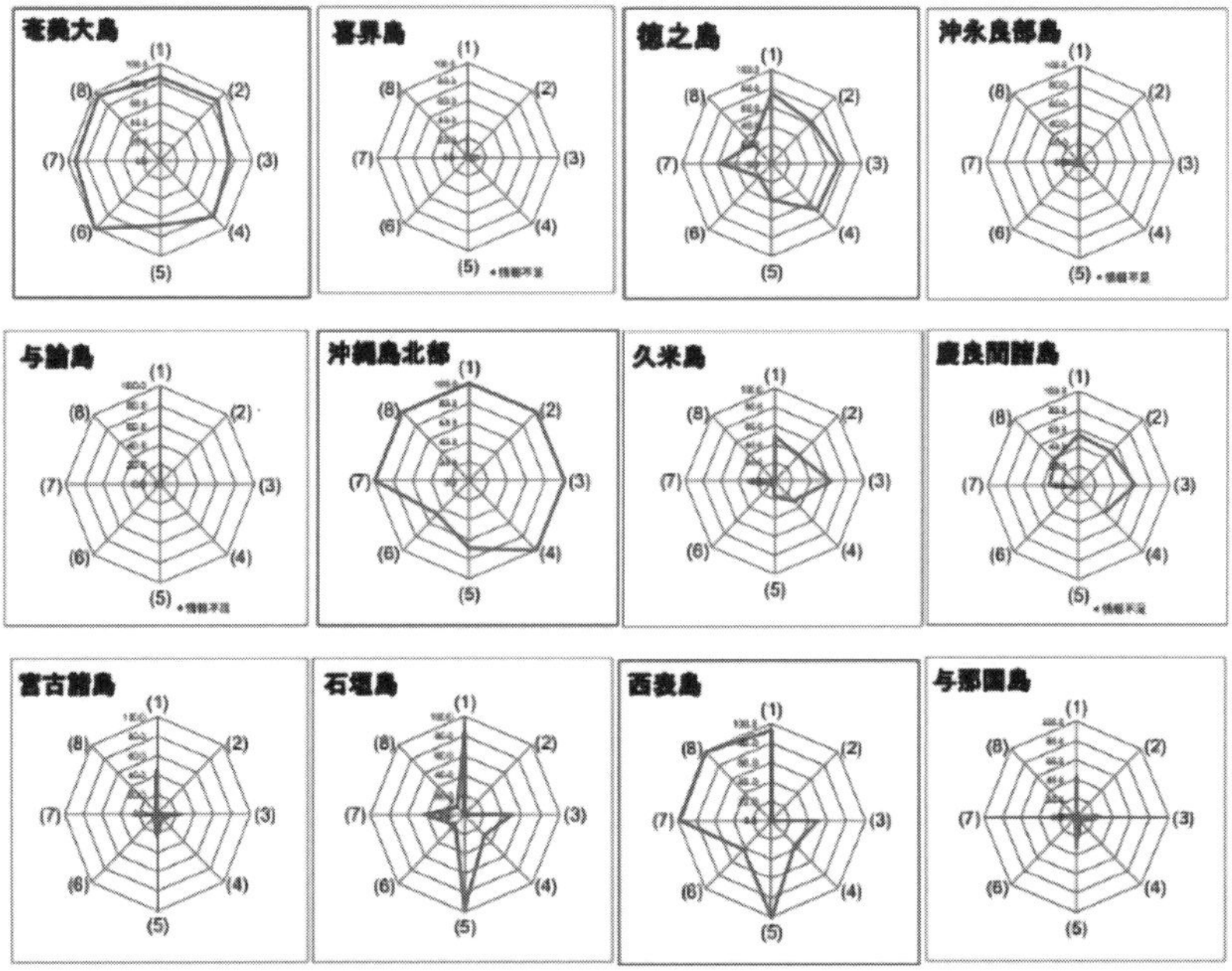

図１　科学的観点からの推薦地（島）の選定（推薦書仮訳ｐ 141）

いるので、以下では「琉球列島」を使用する。琉球列島のどの島に自然遺産の価値があるかは検討会報告書では示されなかった。このため、琉球列島の多くの島のうち、世界自然遺産の価値がある島の特定が必要だった。

琉球列島は、九州南端から台湾との間の海域に約一二〇〇キロメートルにわたって弧状に点在する島々の総称で、水深一〇〇〇メートル以上のトカラ海峡と慶良間海裂により北琉球、中琉球及び南琉球に区分される。屋久島を含む北琉球には九州と共通の生物種がみられるが、中琉球の島々は深い海峡と海裂により海面が低下する氷期にあっても北琉球、南琉球と陸続きになることはなく、大陸から切り離された後に独自の進化を遂げた固有種が数多く存在することが明らかになった。また、南琉球は大陸から切り離された時期が中琉球に比べて遅いため、大陸で出現した肉食哺乳類のヤマネコが西表島に渡り進化を遂げることになった。

こうした事情から中琉球と南琉球の島々を対象に、生物多様性の評価基準を踏まえて、固有種・絶滅危惧種の種数と完全性（自然性が高い生息地の十分な広さの確保）の観点から森林面積、森林率及び森林の連続性を指標として比較を行い、島の面積が大きく、在来種・固有種・絶滅危惧種の約九〇%が生息・生育する四つの島が世界自然遺産推薦地に選定されることになった（図1）。

登録の条件

自然遺産については、まず、世界遺産の価値の評価基準（四つ）のいずれかに適合すること（条件1：評価基準）が必要であり、加えて、世界遺産の価値を有する自然が適切な面積で良好に保全されている地域であり（条件2：完全性）、遺産の価値が損なわれないように保護管理が確実に行われること（条件3：保護管理）という三つの条件を満たすことが必要である。

四つの評価基準とは、①自然景観（類まれな自然美）、②地形・地質（地球の歴史の主要な段階を代表する顕著な見本）、③生態系（重要な進行中の生態学的過程・生物学的過程を代表する顕著な見本）、④生物多様性（絶滅危惧種や固有種の生息域内保全にとって最も重要な自然の生息地）である。

奄美沖縄四島はこのうち「④生物多様性」の評価基準に適合すると評価された。

国立公園指定

世界自然遺産登録の三条件の最後は適切な保護管理である。すなわち、世界遺産の価値が将来にわたって保護されるように、遺産候補地の森林や野生生物の保護が法律上担保されることが必要になる。このため、奄美大島、徳之島、沖縄島北部については新たに国立公園に指定する必要があった。西表島は既に国立公園に指定されていたが、公園区域の拡張が必要だった。県・自治体や土地所有者、林業関係者などの理解を得る作業には多くの労力と時間が必要だった。既に国立公園に指定されていた知床や小笠原諸島も結果的に世界自然遺産登録のために公園区域の拡張が必要であったが、奄美沖縄四島に比べて難易度が低かったため、優先的に作業が進められ、知床は二〇〇五年に、小笠原諸島は二〇一一年に世界自然遺産に登録された。

奄美沖縄四島の世界自然遺産候補地については、二〇一二年に西表石垣国立公園区域が拡張され、二〇一六年にやんばる国立公園が指定され、そして二〇一七年に奄美群島国立公園が指定されることによって、ようやく候補地の全域が国立公園として保護管理されることになった。

世界自然遺産候補地に選定されてから登録準備が整うまでに、実に一四年の歳月を要したことになる。

絶滅危惧種の保護

世界自然遺産候補地の保護管理は国立公園指定だけでは十分ではない。国立公園では開発行為や森林の伐採、動物の捕獲などが規制されるが、外来種による希少種の捕食などは国立公園に指定されたからといって解決するわけではない。予算と人材を投入して特別に対策を講じることが必要になる。

奄美大島と沖縄島北部のやんばる地域ではハブ対策などのために人が放したマングースが絶滅危惧種で世界遺産の価値を有するアマミノクロウサギやヤンバルクイナなどの希少種を捕食することが大きな問題となり、マングースの駆除が国や県の外来種対策として行われてきた。世界自然遺産登録のためには、こうした外来種対策を着実に実施することが特に重要になる。

奄美大島では一九七九年頃に沖縄島から三〇頭程度のマングースが持ち込まれ、名瀬市朝仁赤崎周辺に放されたことが確認されている。一九九三年から農畜産被害対策として捕獲が行われ、二〇〇〇年からはアマミノクロウサギなど希少種保護のために本格的な捕獲が開始されたが、当時マングースの生息数は一万頭と推定されていた。その後、マングースバスターズというマングース捕獲の専門家集団が創設され、三万個以上のワナを設置して捕獲作業が加速された結果、マングースの生息数は急速に減少した。その後、マングース探索犬も導入して完全排除を目指した取組が進められ、登録申請書にはこれらの取組が記載された。なお、その後対策が進み、環境省は二〇二四年九月三日に奄美大島におけるマングース（種名フイリマングース）の根絶を宣言した。

IUCNの評価結果に衝撃が走った

ユネスコに対する登録申請は二回行われた。

初回の申請（二〇一七年二月）を受けてIUCNが実施した四島の現地調査（写真2）の結果が二〇一八年五月に公表された。環境省からマスコミに情報提供されたのは五月四日の午前一時前だった。第一報は「世界遺産一覧表への記載を延期することが適当」との勧告がIUCNから出されたという内容だった。当時、鹿児島県内では行政も県民もマスコミも私自身も登録が確実だと思っていただけに衝撃の内容だった。評価の詳細は第二報で連絡されることになっていたので、鹿児島市内のマスコミ六社の記者が直ちに鹿児島大学の私の研究室に集合して、続報を待つことになった。第二報は午前四時に出された。内容の解釈を記者と共に行い解散したのは午前六時過ぎだった。

写真２　IUCN 徳之島調査 2017 年 10 月（筆者撮影、説明者は美延睦美：徳之島虹の会）

登録申請書（推薦書）では「③生態系」と「④生物多様性」の評価基準に適合するとしたが、IUCNは「生態系」に関して、区域の分断などにより生態系が将来にわたって健全に維持されることについて重大な懸念があるとして、評価基準に合致しないと判断した。

また、「生物多様性」に関しては、世界的な絶滅危惧種の保護のために高いかけがえのなさを示す地域を含んでいるとして、沖縄島北部の米軍北部訓練場返還地を区域に含めるほか、不適切な区域を除去すれば評価基準に合致する可能性があると評価した。

このほか、区域の連続性について再考すること、侵略的外来種に対する取組を遺産価値に影響を及ぼすすべての種に拡大すること、観光客管理計画など観光関連計画の実施を追求すること、絶滅危惧種の状態などのモニタリング体制を完成することなどが勧告された。

表１　島面積と遺産区域面積（推薦書仮訳ｐ２とｐ 19 を修正）

遺産構成要素の名称	遺産区域面積（ha）	緩衝地帯面積（ha）	島面積（ha）	遺産区域面積／島面積割合（%）
奄美大島	11,460	14,505	71,235	16.1
徳之島	2,515	2,812	24,785	10.1
a：井之川岳地区	1,724	1,813	—	—
b：天城岳地区	791	999	—	—
沖縄島北部	7,721	3,398	沖縄島 120,696	6.4
西表島	20,822	3,594	28,961	71.9
総面積	42,698	24,309	—	—

三　評価結果を受けた申請取り下げと再申請に向けた検討

ＩＵＣＮ勧告を受けて、登録申請が取り下げられ、翌年の再申請に向けて作業が開始された。

登録を確実にするため、ＩＵＣＮの理解が得られなかった「生態系」の評価基準は諦め、「生物多様性」に絞ることになった。

米軍北部訓練場については、約半分（四一六六ヘクタール）が申請の一カ月前、二〇一六年一二月に返還されていたが、国立公園に編入する手続きが間に合わなかったために、申請区域に含めることはできなかった。登録実現後に遺産区域変更で対応するつもりであったが、ＩＵＣＮからは予め遺産区域に含めて申請することが求められた。返還地のうち三六九〇ヘクタールが二〇一八年六月にやんばる国立公園に編入され、再申請の遺産区域に含まれることになった（表1）。

沖縄島北部ではこのほか、小規模の区域が削除され、西表島では河口部が区域に

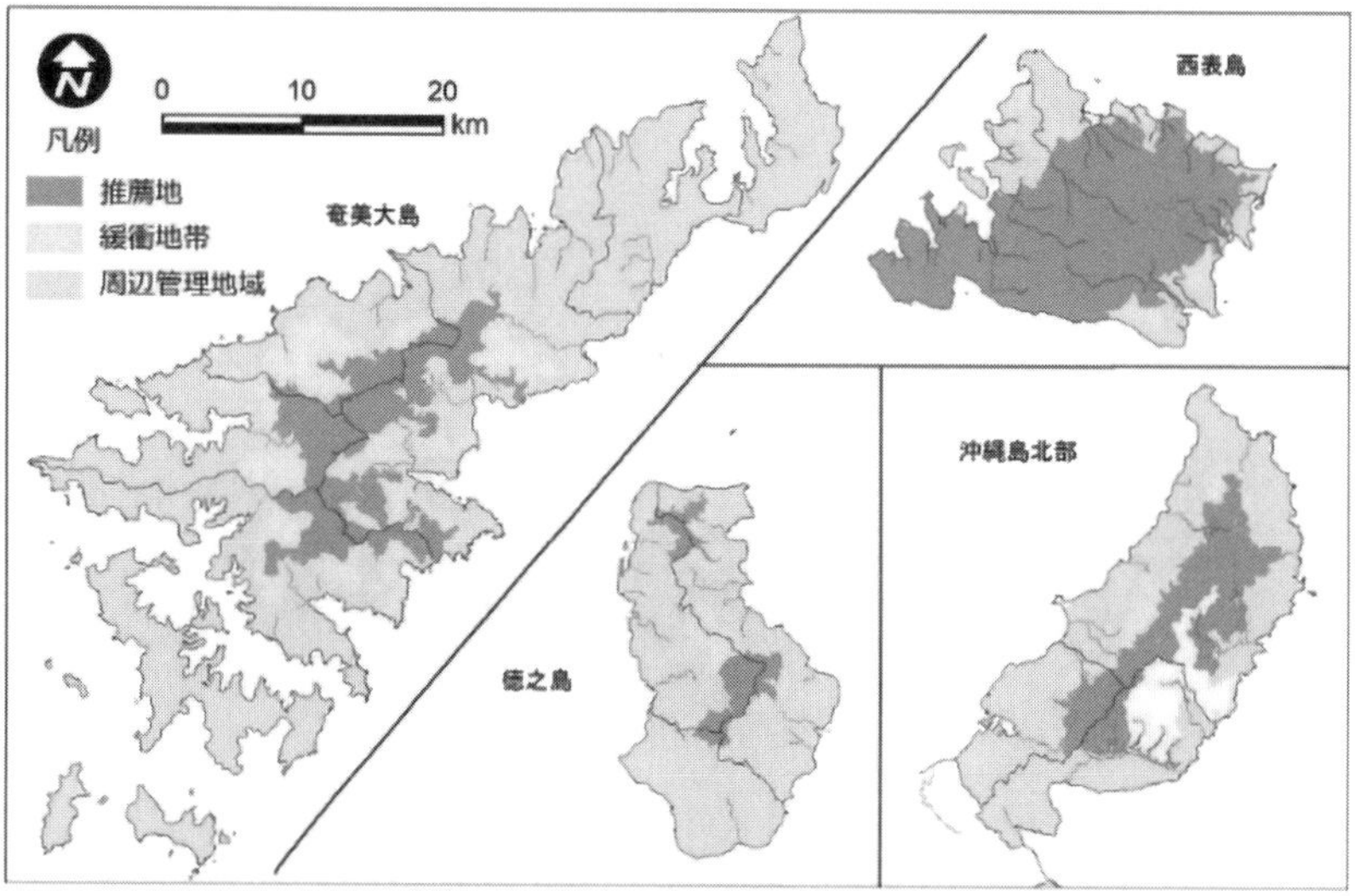

図２　奄美沖縄４島世界自然遺産の区域図（推薦書仮訳付属資料ｐ 2-9）

含まれることになった。

奄美大島の遺産申請区域は、国立公園指定の際の調整が十分にはできなかったため、わずかな間隔を空けて九箇所に分断されていたが、土地所有者との調整がうまく進み、再申請では一区画にすることができた。

徳之島の遺産申請区域については、県道とサトウキビ畑により天城山系と井之川岳山系に二分されていることが懸念されていたが、ＩＵＣＮからこの点に対する指摘はなく、申請区域の微修正で再申請に臨むこととなった（図２）。

このほか、観光対策や外来種対策などの勧告を受けて取組の拡充が図られた。これらの対策の促進は、地元自治体をはじめとする関係者が再申請により登録までに十分な準備ができると前向きに受け止めたことによるところが大きい。

（注）推薦書と付属資料の仮訳は次のＵＲＬから閲覧とダウンロードが可能。

推薦書仮訳 https://kyushu.env.go.jp/okinawa/amami-okinawa/world-natural-heritage/plan/pdf/a-1-j.pdf

付属資料仮訳　https://kyushu.env.go.jp/okinawa/amami-okinawa/

world-natural-heritage/plan/pdf/a-2-j.pdf

世界自然遺産登録

再申請は二〇一九年二月に行われ、同年一〇月のＩＵＣＮ専門家現地調査を経て二〇二一年五月にＩＵＣＮ評価報告書（勧告）が公表された。本来は二〇二〇年に公表が予定されていたが、世界遺産委員会が新型コロナウイルス感染症パンデミックにより一年延期されたため、評価報告書の公表も一年延期された。

ＩＵＣＮの報告書では、「世界遺産一覧表への記載が適当」、すなわち、「世界自然遺産への登録が適当」と勧告された。ＩＵＣＮの指摘を受けて必要な修正や対策の強化をした上で提出した申請書（推薦書）だったので、私も含めて関係者は当然、登録適当との勧告が出されると思っていたが、世界遺産委員会の審議がどのようになるかは予断を許さない状況だった。

二〇二一年七月に開催された世界遺産委員会では、ＩＵＣＮの勧告を受けて反対する国はなく奄美沖縄四島の世界自然遺産登録が決定した。二〇〇三年に世界自然遺産の候補地に選定されてから実に一八年の歳月が経過したわけである。環境省を中心とした国、鹿児島・沖縄両県、関係一二市町村、専門家で構成された科学委員会、地域の関係団体、そして島民による粘り強い努力の成果がようやく実った結果である。二〇一七年に登録延期勧告が出されていただけに世界自然遺産登録は多くの島民によって歓迎された。

四　世界自然遺産登録は始まり

しかし、これで終わったわけではない。国、県、市町村をはじめとする関係者は「遺産登録は保全の取組の始まりだ」との認識を共有していた。世界自然遺産への登録は、誇るべきことではあるが、同時に、国際条約によって人類の遺産として保全する義務が日本に課せられたことを意味する。

世界遺産委員会は、登録を決定する一方でＩＵＣＮの勧告を踏まえて、日本政府に対して遺産地域の保全に対する決意とＩＵＣＮの疑問に応えて推薦区域を修正した努力を賞賛しつつも、四つの対応を要請した。

（一）特に西表島において、観光の収容能力とその影響に関する厳しい評価が実施され、改定観光管理計画に統合されるまでは、観光客の訪問レベルを現在のレベルに制限する、または現在のレベルより減少させること。

（二）絶滅危惧種の交通事故死を減少させるための交通管理措置の有効性を緊急に見直し、必要な場合には強化すること（アマミノクロウサギ、イリオモテヤマネコ、ヤンバルクイナを含むがこれらに限定しない）。

（三）可能な場所では、強固な人工的インフラから、水流回復、植生回復、多様な生息地の形成をもたらすような、自然に基づく技術や再生アプローチの採用に移行するために、包括的な河川再生戦略を策定すること。（筆者注：奄美大島を想定）

（四）緩衝地帯での森林伐採について、個々の伐採区域の数と総面積の両方において、現在のレベルに制限する、または現在のレベルから減少させ、いかなる伐採も厳格に緩衝地帯内に限定すること。

さらに、これらの要請事項への対応状況については二〇二二年一二月一日までにユネスコに提出し、ＩＵＣＮの評価を受けるよう要請された。

世界自然遺産への登録は認められたが、宿題がいくつも出されたというわけだ。

ＩＵＣＮからはこのほか、四点の指摘があり、次のように対応している。

（一）北部訓練場の未返還地域について、米軍との調整を進めること　（対応）米軍との情報共有、外来種対策の協力、日米間の意見交換を継続しており、これらの協力体制を推薦書（申請書）及び包括的管理計画に記載した。

（二）ノネコ等外来種対策の推進　（対応）奄美大島においてノネコ管理計画を策定し、計画に基づくノネコの捕獲及び譲渡等の取組を実施。侵略的外来種の侵入防止のためのラインセンサスを実施。

（三）実効性のある観光管理の仕組みの構築　（対応）地域ごとの観光利用計画の策定、利用ルールの導入等を推進。

（四）絶滅危惧種や固有種等の総合的なモニタリングの実施　（対応）二〇一九年八月にモニタリング計画を策定。

すべての関係者による管理計画の実施

世界自然遺産地域の保全を図るために世界遺産条約は管理計画の作成を求めている。このため、登録申請に先だって、専門家で構成される科学委員会の助言を得て、遺産地域の管理権限を有する国、県、市町村からなる地域連絡会議が包括的管理計画を作成した。地域連絡会議の下部組織として島ごとに設置されている地域部会には地元関係団体もメンバーとして参加しているので、包括的管理計画を着実に実施して遺産地域の保全を図ることが国、県、市町村だけでなく、地元関係団体にも求められることになる。

包括的管理計画では、四島に共通する遺産地域管理の目標、基本方針及び実施体制が規定されているほか、地域別（島別）に行動計画が策定されている。行動計画では、保護制度の運用、希少種の保護、外来種対策、周辺地域も含めた産業との調整、適正利用とエコツーリズム、地域社会の参加・協働による保全管理及びモニタリングについて、実施する事業の内容と実施主体、実施時期、対象地域（遺産地域・緩衝地帯・周辺管理地域）、目標が記載されている。

奄美大島と徳之島の行動計画では、「ネコ対策の実施」として、①行政と民間が連携して、情報共有と合意形成を行い、希少種生息域（森林）内のネコについて、捕獲、一次収容、譲渡等に関する一連の体制を整備し、排除を行うこと、②飼い猫の遺棄・逸出の防止、不妊措置、所有者明示等の適正飼養や、飼い猫以外のネコへのみだりな餌やり防止を図ることが事業内容として記載されており、この事業の実施者は、環境省、鹿児島県、市町村、地元関係団体である。

奄美大島と徳之島ではアマミノクロウサギなどの希少種が生息する森林と人の住む里が近接しているため、飼い猫や野良猫が森林内の希少種を捕食していることが大きな問題となっている。このため、森林内で野生化したノネコを森林から排除するとともに、飼い猫を適正に飼養し、野良猫へのみだりな餌やりを防止することにより、ネコが森林内で希少種を捕食することのないように住民も含めた取組が求められている。ネコによる希少種の捕食は世界自然遺産の価値を損なうことにもつながりかねないので、特にネコを飼っている島民の皆さんには飼い猫が山に入らないように室内飼養などの適切な方法で飼養していただくようにお願いしている。

また、「希少野生動物の交通事故対策」については、交通事故をなくすために、①交通事故の発生リスクが高い場所の周知、②標識の設置、③チラシ配布やキャンペーン実施等による普及啓発、④道路改良を行うと記載され、地元関係団体も実施主体とされている。こうした取組にもかかわらずアマミノクロウサギの交通事故死は近年急増している。島民の皆様と訪問者の方々には、森の中にいる世界自然遺産の価値を有する希少種が夜間に道路に飛び出してくるおそれがあることを十分に認識して運転していただきたい。

「侵略的外来種への対策の強化」については、①既に定着している侵略的な外来種について、侵入状況等を把握し、特に対策の必要性が高い種に焦点を絞り、対策を行う、②奄美大島・徳之島に未定着な侵略的外来種の目撃情報について情報収集する、また、③定着を予防するため必要に応じて対策を講じると記載され、地元関係団体も実施主体とされている。徳之島では、二〇二三年五月に外来種シロアゴガエルの生息が確認された。このカエルは東南アジア原産でアマミアオガエルなど在来のカエル類と餌や繁殖場所を巡って競合する可能性が懸念されている。環境省では、今後の対策検討のため、このカエルの鳴き声（「ギィッ」「グェッ」）を聞いたり、泡状の卵塊（木の枝やコンクリート壁面に産み付けられる）を発見したりした際に連絡を求めているので、島民の皆様にはご協力をお願いしたい。

島全域の保全と自然と共生してきた文化の継承

地域別の行動計画では事業の対象範囲が遺産地域とその周辺の緩衝地域（遺産地域に影響を及ぼさないように一定の規制が行われる地域）に限定されているわけではない。「周辺管理地域」、すなわち遺産地域でも緩衝地域でもない、その他の地域も行動計画の対象地となっている。したがって、行動計画は島全体を対象としていることになる。

奄美大島と徳之島の行動計画では、「地域社会の参加・協働による保全管理」のなかで、「奄美群島の自然と共生してきた文化の継承」事業が規定されており、事業内容は、「奄美群島の自然は、他の自然遺産地域と異なり、長い歴史を通じて人間との濃密な関わりの中で維持されてきていることから、自然環境の保全とともに自然と共生してきた奄美群島独特の文化が継承されるよう啓発に努める」こととされ、実施主体は環境省、鹿児島県、市町村、地元関係団体である。「住民一人ひとりが奄美群島の自然と文化に誇りを持ち、次世代へ継承する環境づくりの推進」が事業目標とされている。

地域行動計画を含む包括的管理計画は、世界自然遺産登録に際して日本政府が行った公約である。「世界的な絶滅危惧種が数多く生息する生物多様性保全にとって重要な自然地域」として世界自然遺産に登録された奄美大島と徳之島において、自然と共生してきた文化を継承することも世界自然遺産の保全にとって重要な要素であることが地域行動計画から読み取れる。

世界自然遺産の価値を有する野生動物が森林内でいのちをつないでいる「奇跡の島」で自然と共生してきた文化の継承が行われることを願いたい。

最後に

二〇〇五年に世界自然遺産に登録された知床では、現在に至るまでＩＵＣＮの意見に基づいて繰り返し世界遺産委員会から、知床の保全に関して様々な要請を受けている。このことからよくわかるように、世界自然遺産に登録されることは人類の遺産としての価値を有していると認められただけでなく、その保全が確実に行われるように国際社会（世界遺産委員会とＩＵＣＮ）から継続的に注視されることを意味する。

人類の遺産の保全に対して国、県、市町村だけでなく、地元関係団体や広く島民にも責任があることを認識しなくてはならない。

私は、島民の皆様が世界自然遺産の真の守り手であると確信している。

第3章　奄美語の力―生物文化多様性のために―

新井典子

一　はじめに

二〇二一年の世界自然遺産登録を経て、奄美の豊かで稀有な生物多様性はにわかに脚光を浴びている。在来種や奄美にしか存在しない固有種の多さ、絶滅危惧種の多さ、そして未だ解明されていない種の多さが奄美の生物多様性を特徴づけるものである。こうした特徴は、多くの人は気づいていないかもしれないが、奄美語の特徴でもある。奄美語も種類が多く、消滅の危機に瀕しており、そして解明されていない部分が多い。

「奄美語」と聞いてピンとこないかもしれないが、奄美で話されてきた「シマグチ」のことである。集落ごとに独特な発音をし、異なる単語や表現を用いていたと考えられるので、実際は「奄美諸語」と複数で呼ぶべきかもしれない。この奄美諸語の総数は生物種同様定かでないが、かなりの数にのぼることは集落の数からも想像でき、豊かな言語多様性が偲ばれる。現在、奄美語は、日本語への「シフト」（言語取り替え）によって次世代への継承がうまくいかず、多くのことが記録に残されず不明のまま消え去ろうとしている。

奄美語への関心は、世界自然遺産の登録先であるユネスコが、二〇〇九年に「世界消滅危機言語地図」（"Atlas of the World's Languages in Danger"）[1]を発表したことに遡る。ここで、奄美語は「危険」（'definitely endangered'）と指摘された。この「地図」がきっかけとなり、琉球弧の言語が日本の「方言」ではなく「言語」として見直され始め、総称として「琉球諸語」という呼び方も使われるようになった。

二 「言語」としての奄美語

世界最大規模の言語データベース『エスノローグ』（*Ethnologue: Languages of the World*）[2]は、ユネスコが警鐘を鳴らした琉球諸語六言語（奄美語、八重山語、与那国語、沖縄語、国頭語、宮古語）をさらに細分化し一一言語としている（表1）。

表1にあるＥＧＩＤＳ（Expanded Graded Intergenerational Disruption Scale［段階別世代間断絶拡大スケール］）[3]は、『エスノローグ』が開発した言語の活力／危機に注目した言語分類法である。ＥＧＩＤＳは、言語の世代間継承への障害の大きさを、話者人口の推移、話者の年齢構成、使用状況、言語への意識、社会的機能等から総合的に判断し、地域から「消滅」していく少数言語から英語のように国境を越えて広く「インターナショナル」な場で使用されるグローバル言語まで言語使用の全領域をカバーしたスケールとなっている。それによって、『エスノローグ』に収められた約七〇〇〇の世界の言語すべての状態が子細に分類できる画期的な仕組みとなっている（表2）。

琉球諸語の場合、宮古語を除きすべてがＥＧＩＤＳ「7シフト」となっているが、これは子ども世代に言語が継承されず、他言語―この場合は日本語―への言語シフトがおきている状態を指す。「8a瀕死」は、「7シフト」をさ

表1　日本の定着言語

	言語名	EGIDS	ISO639-3
1	Ainu（アイヌ語）	8b（消滅寸前）	[ain]
2	Amami Koniya Sign Language（奄美古仁屋手話）	8b（消滅寸前）	[jks]
3	Amami-Oshima, Northern（北奄美大島語）★	7（シフト）	[ryn]
4	Amami-Oshima, Southern（南奄美大島語）★	7（シフト）	[ams]
5	Japanese（日本語）	1（ナショナル）	[jpn]
6	Japanese Sign Language（日本手話）	5（発展途上）	[jsl]
7	Kikai（喜界語）★	7（シフト）	[kzg]
8	Korean（朝鮮語）	5*（分散）	[kor]
9	Kunigami（国頭語）★	7（シフト）	[xug]
10	Miyako（宮古語）★	8a（瀕死）	[mvi]
11	Miyakubo Sign Language（宮久保手話）	6a（活発）	[ehs]
12	Oki-No-Erabu（沖永良部語）★	7（シフト）	[okn]
13	Okinawan, Central（中央沖縄語）★	7（シフト）	[ryu]
14	Toku-No-Shima（徳之島語）★	7（シフト）	[tkn]
15	Yaeyama（八重山語）★	7（シフト）	[rys]
16	Yonaguni（与那国語）★	7（シフト）	[yoi]
17	Yoron（与論語）★	7（シフト）	[yox]

（注）★マークが付された言語は琉球諸語に属す。
（出所）*Ethnologue*, 24th edition (2021) のデータを基に筆者作成

らに一段階進め、現役の話者が祖父母世代以上となった状態をいう。8aの状態がさらに進み、言語の使用頻度が低くなった状態が「8b消滅寸前」となり、その後、話者がいなくなり言語が民族コミュニティの伝統的なアイデンティティを思い出させる象徴的な役割を果たす状況にいたればEGIDS「9休眠」となる。そして、言語が民族的なアイデンティティとのつながりも持たなくなってしまえば最終的な段階「10消滅」となる。言語の危機はまず話者数の減少に始まり、実質的な「死」に向かうターニングポイントは家で用いられなくなった時と考えられるが、琉球諸語は明らかに「瀬戸際」にある。

表1右欄のISO639-3とは独立した言語に与えられる国際規格であり、『エスノローグ』の母体SILインターナショナル[4]が唯一の認証機関となっている。ISO[5]規格のなか

表2　EGIDS

段階	分類名	言語活力の状況	ユネスコの危機言語分類
0	International（インターナショナル）	国家間で広く使用されている。英語、仏語、西語、露語、アラビア語、中国語の6言語。	1 Safe（安全）
1	National（ナショナル）	国家レベルの教育、仕事、マスメディア、行政で使用されている。	1 Safe（安全）
2	Provincial（地域）	地域レベルの教育、仕事、マスメディア、行政で使用されている。	1 Safe（安全）
3	Wider Communication（広範コミュニケーション）	公式な地位を持たず地域間の言語の違いを超え仕事やマスメディアで広く使用されている（媒介言語）。	1 Safe（安全）
4	Educational（教育）	活発に会話で使用、公教育で教育されている。	1 Safe（安全）
5 5*	・Developing（発展途上） ・Dispersed（分散）	・活発に使用されているが、まだ発展途上にある。 ・本国では完全に発達した言語だが、当該国では教育機関の支援がない（移民や定住外国人およびその子孫の言語）。	1 Safe（安全）
6a	Vigorous（活発）	全世代が対面のコミュニケーションで使用し、持続可能な状況にある。	1 Safe（安全）
6b	Threatened（脅威）	全世代が対面のコミュニケーションで使用しているが、話者数が減少している。	2 Vulnerable（脆弱）
7	Shifting（シフト）	子育て世代の間では使用されているが、子どもには伝わっていない。	3 Definitely Endangered（危険）
8a	Moribund（瀕死）	祖父母世代以上が現役の言語使用者である。	4 Severely Endangered（重大な危機）
8b	Nearly Extinct（消滅寸前）	使用者は祖父母世代以上のみで、その言語を使用する機会はほとんどない。	5 Critically Endangered（きわめて深刻）
9	・Dormant（休眠） ・Reawakening（覚醒） ・Second language only（第2言語のみ）	・話者はいないが、民族コミュニティの伝統的なアイデンティティを思い出させる象徴的な役割を果たしている。 ・休眠状態の言語の民族コミュニティが努力し、L2（第2言語）話者が増加している。 ・もとは媒介言語であったが、民族コミュニティの伝統的な言語ではなく、すでにその機能を果たすだけの話者がいない。	6 Extinct（消滅）
10	Extinct（消滅）	もはや使用されず、民族的なアイデンティティとのつながりも持っていない。	6 Extinct（消滅）

（出所）*Ethnologue*, 24th edition (2021) およびUNESCO, *Atlas of the World's Languages in Danger* (2010) を基に筆者作成。

でも、ISO639-3は世界の「すべての既知の独立した言語」を網羅することを目指しており、その規格は、インターネット技術特別調査委員会（Internet Engineering Task Force: ＩＥＴＦ）の標準言語標識システムやマイクロソフト・ウィンドウズ10（Microsoft Windows 10）といったコンピュータ・システムで活用され、世界の情報ネットワークを支えている。『エスノローグ』に掲載されるためには、この国際規格ISO639-3を付与されていることが条件となる。

実際、この規格をめぐっては透明性や説明責任等について研究者間で問題視されているが、なによりここでは、一一の琉球諸語の各々が「一つの言語」とみなされ、アルファベット三文字からなるISO639-3の言語コードを獲得している点に着目したい。

一方、奄美語からのシフト先である日本語の状況はどうかというと、大言語の中で、話者数の先細りが予測される言語の筆頭は、日本語である。『エスノローグ』では、日本語は、日本で話されている一七の「定着言語」（'established languages'）[6] のうちの一つとなっている（表1）。もちろん日本語の言語活力レベルはＥＧＩＤＳ「1ナショナル」となり、日本語は「国（家）語」として国内では他の言語を圧倒する存在である。だが、日本語は、話者数の合計（一億二六〇〇万人）が人口数をほぼ反映しており、日本（人）以外に普及していないことがわかる。このままの状態で放置すれば、人口減＝話者減となり、日本語の大言語の地位からの陥落は時間の問題である。

話者数減に歯止めをかける方策の一例として、日本語の語彙を絞って漢字を減らし、文のパターンを三〇種類ほどにした「やさしい日本語」[7] の普及があげられる。もともとは在日外国人に災害時に重要な情報を伝えるために考案されたものだが、最近では、「日本人と外国人が意思疎通をするための共通言語」として、平時にも使われるようになった。「やさしい」には、「易しい」と「優しい」の両方の意味が込められており、発音や文法の間違いに寛大な「寛容な言語」を目指している。日本語が「やさしく」なることで、日本人の心と社会は異質な他者やその文化に対して開かれていく効果が期待できる。これは、言うまでもなく、日本人のコミュニケーション能力の育成や日本社会の活性化につながるはずだ。話者を日本人に限定せず、日本語を開かれた「国際語」とする方向性を模索することで日本語は活力を維持していけるだろう。

また、日本語を外に向けて「国際語」として開くことは、日本語ばかりでなく、日本国内の消滅の危機にある少数言語の活性化にとっても役立つに違いない。明治期の近代国民国家の成立以降、日本人を一つの同質的な「国民」に仕立て、「日本人」としてのアイデンティティを育んできた「国語」としての日本語は、日本人を内へ内へと向かわせ縮こませる排他的な言語ともいえる。日本語を、「国家」や「国民」といったものから解き放つことは、日本語を日本における「一つの言語」として解き放つことでもある。これは、日本語にとっても、国内の他の少数言語にとっても、それぞれ新たな活力、そして成長を得られるチャンスとなるのではないだろうか。

もちろん英語の世紀にあっては、その解き放ち方には慎重かつ賢明な手綱さばきが求められることは言うまでもない。今後、英語が「普遍語」として世界の頂点に君臨する時代が永らく続くとするならば、非英語圏の国々においては、英語とどうつきあうべきかが非常に大きな課題となるだろう。言語とは競合しあうものである。自国の言語が最強の「キラー言語」（‘killer language’[8]）である英語の犠牲とならないよう知恵を絞り適切な言語政策を立てていく必要がある。

表1に見られるように、『エスノローグ』が提示する日本の言語風景は、今後の日本語のありかたを模索するうえで非常に興味深く示唆に富むものである。「琉球諸語」と呼ばれる一一の言語が「方言」ではなくそれぞれ独立した「言語」としてISO639-3を与えられ「日本語」と肩を並べて記載されている点に加え、「手話[9]」が言語と認められ

ている点、そして「朝鮮語」[10]が日本に定着した言語の一つに数えられている点は、「国語」＝日本語の幻想に囚われ視野狭窄に陥っている言語観を一挙に打ち砕くものではないだろうか。

三　世界の生物文化多様性と言語数

最近の研究では、言語的、また文化的多様性と生物的多様性は相互に補強しあい、支えあっているという共生発展関係が見出されており、そうした多様性に総合的にアプローチする「生物文化多様性」（'biocultural diversity'）[11]という概念が誕生している。これは、生物多様性の保護と言語や文化の多様性の保護は、双方あわせて一体的に考慮されなければならないことを示している。

世界の言語分布に目を向けると、世界の三分の二の言語は地理的に熱帯地域を多く含むアジア（二三一四言語、三二・四％）とアフリカ（二一五四言語、三〇・二％）に集中している（表３）。

表３　地域別言語分布

地域	A. 言語数（割合）	B. 国・海外領土・自治領の数	A ÷ B 一国/領土当たり平均言語数
アジア	2,314 (32.4)	52	44.5
アフリカ	2,154 (30.2)	58	37.1
パシフィック	1,323 (18.5)	27	49.0
南北アメリカ	1,059 (14.8)	55	19.3
ヨーロッパ	289 (4.1)	50	5.8
合計	7,139 (100.0)	242	29.5

（出所）*Ethnologue*, 24th edition (2021) のデータを基に筆者作成

生物文化多様性の三大ホットスポットは、アマゾン川流域、中央アフリカ、インド・マレーシア亜区／メラネシアといわれる。こうした地域では、熱帯林や山岳地帯を中心に数多くの少数民族のコミュニティが自給自足の生活を送っており、外界と隔絶された環境の下、独自の言語や文化が生態系とともに発達している。

世界最多の言語をもつ多言語国家は、赤道直下の南太平洋地域に位置するパプア

表4　言語数200以上の多言語国家の言語多様性データ（2021）

	国名	固有言語数（総言語数）	危機言語の数[1]	消滅言語の数[2]
	グローバル	7,139	3,018	347
1	パプアニューギニア	839 (840)	303	12
2	インドネシア	704 (710)	438	12
3	ナイジェリア	512 (522)	129	9
4	インド	423 (451)	140	12
5	メキシコ	282 (289)	132	5
6	中国	280 (306)	171	-
7	カメルーン	271 (275)	94	9
8	オーストラリア	216 (227)	197	175
9	コンゴ民主共和国	209 (214)	39	1
10	ブラジル	201 (218)	141	20
11	アメリカ	195 (225)	206	12
	合計（1～11位）	4,132 (57.9%)[3]	1,990 (65.9%)[3]	267 (76.9%)[3]

1　危機言語とはＥＧＩＤＳの段階が6b～9の言語を指す。
2　消滅言語の数は『エスノローグ』第1版が刊行された1951年以降の数値である。
3　括弧内はグローバルの数値にたいする割合（%）を示す。
（出所）*Ethnologue*, 24th edition (2021) のデータを基に筆者作成

ニューギニア（八三九言語）である。次に同じく赤道直下の東南アジア南部に位置するインドネシア（七〇四言語）、そして西アフリカに位置し広大な熱帯雨林をもつナイジェリア（五一二言語）と続く。驚くべきことに、この三カ国で世界の言語の約三割（二八・八%、二〇五五言語）を占めている。

言語数が二〇〇を超える多言語国家は一一カ国存在する（表4）。世界全体のわずか四・四%にしかすぎない一一カ国で、世界の言語の六割近く（五七・九%、四一三二言語）が話されている。これら一一カ国の生物多様性を見てみると、例えば、樹木の固有種の数では、一位ブラジル（四三二三種）、三位オーストラリア（二五八四種）、四位中国（二一四九種）、六位パプアニューギニア（一三九五

表５　言語数 200 以上の多言語国家の生物多様性データ（2020）

	国名	固有哺乳動物種の数	固有哺乳動物種絶滅危機種[1]の数	固有鳥類の数	固有鳥類種絶滅危機種[1]の数
	グローバル	**2,478**	**867**	**3,267**	**941**
1	パプアニューギニア	83 (10)[2]	23 (8)	114 (8)	23 (13)
2	インドネシア	295 (1)	132 (1)	525 (1)	113 (1)
3	ナイジェリア	5 (47)	3 (34)	3 (66)	1 (65)
4	インド	54 (12)	33 (6)	74 (12)	25 (11)
5	メキシコ	152 (5)	73 (3)	120 (6)	24 (12)
6	中国	88 (8)	19 (10)	70 (13)	18 (15)
7	カメルーン	18 (29)	14 (16)	6 (55)	5 (39)
8	オーストラリア	255 (2)	54 (5)	359 (2)	27 (9)
9	コンゴ民主共和国	39 (15)	14 (16)	14 (38)	8 (25)
10	ブラジル	203 (4)	59 (4)	254 (4)	90 (2)
11	アメリカ	104 (7)	20 (9)	77 (11)	41 (6)
	合計（1 ～ 11 位）	1,296 (52.3%)	444 (51.2%)	1,616 (49.5%)	375 (39.9%)

1 「絶滅危機種」とは、IUCN(国際自然保護連合) が作成した「レッドリスト」（絶滅のおそれのある野生生物のリスト）で CR：近絶滅種、EN：絶滅危惧種、VU：危急種の 3 カテゴリーに分類された生物種を指す。
2 カッコ内の数値は、グローバル（249 カ国 / 領土）内のランクを示す。
（出所）*The IUCN Red List of Threatened Species*, Version 2021-3 を基に筆者作成

種）、七位インドネシア（一三七二種）、九位メキシコ（一三四一種）と多言語国家一一カ国中六カ国が上位一〇位以内に入っている。[12] 同様に、固有の哺乳動物種や鳥類種の数においても、この一一カ国の多くが上位を占めている（表５）。[13] 言語数で世界第二位のインドネシアに注目してみると、固有哺乳動物種と固有鳥類種の数では世界第一位となっており、言語多様性と生物多様性の密接な相関関係が認められる。

　あわせて注目すべきは、インドネシアでは、危機言語数ばかりでなく、固有哺乳動物種と固有鳥類種の絶滅危機種の数においても世界第一位となっている点である。

前述した生物文化多様性の観点から、言語多様性と生物多様性が手を携えて支え合い栄えていくものであるとすれば、この両者は一方が活力を失い衰退すればもう一方も同様に衰退していくものと考えられる。

実際、多くの少数言語を抱える多言語国家の多くの言語が、現在、消滅の危機に瀕している。アジアには一一〇五言語、アフリカには五一八言語の危機言語が存在しており、両者を合わせると世界の危機言語数（三〇一八言語）の半数以上（一六二三言語、五三・八％）にまでなる。言語数二〇〇以上の多言語国家一一カ国に的を絞ると、危機言語の総数は一九九〇言語となり、危機言語全体の六五・九％に及ぶ。これは、この一一カ国の固有言語数の合計（四一三二言語）の約半数（四八・二％）に相当し、今後一〇〇年以内にこれら一一カ国の言語の約半数が消滅する可能性が高いことを示している。さらに、すでに消滅した言語の総数に目を向けると、過去七〇年間に消滅した三四七言語の八割近く（七六・九％、二六七言語）がこの一一カ国の言語となっている。年平均にすると、平均約五言語が消滅した計算になるが、そのうちの四言語近く（三・八言語）がこの一一カ国の言語だったことになる。このことは、言語多様性の豊かさがきわめて脆く危険な状態にあることを物語るものである。もちろんこのことは、生物多様性の危機に直結する問題とみなすことができる。

表5をあらためて見てみると、これら一一カ国の固有哺乳動物種および固有鳥類種の数は、それぞれ全体の総数のおよそ半数を占めている（固有哺乳動物種一二九六種［五二・三％］、固有鳥類種一六一六種［四九・五％］）。絶滅危機種の数は、固有哺乳動物種では四四四種で絶滅危機種全体の約半数（五一・二％）を占め、固有鳥類種では三七五種で全体の約四割（三九・九％）を占める。これは、一一カ国の固有動物種の三割強（三四・三％）、固有鳥類種の二割強（二三・二％）に相当する。一一カ国の危機言語の割合が全体の六五・九％で、一一カ国の固有言語の総数の約半数（四八・二％）であったことを思い出すと、言語（および言語多様性）の危機のほうが哺乳類や鳥類

よりもより深刻な状態にあることが認識できる。ハリソンも、著書『亡びゆく言語を話す最後の人々』（二〇一三）のなかで、「…言語は生物種よりさらに深刻な危機に瀕していて、はるかに速いペースで消え失せつつある」と語っている。[14]

さらに、言語も生物種も共に知られていないものが依然として多く存在する。ハリソンは次のように述べている。

動植物のうち八〇％を超える種類が西洋科学の範疇においてはいまだ知られていないか、特定されていない。それと同様、言語の少なくとも八〇％はいまだに研究対象としての記録が不十分で、そのため、何が失われつつあるのかということすら、正確にはわからないのである。[15]

言語の消滅によって、人類が積み重ねてきた自然界の知恵の多くが文字も記録も全く残さず消え去ってしまう。一つ一つの言語は「地形や、土地固有の種や、気候パターンや植生サイクルなどの環境要素についての特別な情報を、独自の形で文法や語彙に取りこんでいる」[16]。言語の消滅は、こうしたかけがえのない伝統知の消滅を意味する。

ハリソンは、「最も言語多様性に富み、言語が最も危機的状況にあり、そして最も研究の進んでいない言語を持つ地域」を「言語のホットスポット」と定義し、消滅言語の問題に対する理解を広め、この分野の研究促進や保護活動の活性化を図っている。言語のホットスポットは世界に二〇カ所以上認められており、その多くは「伝統的な狩猟・採集民族や、自給自足の暮らしをする人々の住む地域で、そのためそこには環境と人間との密接な関わり合いに関する知恵が含まれる」という。[17]そこで、ハリソンは、言語の保存に取り組むうえで、言語が存在する生息地全体を観察し、言語と環境との相互作用や共存関係に対する深い理解に根差したアプローチを主唱している。言語においても生物種においても、ここで注目した一一カ国をはじめ多くの多言語国家が、現在「多様性とその衰退」という問題に直面している。言語の衰退が生物に先立ち、より深刻さを増して進行しているとすれば、早急に言語の衰退に歯止めをかけることで、生物多様性の保全効果も期待できるのではないだろうか。

四　奄美語の力

琉球弧は日本における言語のホットスポットである。最も言語多様性に富みながら、最も危機的な状況にあり、そして、最も研究が進んでいない地域である。最も研究が進んでいないと言うと、語弊があるかもしれない。ここで言う研究とは、生物文化多様性を中核に据えた奄美語保存・研究を意味する。本論の冒頭で述べたが、奄美の生物多様性と言語多様性の特徴が似通っているのは決して偶然ではない。「奄美語」と一括りにできないほど多種多様な奄美語の姿は、奄美の豊かな生態系の合わせ鏡のようでもあり、人と自然が互いに活かされ、つながりあい共存していく中で育まれ、その知恵を代々伝承してきたものである。

亜熱帯性気候、四方海に囲まれた外界離島、生物多様性といった独自の風土のもと、島が違えばもちろんのこと、二五〇を超す集落（シマ）ごとに言葉が違うのがかつての奄美語の姿であった。言語間には上も下もなく、自然や風土と一体化した言葉が人々の暮らしを、そして豊かな生態系を支えてきた。奄美の地を豊かな多様性を育む「命のゆりかご」としてきたのは、ほかでもない奄美語の力であったと言えよう。

奄美語の文法や語彙、慣用表現等には、古代以来の先人たちの自然観察や自然の産物との日々の体験や格闘から得た貴重な成果が織り込まれている。例えば、季節の雨を表す言葉を見てみると、「三七〇日雨が降る」といった

表６　季節の雨を表す奄美語

奄美語	対応語	意味
サクラナガシ	躑躅梅雨	旧暦二月～三月上旬の梅雨のような長雨。サクラは躑躅のことで、奄美の在来種タイワンヤマツツジとケラマツツジの盛りの頃に降る長雨。
ナガシ	梅雨	旧歴四月末頃から五月にかけての長雨。 ウリジン（「降り浸み」？）ともいい、甘藷の植え付け時季〔恵原〕。ウリジン（ウルㇶズㇶン・ウリズン・ウルズン）は、南西諸島では野山が一斉に芽吹き大地が熟れる季節（ウリジンは「熟れ地面」？）〔岡村〕。
ウルイ	潤い	畑に作物が植えられる状態に雨が降ること。
ツㇶヤムㇶキー	艶めき	大地に雨が降って地表の一面が少し湿る程度の降り方。小降り。
ナチグレ	夏雨	夏の雨
タナバタアメ・タナバタウトシアメ	七夕雨	旧の七夕に降る雨。「タナバタマキ」と称して大根の種をまく風習があった。
ウンニャアメ	折り無し雨	夕立。旧七・八月に多い。
アラチジアメ	大粒雨	どしゃ降りではなく大粒の雨がパラパラと降る雨。主に夏。
カタンブイ・カタブリアメ	片降り雨	一つの集落のうちでも東側は降って、西側は降らないような雨。夏から初秋によく見られる。
ヘーチ		スコールのように俄にやってきてさーっと去ってしまうどしゃ降り雨。
ヌカアメ	糠雨	降っているかいないかわからないぐらいの、霧のような雨。秋に多い。
テㇶダアームㇶ・テダアメ	日照り雨	陽が輝いているのに部分的に降る雨のこと。狐の嫁入り。
ガンウルシアメ	蟹降ろし雨	旧暦11月頃に雨が降ると、川や渓谷の川蟹が産卵のために川を下る。蟹が最も美味な時季の雨。
ノーギアメ	虹雨	秋から初冬にかけて、こちらは降っていないのに向こう側に虹が立つこと。虹はノーギ・ノチ・ノジなどという。
シモ		霜ではなく、冬の北風に沿って横なぐりに吹きつける雨。
ユキ	霰	雪ではなく、霰のこと。

（出所）恵原義盛『奄美の方言散歩 II』海風社、1987 年、pp.168-170. および岡村隆博『奄美方言-カナ文字での書き方』南方新社、2009 年、p.28. を基に筆者作成

冗談が飛び出すほど多雨の奄美では、季節ごとに様々な特徴を持った雨の表現がある（表6）。雨を通して季節を知り、種まきを行い、収穫をし……といった具合に、雨は、奄美の人々にとって、暦代わりのような役割を果たしていたことが、その呼称からわかるだろう。ちなみに、ナガシ（梅雨）に咲く花アジサイは「ナガシバナ」、雨天に勢いよく咲くアサガオは「アムィフリバナ」、その逆に日照りが強いほど勢いよく咲くブッソウゲはテダコ（太陽の子）の花で「テダコバナ」と呼ばれる。[18]

風もまた、奄美を語るうえで欠かせない自然現象である。海洋民族ゆえか、奄美の人々は、風に対し深く心を寄せ、繊細で豊かな感性を備えていた。岡村は、島の人の「風への対応と反応は敏感で、研ぎ澄まされてい」たと語る。[19] 夏吹く「ハエ」（南風）は肌に優しい涼風で籾の選別を助ける風となり、「ミーニシ」（新北風）が吹けば長い夏から冬へと季節が移り変わり、「テェーフ」（台風）に襲われれば家や田畑を奪われ、冬は冷たい「ニシ」（北風）が吹き……というように、奄美では一年中風が吹き、人々は風に憩い、風に泣き……と風とともに暮してきたと言っても過言ではない。[20]

興味深いことに、風の絶大な力は、奄美の方位の表し方に反映している。南北の方位は風の吹きようで決められ、「ハエ」（南風）の吹く方角が南となり、「ニシ」（北風）の吹く方角が北となっている。東西は、集落（シマ）の地理にもよるが、日の出と日の入りの方向が方位を表し東は「アガレ・アガリ」、西は「イリ」となっている場合もあれば、東を「コチ」（東風）、西を「ウキ（ニシ）」（沖風）と風名を使うケースもある。一九七六年に徳之島で行われた方言分布調査では、西にたいして「イリ」が島全域で使われている中、西海岸瀬滝付近では「ウキ」（沖風）が使われているという報告がある。[21] 島の西海岸では、西は沖風が吹いてくる方向なのである。

雨や風は一例にすぎず、奄美語の自然現象を表す言葉を紐解いていけば、その豊かな自然やその自然とともに暮らしてきた人々の営みについて多くのことを私たちは知ることができる。島／シマごとに多くの変種を持つ奄美語は、奄美の多様な生態系に対する深い理解に基づいた知恵の宝庫であり、奄美の生物文化多様性を支えるバックボーンである。

また、奄美に伝わる民話や伝承、島唄といった伝統的な口承文化の力も見逃せない。ケンムンをはじめとする妖怪伝承は、人と自然の侵してはならない「間合い」のありかたを怪奇の不思議と恐怖を通して人に知らしめているように思われる。近年の自然環境の破壊や生物多様性の危機、地域コミュニティの崩壊、相次ぐ得体の知れない感染症の発生といった問題は、人が目に見えないものや暗闇を恐れることを忘れ、この「間合い」を無視したがゆえに招いた結果ともいえよう。

島唄に関しては、歌を通して人の道や知識、教養、生き方を示していることから、奄美には「歌半学」という言葉がある。言語学的にも、奄美語は、日本語の古語系統の語、中国系統や朝鮮系統の語など由来を異にする様々な系統の語から構成され、その特殊性は注目に値する。「水（むじぃ）山うかげ　人（ちゅ）や世間（しけん）うかげ」[22]をはじめとする親から子へと口づてに代々伝えられてきた一連の諺も奄美の人と自然の豊かさを守り育む叡智の宝庫だ。奄美の口承文化は、奄美の誇るべきユニークな文化資源であり財宝である。本格的な研究・解明が待たれこそすれ、忘れ去られることなど決してあってはならない。

エヴァンズは、著書『危機言語―言語の消滅でわれわれは何を失うのか』（二〇一三）の中で、「言語多様性のいかなる減少も、私たち人類の適応能力を弱めることになる。なぜなら、それは、私たちが利用できる知識の蓄えを減らすことになるからだ」と主張する。[23]実際、新種の発見や植物の治癒特性についての知識を活かした新薬開発、気候変動への対応等、奄美語の伝統的な生態学的知識のポテンシャルには想像以上に高いものがあると推測する。

科学は、こうした土着の伝統知と連携することで多くのことを解明できるだろう。潜在的可能性も含めて、奄美語の力には計り知れないものがあるが、その源泉は奄美のユニークな生物文化多様性にあることは言うまでもない。

五　おわりに

「共通語は富である」という言葉があるが、日本では日本語が経済力をもたらすことは確かである。だが、この発想をエスカレートさせると、英語や中国語の方が「富」につながる世界の共通語であることに気づくだろう。しかしながら、アメリカ英語はアメリカの、中国語は中国の文化の担い手なのである。人と自然が手を携え共存していけることに真の豊かさ＝富を見出すならば、発想を逆転させる必要があるだろう。「多言語は富である」と。

母語は、人間にとって空気とも食物とも言われ、人が生きていくうえで原動力をもたらすものである。そして、共同体にとっては、地元の言語は団結力と活力の源泉となり、文化に対する自尊心を育て、共同体と人々に自信を与える力を秘めている。一八世紀末に話し言葉として亡びたケルノウ語（英南西部コーンウォール［ケルト語で「ケルノウ」］地方で発達したケルト語系言語）は、二〇世紀になって甦り人々を驚嘆させた。ケルノウ語の再生運動の推進者H・ジェンナーはコーンウォール人がケルノウ語を学ぶ理由を聞かれて、「なぜなら彼らはコーンウォール人だからである」と一言答えたという。[24] 奄美語の運命に第一に介入すべきは、他でもない奄美の人自身である。

現在、世界の言語の消滅は、生物種よりも深刻かつ速いペースで進行している。奄美語も例外ではない。記録を取るにせよ、今が最後の機会である。あらためて奄美語の力に思いを寄せ、何ができ何をすべきか共に考えていきたい。

注

1　UNESCO, "Degrees of Endangerment", *Atlas of the World's Languages in Danger*, 2010. http://www.unesco.org/languages-atlas/en/atlasmap.html

2　本稿は、特に言及がない限り、『エスノローグ』第二四版（二〇二一）のオンライン版のデータを活用している。David M. Eberhard, Gary F. Simons and Charles D. Fennig (eds.), *Ethnologue: Languages of the World*, 24th edition, online version, SIL International, Dallas, Texas, 2021. http://www.ethnologue.com

3　ＥＧＩＤＳに関しては、『エスノローグ』オンライン版の「言語ステータス」ページ（Eberhard et al., ibid., "Language Status". https://www.ethnologue.com/about/language-status）およびＥＧＩＤＳを作成したLewis & Simonsによる以下の論文参照。M. P. Lewis & G. F. Simons, "Assessing endangerment: Expanding Fishman's GIDS", *Revue Roumaine de Linguistique* 55(2):103-120, 2010. http://www.lingv.ro/RRL_2_2010_art01Lewis.pdf.

4　SIL（The Summer Institute of Linguistics）は、アメリカ合衆国テキサスに本拠地をおく非営利のキリスト教系の少数言語研究団体で、一九四二年の設立以来、少数言語の調査、記録、翻訳、識字等の活動を通して、少数言語話者を支援している。SILの名称は、一九三四年に始まった言語講座（Institute of Linguistics）が毎年夏（Summer）に行われていたことに由来している。現在、八九カ国出身の四三〇〇人を超すメンバーが、一〇四カ国、一一億以上の人々が話す一三五〇の言語プロジェクトに関与している。『エスノローグ』の出版をはじめ、大学など研究機関との提携、辞書や文法書の編纂など活発な活動を通して、ユネスコの公式諮問機関にもなっている。SIL International, *SIL* (SIL HP). https://www.sil.org/

5　ISO（International Organization for Standardization〔国際標準化機構〕）とは、スイス・ジュネーブに本部をおく世界各国の標準化組織から構成される非政府組織で、工業製品や技術、食品安全、農業、医療など様々な分野で世界共通の基準を定め、標準化を進めることで国際貿易の発展に寄与することを目的としている。言語の国際規格ISO639はパート1から5まであり、パート3がISO639-3で、ＳＩＬインターナショナルが認証権限を持つ唯一の組織となっている。ＩＳＯのホームページによれば、ISO639-3は「現存する言語、絶滅した言語、古代の言語、人工言語を含め、可能な限り完全な言語リストを提供することを目指している」。ISO, "ISO 639-3:2007(en): Codes for the representation of names of languages – Part 3: Alpha-3 code for comprehensive coverage of languages", *ISO* (ISO HP), 2007, Section 1, para.1. https://www.iso.org/obp/ui/#iso:std:iso:639:-3:ed-1:v1:en ; SIL International, *ISO 639-3* (HP). https://iso639-3.sil.org/

6 『エスノローグ』では、各国の言語を「定着言語」（'established languages'）と「非定着言語」（'unestablished languages'）の二種に分類している。前者は、土地固有の言語（'indigenous language'）と外国由来の言語（'non-indigenous language'）からなり、その国に固有ないしは根を張った言語を意味し、後者はそれ以外の話されている言語を指す。第二四版では日本の「非定着言語」としては次の一五言語が掲載されている。英語、ベンガル語、中国語、閩南語（福建省南部、広東省東部、海南島の一部および台湾で使われる中国語の方言）、呉語、粵語、フランス語、マレー語、ペルシャ語、ポルトガル語、東パンジャービー語、スペイン語、タガログ語、タイ語、ベトナム語。

7 庵功雄「『やさしい日本語』考」『朝日新聞』二〇二一年六月一六日朝刊、一三頁。

8 「キラー言語」（'killer language'）とは、他言語、とりわけ少数言語を消滅に追い込む支配的な言語を指す。英語は最大の「キラー言語」であるが、中国語やスワヒリ語、インドネシア語などの広域コミュニケーション言語も「キラー言語」に入る。

9 手話は「視覚言語」（目で見る言葉）であり、独自の文法体系を持つ「言語」である。『エスノローグ』第二四版では一五〇の手話が掲載されているが、地球上にはおそらく四〇〇を超す手話があると言われている。日本の手話としては、日本手話の他に、「村落手話」である奄美古仁屋手話（鹿児島県奄美大島）と宮窪手話（愛媛県大島）が認定されている。村落手話とは、「ろう者の住民が特に多いコミュニティで用いられる、ろう者と聴者の両方が用いる手話言語」をさす。奄美古仁屋手話および宮窪手話は、二〇二一年にISO639-3が与えられ、『エスノローグ』第二四版においてはじめて掲載された。

10 朝鮮語は、ここでは朝鮮半島、すなわち、北朝鮮および韓国で話されている言語をさす。『エスノローグ』では、在日朝鮮人の言語として掲載されている。

11 Luisa Maffi, "Biocultural Diversity and Sustainability", in J.Pretty, A.S.Ball, T. Benton, J. Guivant, D.R. Lee, D. Orr, M.J.Pfeffer, and H.Ward (eds.) *The Sage Handbook of Environment and Society*, Sage Publications, London, 2007, pp.260-278. ; Luisa Maffi & Ortixia Dilts, *Biocultural Diversity Toolkit, Vol.1: Introduction to Biocultural Diversity*, Terralingua, 2014. https://

terralingua.org/wp-content/uploads/2018/09/Biocultural-Diversity-Toolkit_vol-1.pdf

12　E. Beech, M. Rivers, S. Oldfield & P. P. Smith, "GlobalTreeSearch: The First Complete Global Database of Tree Species and Country Distributions", *Journal of Sustainable Forestry*, 36:5, 454-489, 2017, pp.457-459. http://dx.doi.org/10.1080/10549811.2017.1310049

13　IUCN, *The IUCN Red List of Threatened Species*, Version 2021-3, IUCN, 2021, Table 8: Endemic species by country. https://www.iucnredlist.org/resources/summary-statistics

IUCN（The International Union for Conservation of Nature and Natural Resources〔国際自然保護連合〕）は、一九四八年に創設されたスイス・グランに本部をおく国際的な自然保護団体。生物多様性保全の活動促進を目的に絶滅のおそれのある種のリスト（『ＩＵＣＮレッドリスト』）を作成し発表している。

14　K・デイヴィッド・ハリソン（川島満重子訳）『亡びゆく言語を話す最後の人々』原書房、二〇一三年、二九三頁。原著 K. David Harrison, *The Last Speakers: The Quest to Save the World's Most Endangered Languages*, National Geographic Society, Washington, D.C., 2010.

15　同書。

16　同書、二九四頁。

17　同書、一〇三頁。

18　恵原義盛『奄美の方言散歩Ⅱ』海風社、一九八七年、二一九-二二二頁。

19　岡村隆博『奄美方言—カナ文字での書き方』南方新社、二〇〇九年、二五一頁。

20　同書、二五一-二五二頁。

21　東京大学言語学研究室　柴田武・学生有志編『奄美徳之島のことば—分布から歴史へ』秋山書店、一九七七年、一一〇-一一一頁。

22　（大意）水があるのは山の木々のおかげで、木があるのは水のおかげ。人間も一人では生きていけない。多くの人から知恵や力を授かっていることに感謝し、自分が何に役立つか考えなさい。Horizon「諺・教訓：奄美のことわざ集」*Horizon*（Horizon HP）. https://amami-horizon.com/culture/story/proverb#:~:text=

23 ニコラス・エヴァンズ（大西正幸、長田俊樹、森若葉訳）『危機言語―言語の消滅でわれわれは何を失うのか』京都大学学術出版会、二〇一三年、四〇頁。原著 Nicholas Evans, *Dying Words: Endangered Languages and What They Have to Tell Us*, Wiley-Blackwell, New Jersey, 2009.

24 クロード・アジェージュ（糟谷啓介・佐野直子訳）『共通語の世界史―ヨーロッパ諸言語をめぐる地政学』白水社、二〇一八年、二六四頁。原著 Claude Hagège, *Le souffle de la langue: voies et destins des parlers d'Europe*, Odile Jacob, Paris, 2008.

第二部　外から見た奄美諸島各論

第4章　柳田国男『海南小記』

及川　高

一　柳田国男の歩いた奄美

今から一〇〇年少し前、大正九（一九二〇）年から一〇（一九二一）年にかけて、冬の奄美大島を歩いた一人の人物がいた。後に「日本民俗学の父」と呼ばれることになる柳田国男《やなぎたくにお》がその人である。彼の人物像は後に述べるとして、まずはその旅の旅行記である『海南小記《かいなんしょうき》』を少しだけ見てみよう（写真1）。

大島が今の大島になるまでには、それはえらい苦闘があった。わずか四、五〇年の昔を振り返ってみても、今の三分の一ほどの幸福もこの島には無かったのが、既にどしどしと名士を島外に出すほどの活躍をして居る。島人全体としては、切り抜けて出て来たのだから明らかに捷利《しょうり》(1)だが、よく聴くとその勝鬨《かちどき》のどよみの中にも、かすかな呻吟《しんぎん》(2)の声がまじって居た。例えば今通って来た朝戸《あさど》の村なども、紅い桜が咲いて平和らしい家並であったが、文化年間(3)の記録を見ると、佐念《さねん》と朝戸の両村は今人家無之(4)とある。男女借財のためにことごとく身売りして他村に行き、跡は作地のみ也《なり》ともあるから、すなわちそれ以後の殖民《しょくみん》(5)である。これと同様のつぶれ村が、他にもなお十何箇村あって、そのまま故迹《こせき》(6)となってしまったのもある。これは享和(7)の頃の凶作の結果であったが、その前後にも不幸はしばしば繰り返された。

名瀬の近くの作大能《さくおおのう》(8)とかいうところでも、ある時の飢饉に男女山に入り、苺や阿檀《あだん》の実を採って食い尽くし、野山にはもう何も食う物が無くなって、数十人の者が阿檀の木に首をくくって死んだ。それから以後は毎年その月頃になると、亡霊が出て来て何ともいわれぬいやな声で、唄を歌ったといって、その唄がいくつも伝わって居るのである。

いちゆび山のぼて、(いちご山にのぼって、)
いちゆび持ちくれちよ。(いちごを持ってきてくれよ。)
あだん山のぼて、(あだん山にのぼって、)
あだん持ちくれちよ。(あだんを持ってきてくれよ。)

これはおそらくは例の魂祭り(9)の踊りに、深い同情から発した悲壮な歌を唱えたのを、亡者の声なりと誤って伝えたものと解するが、死んだまでは事実であろう。最初から生まれて来ぬほうがよかったと思うものの魂魄《こんぱく》のために、ながく後々の弔《とむら》いをするのはおかしいが、この世で救うだけの力の無い人々は、どこの国でもこんな話を語り伝えて、ただいつまでも嘆息《たんそく》(10)をして居るのである。

(1)勝利、成功のこと。(2)苦しんでうめく声のこと。(3)一八〇四年〜一八一八年。江戸時代後期に相当する。(4)「今人家《いまじんか》(は)之無《これな》(し)」と読む。現在は人家がない、という意味である。(5)人が移住して住み着くこと。柳田は朝戸の集落が栄えているのをその目で見たが、歴史記録では文化年間には無人になっていたことから、今の住民が殖民によって移住してきたと想像している。（6）旧跡、かつては人が暮らしていたが、今は無人化し廃墟となった場所を指す。（7）一八〇一年～一八〇四年。江戸時代後期で文化年間の前にあたる。（8）実際には「作大能」という地名は存在せず、「佐大熊」の誤記と推測される（古書あまみ庵店主・森本眞一郎氏の示唆による）。この誤記は初版以来、本稿が参照した『柳田国男全集』まで踏襲されている。ここでは原著の表記を尊重した。（9）奄美には各地に八月踊り、アシビなどと称して、夕刻から集落の広場で円を描いて踊る年中行事がある。主旨は収穫祭であるが、いわゆる盆踊りや風流踊りの系統にも属する民俗文化で、死者の鎮魂の意味も含んでいたと考えられることから、柳田は魂祭りと解釈している。（10）ため息のこと。

（『柳田國男全集』三巻、筑摩書房、二六七～二六八頁より。読者の便宜のために現代仮名遣いにあらため、難読語にはルビを付した。ただし傍点は柳田自身による。また島唄に（ ）で付した現代語訳は筆者による）

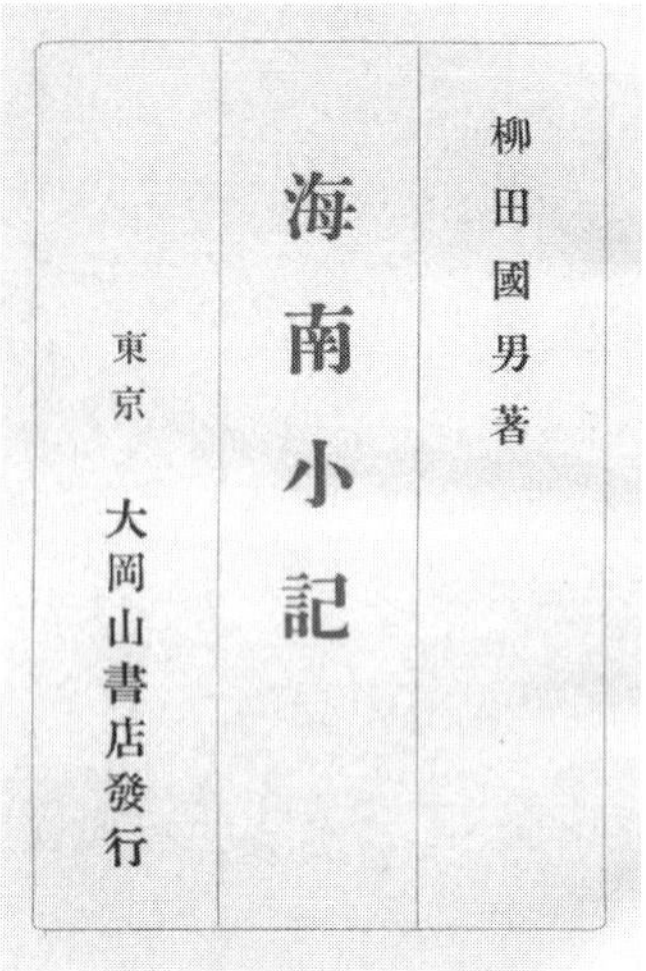

写真１　『海南小記』書影　国立国会図書館デジタルコレクションより

これは名瀬から瀬戸内への道々、現代の三太郎トンネルのあたりの紀行文で、『海南小記』第九節「三太郎坂」の一節である。当時はまだ峠道しかなかったこの場所を柳田が歩いたのは、大正一〇（一九二一）年、新暦二月八日のことである。この日はちょうど旧暦の元旦にあたっていたため、柳田は手帳に「故に人通り少なし、常は如何なる路の曲りにも人影の見えぬ事なき位なりといふ」と書きつけている。[1] 正月のために静かであったものの、名瀬から和瀬の界隈にはこの時代、普段は多くの人があるものだったらしい。

柳田の足取りは早い。名瀬を出発したその日のうちに和瀬峠、三太郎峠を越して、住用村の西仲間まで移動している。西仲間に当時あった冨士屋旅館に泊まり、翌九日には役勝《やくがち》、網野子《あみのこ》を経て、夜は古仁屋《こにや》に投宿する。以降は加計呂麻島を経由して西古見、そして宇検《うけん》村阿室《あむろ》へ、と柳田は奄美大島を時計回りにめぐっている。宇検村からは海路で北上して再び名瀬に戻り、一四日に名瀬港から鹿児島に出航するまで——この足早な一週間が彼の大島における旅程であった。

柳田のテキストに戻ろう。紀行文でありながら、柳田が目を向けるものはあまり旅情を誘うような事柄ではない。貧しさのために集落が消えたこと、飢饉に苦しんだ人々のあったこと——柳田が奄美大島で目をとめ、人から聞き取り、文章に書き残したのは、そうした苦難の痕跡であった。とはいえ彼の文章は貧困をただ嘆いたり、政治に憤ったりする方向には向かわない。村に咲いた鮮やかな緋桜の光景を、消えていった集落の史料記録と重ね、かつて飢えて死んだ人々の伝承を、夏祭りの歌や踊りとともに柳田は語りだす。憂鬱な暮らしを率直に描きながら、その光景は不思議に美しく、懐かしい印象を与える。

これを書いた柳田国男とはどのような人物であろうか。

二　民俗学の父

柳田国男の名前は一般には「日本民俗学の父」として知られている（写真2）。民俗学とは普通の庶民の生活習慣や口頭伝承に光を当て、文字記録を残しえなかった無名の人々の歴史を明らかにしようとする学問である。今でこそ民俗学を教える大学は少なくなく、民具（生活道具）や祭礼映像を展示する博物館も各地にある。しかしながらこうした庶民の間に伝承された民俗文化は、近代化を急ぐ明治・大正期の日本では価値が認められず、古い習慣や迷信として否定されるのが常であった。これに反論して地方の民俗文化の重要性を主張し、それらを研究する民俗学を開拓したのが柳田である。彼は生涯在野の研究者であったが、自宅を研究所として、特に一九三〇年代から一九五〇年代にかけて多くの弟子を育てた。決して柳田のみの功績ではないにせよ、日本民俗学の成立に彼が果たした役割は極めて大きい。ただし奄美の土を踏んだ大正一〇（一九二一）年の時点では、柳田はまだそのような学問を形作るには至っていなかった。どちらかというと、南西諸島への旅は彼の生涯における転機と呼ぶのがふさわしい。

柳田国男は明治八（一八七五）年、現在の兵庫県福崎町で生まれた。出生時の姓は柳田ではなく松岡といい、後に柳田家に入った際に改姓している。父親の松岡操《みさお》は旧姫路藩の儒学者かつ医者という身上で、決して貧家の出ではなかったものの、述懐では彼の幼少期はあまり幸福なものではなかったらしい。松岡家は男ばかり八人兄弟で、柳田はその六男にあたる。柳田自身が述べるところによると、彼の生家は手狭で、回顧録では「私の家は日本一小さい家だ」とまで表現している。[2]それは一つ家に両親と兄弟たちが暮らしていたのに加え、既婚者であった兄が妻を伴なっていたことによる。その無理のために幼い柳田は早々に実家を離れざるを得なかった。まず一〇歳で地元の旧家に預かられた後、一二歳の頃には茨城で開業医をしていた長兄（松岡鼎《かなえ》）の下に身を寄せている。柳田は伝統的な家族制度についても論文を書いているが、その関心は自身の苦い記憶に根ざしていた。

写真2　柳田国男

成長した柳田は東京帝国大学で農政学を学んだ後、農商務省（当時）に奉職する国家公務員という進路を選んでいる。その後もエリートコースを歩み、農商務省の次には法制局参事官、内閣書記官、そして貴族院書記官長へと様々な肩書を歴任するが、その間には『時代ト農政』『産業組合通解』など大部な農政学の論文を著している。学者肌の官僚としての仕事は、ひとえに彼の貧しい農村社会に対する関心と同情によるものであったが、同時にそれは時代の要請でもあった。柳田の若手官僚としてのキャリアは日露戦争（一九〇四年～一九〇五年）後の時代と重なる。日本の農村社会はこの頃、戦費負担のために深刻な疲弊に見舞われており、立て直しは重要な政策課題だったのである。ただしその実務に携わった柳田が個性的であったのは、机上ではなく、地方社会の実際の生活を踏まえた政策を志向した点である。こうした立場性は、やがて民俗学に結実していく問いの萌芽といえる。

官界を柳田が離れたのは大正八（一九一九）年のことである。ここでは詳述しないが、職務関係上の軋轢《あつれき》を苦にしての辞職であった。野に下った柳田は翌年から東京朝日新聞社（当時）に招かれ、論説委員という役職に就いている。柳田はその見識を生かして、農業政策のみならず地方振興のあり方や、普通選挙実現に向けての問題提起など、新聞紙上で様々な意見を述べている。ちなみに彼はこの役職に就くにあたり、東京朝日新聞社に対して「自由に旅をさせてほしい」という条件を飲ませている。これは取材を兼ねてのことでもあるが、地方社会を見て回りたいという希望は予てより柳田の中に育まれていた。

ここでようやく奄美に話が戻ってくる。柳田の南西諸島への旅はこの論説委員時代のことである。大正九（一九二〇）年一二月一三日に東京を発った彼は、九州南部を経て海路につき、まず奄美群島を一旦は通り抜けて沖縄に向かった。そうして先島までをめぐった後に折り返して沖縄本島を巡見し、それから再び北に向かって、二月七日に名瀬港に上陸する。以降が冒頭で見た大島の旅程ということになる。

この旅の帰路で柳田は思いもよらない転機を迎える。奄美大島を発って鹿児島に上陸した後、柳田は各地で講演会を引き受けながら陸路で北上するが、その途上の熊本で彼は、国際連盟委員への就任を打診する電報を受け取るのである。国際連盟はちょうど大正九（一九二〇）年に第一次世界大戦への反省から設立されたばかりで、彼が打診されたのはその信託統治（委任統治）委員というポストであった。信託統治委員会とはいわゆる植民地についての管理調整を担った当時の国際連盟の組織である。近代初頭の先進国は多くが植民地を有していたことは周知の通りであるが、一九二〇年代とはそうしたあり方の不当性の認識が広まりつつあった時代でもあった。とはいえ植民地主義は一朝一夕で解消されるものでもなく、このため過渡的な扱いとして、国際連盟が介入し「特定の国が国連の信託を受けて統治する」という枠組みが用意される。これが信託統治制度である。この時代、日本は台湾や朝鮮半島を併合しただけでなく、第一次世界大戦の戦後処理でドイツの植民地であったサイパンを新たな信託統治領としていた。柳田は見識を買われ、これに関わる委員として招聘されたのである。

『海南小記』の原稿は彼が南西諸島の旅を終え、渡欧するまでの短期間に東京朝日新聞に連載されたものである。ただし文章は旅程順でなく、北から南という地理的配置に沿って並べられている。先ほど述べたように、この南西諸島への旅は柳田にとって転機に位置づけられる。それは官僚から在野の学者への転身というキャリア上の転機であるとともに、民俗学の構想が具体化されていく学問上の転機でもあった。ジュネーヴに渡った柳田はしばらく、一年の半分を海外で暮らす生活を送ることになる。その一方で、日本で過ごす残りの半年には研究会を組織し、研究者のコミュニティづくりを牽引した。国際連盟の仕事を自ら辞したのは、大正一二（一九二三）年のことである。東京に戻った彼はいよいよ、予て構想していた民俗学の構築に注力を始め、昭和に入る頃から理論書や啓蒙書を相次いで刊行する。いわゆる「民俗学の父」としての仕事は主にこの時代に為されている。

三　『旅と伝説』と「海上の道」説

柳田は南西諸島から帰京して早々に、南島談話会という研究会を立ち上げている。その名の通り南西諸島についての知見を交わす場であり、柳田はヨーロッパと往復する生活を送りながらこの研究会を運営した。その主要メンバーにはたとえば「沖縄学の父」とも称され、沖縄の歴史、考古、民俗、言語という幅広い領域に足跡を残した伊《い》波《は》普《ふ》猷《ゆう》がいる。伊波の仕事の中でもとりわけ重要なのは、琉球王府の編纂した古歌謡集『おもろそうし』の訳注である。琉球国に伝えられた神歌である「おもろ」には中世琉球の歴史や英雄譚が歌い込まれているが、古語で書かれているため、大正時代には現地人でも読みこなせないものとなっていた。これを解読し、読解の筋道をつけたのは伊波である。柳田の南西諸島への旅は、伊波に直接会うことを一つの目的としており、「おもろ」の事業もこの際に応援している。南島談話会には伊波の他にも金城朝永《きんじょうちょうえい》や島袋源七《しまぶくろげんしち》など、やがて沖縄民俗学の第一世代となる人々が列席していた。そしてこの研究会の場には、奄美出身の研究者の姿もしばしばあった。

民俗学の黎明期を支えた雑誌に、三元社という出版社が毎月刊行していた『旅と伝説』がある。昭和三（一九二八）年の創刊から柳田はこの編集に深く関わり、通巻第八号に寄せた「木思石語」を始め、幾つもの論文を寄稿することになる。民俗学史をひもとく上で、この『旅と伝説』の存在を欠かすことはできないが、実はこれを裏方として支えた出版人の萩原正徳《はぎわらまさのり》（一八九五〜一九五〇）は奄美（名瀬）出身であった。萩原の三元社はもともと東京の写真製版業者であったが、この時期に出版事業への拡大を志し、『旅と伝説』はそこで生まれた企画であった。柳田の協力を取りつけつつ紀行文と地誌を兼ねた雑誌として編まれた同誌は徐々に、学術研究媒体としての価値を高め、柳田だけでなく折口信夫《おりぐちしのぶ》、伊波普猷、中山太郎といった著名な研究者の論文も掲載するようになった。この萩原が繋いだ学術的コネクションの一つに関敬吾《せきけいご》と柳田の関係がある。[3] 関は日本の昔話研究を切り開いた研究者で、後年『日本昔話集成（全六巻）』の編纂などにも携わっている。関が本格的に民俗学の道に進むのは柳田と会って以降のことであるが、その両名を引き合わせたのは萩原の差配であった。他にも三元社は『東北の土俗』（共著）、『聴耳草紙』（佐々木喜善《きぜん》）、『シマの民俗誌』（野間吉夫）等の民俗誌のほか、近世の人である菅江真澄《すがえますみ》の紀行文を翻刻し『真澄遊覧記』として刊行するなど、現在も古典と評される質の高い書籍を多く世に送り出している。『旅と伝説』を筆頭に、三元社の事業が民俗学の歴史に与えた影響は甚大であった。

ところで『旅と伝説』は、各地の事例報告の投稿を読者に求めた点に大きな特徴があった。すなわち、たとえば「婚姻」のようなテーマを掲げると、全国から自分の地元の婚姻習俗に関する報告が寄せられる仕組みとなっていた。そのためにこの雑誌は、民俗文化に関心を持つ各地の研究者を触発し、それぞれの地域の郷土史を見つめ直させる契機となった。その『旅と伝説』に奄美出身の研究者は、同郷の萩原の仲介もあって積極的に応え、多くの論考を寄せている。表1にその主な顔ぶれをまとめたが、ロシア文学者の昇曙夢《のぼりしょむ》がひときわ著名であるほか、それ以外の人物もそれぞれに著作を世に送り出していることが分かる。中でも金久正《かねひさただし》『奄美に生きる日本古代文化』や岩倉市郎『喜界島方言集』がとりわけ高く評価され、彼らの民俗誌は現在、奄美地域の研究のみならず、日本文化全体を民俗学的に考えていく上でも基礎資料に位置づけられるものである。

そもそも柳田自身の研究の上で、南西諸島はきわめて重視されていた。『旅と伝説』は一時期、紙幅のうちに南島談話会の活動をベースにした『南島談話』というコーナーを、いわば雑誌の中に別な雑誌があるような体裁で掲載していた。こうした扱いは柳田が自身の旅で、奄美・沖縄に日本の古語や文化が残っていることに強い関心を抱い

表1 奄美出身の『旅と伝説』寄稿者

氏名	生年	出身地	主な『旅と伝説』誌寄稿	代表的な著作
昇 曙夢	1878	瀬戸内町 芝	島の思い出	大奄美史 奄美の島々―文化と民俗―
茂野 幽考	1896	瀬戸内町 古仁屋	南島の独木舟研究 南西諸島の傳説 南島の俗信と伝説	南方文化の研究―奄美群島とポリネシア― 奄美大島民族誌 奄美染織史 南島今昔物語
岩切 登	1895	龍郷町 龍郷	死を中心とした奄美大島の実話 ゾレの話	泉二新熊伝
金久 正	1896	瀬戸内町 諸鈍	奄美大島の昔話 ケンモン(奄美大島) まぶり・たましい 奄美大島の八月踊	奄美に生きる日本古代文化
岩倉 市郎	1904	喜界町 阿伝	喜界古謠「闘牛の歌」 喜界島に於ける敬語法 風に關する喜界島の方言 喜界島の伝説 南島語源雑考	沖永良部島昔話 喜界島方言集 喜界島昔話集
竹内 譲	1905	喜界町 大朝戸	喜界島（各地の葬礼）	趣味の喜界島史 喜界島の民俗

たことによる。

この発見から柳田は、辺境に古い文化が残るのだとすれば、その分布から歴史を再構成することが出来るのではないか、と構想する。蹴鞠《けまり》を例にこの論理について補足しておきたい。言うまでもなく蹴鞠は平安貴族に好まれた球技である。そのルーツが中華にあり、遣唐使によって日本に持ち込まれたことも周知のことであろう。すなわち蹴鞠は本来ならば中国文化であるのだが、問題は唐王朝が倒れて以降、当の中国では衰滅したことにある。他方で日本ではその後も貴族の家系が継承し、現代まで残っている。このように文化には時に、中心地や発信地では失われる一方、それが伝えられた周辺地域でこそ残っていく現象が起こるのである。南西諸島の方言に見出された日本の古語を、柳田はそれと同様の機序のために残ったものと考えた。そして文字記録の少ない民衆の歴史を明らかにするために、このモデルが使えるのではないか、と考えたのである。もちろんこれはあくまでモデルに過ぎないし、文化の継承や消滅には偶然に左右されるところも多い。だから柳田は事例を全国的に、大量に集めることが必要であると考えた。そこに『旅と伝説』という媒体の学史上の重要性がある。柳田は『旅と伝説』を媒介として全国の情報を蓄積し、民俗の分布を可視化することを狙ったのである。このように各地の事例を数多く収集し、並べることで人々の歴史を再構成しようという構想が、やがて日本民俗学の最初期の理論となっていく。そしてこの枠組みにおいて、「中央」から最も遠い南西諸島にはとりわけ多くの古い文化が未だ埋もれていることが期待された。奄美・沖縄の事例報告が重視されたゆえんである。

柳田の南西諸島研究であわせて触れておかなくてはならないのは、彼が後年、日本人の祖先にあたる集団は南方から渡来したという学説を主張していることである。これは柳田が最後の著作である『海上の道』で説いたもので、書名から「海上の道」説と呼ばれることもある。柳田は伊良湖岬《いらこ》（愛知県）の浜辺に南方のヤシの実が漂着する光景に触れながら、古代の日本人が黒潮の流れに乗り、南から日本列島にたどり着いたのではないか、という仮説を提起する。その道をさかのぼれば、はるか南方で暮らしていた原日本人がまず到達したのは沖縄であったに違いない。柳田の考えでは、彼らの移動を動機づけたのはタカラガイの採取であり、原日本人はそれを求めて南の根拠地から徐々に北上して、まず沖縄・奄美に定着し、更に北上して九州に上陸したのではないか、というのである。加えて柳田の想定では彼らは稲作農耕民でもあり、稲をめぐる文化や信仰を日本列島に持ち込んだのもこの集団であったとされる。

きわめて壮大な学説といえようが、この「海上の道」説は現在の研究水準では否定、もしくは大幅な修正が必要なものと考えられている。確かに南方系の海洋民族の一部が、先史時代に日本に到達した可能性は少なくなく、かつその際に力強く北上する黒潮が移住を助けえただろうことは、柳田の指摘する通りである。ただしそれを日本人全体の起源にまで拡大し、かつ稲作等のルーツまでも南方に求めるのは、資料の上でも根拠薄弱で、行き過ぎた仮説と評価せざるを得ない。

「海上の道」説に関しては、むしろ柳田の個人的な南西諸島への思いが先立っているのではないか、という批判もある。既に述べたように柳田は、民俗学において明確に南西諸島を重視していた。ただしその姿勢は学問的理由だけでなく、政治的あるいは個人的な動機にも支えられていた面が否めない。南西諸島は太平洋戦争の後、米軍による統治の下に置かれた。すなわち奄美群島は昭和二八（一九五三）年まで、沖縄は昭和四七（一九七二）年まで日本から分離されていた。柳田は沖縄返還を待たず、昭和三七（一九六二）年にこの世を去るが、分離された南西諸島を戦後の日本社会が軽視し、そこに生きる人々を異民族視する思潮が強まることに強い懸念を抱いていたらしい。この懸念が柳田をして、日本全体に対する南西諸島の重要性を殊更に強調し、民族全体の起源に位置づける学説に固執させたのではないか、ということである。こうした柳田の政治性に基づくバイアスはそれ自体、今後も客観的かつ公平に批評される必要がある。

ただし見落とすべきでないのは、柳田の立場が常に、南西諸島出身の若い学究を励ますものであった点である。近代日本社会において奄美・沖縄の方言が、標準語との違いのため、しばしば差別的な扱いを受けてきたことは周知の通りである。これに対し柳田は、現在では「方言」に映る南西諸島の言葉や文化にこそ、実はむしろ日本文化の原型が残されているのだと説いて重視した。また後年には「海上の道」説によって「南西諸島こそ日本全体のルーツなのだ」とさえ主張した。現代の学問的水準からは勇み足めいた主張に見えるにせよ、柳田が常にこうした南西諸島の人々を勇気づける立場を取っていたからこそ、前掲の表1に示したようにそれに応える研究者が次々と現れたのである。今日でも南西諸島は民俗学にとって「聖地」と称されることがあるが、これは柳田と奄美・沖縄の研究者が協業して積み上げた成果の、類を見ない厚みに多くを負っている。

四　孤島苦へのまなざし

前節で述べたように柳田の奄美・沖縄への関心は、日本民俗学の誕生に決定的に関わっていた。ただしその構想は彼が奄美を歩いた大正一〇（一九二一）年には像を結んでいない。ここでは最後に『海南小記』のリーディングとして、この文章のもう一つの読みを提示しておきたい。すなわち退職したばかりの元官僚であり、民俗学を作りだす前夜にあった柳田が、その時、その場において奄美に見たのは何であったのかを考えてみよう。

奄美から帰った柳田が、即座に南島談話会を立ち上げたことは既に述べた通りである。この活動は昭和八（一九三三）年まで続くが、この時期に彼らは枠組みを変え、南西諸島研究から沖縄・奄美に限られない、「島」に関する研究へと移行する。日本はそれ自体が列島であるだけでなく、大小数多くの島々を国土に抱え、そこには様々な暮らしが息づいている。柳田はこうした島嶼地域の民俗の報告を求め、若手研究者を後援して積極的に現地調査に送り出している。また『旅と伝説』に間借りしていた『南島談話』も、独立した雑誌『嶋《しま》』に装いをあらため、日本各地の島の事例を広く掲載する媒体に変化していく。ただし南西諸島を重視する点は変わりがなく、『嶋』は柳田とともに沖縄出身の比嘉春潮が共同編集者を担っている。南西諸島の研究がある程度軌道に乗る中で、『嶋』への移行はその発展的展開であったと考えられる。

それではなぜ柳田は「島」へフォーカスしたのか。その鍵となるのが「孤島苦」という語句である。この言葉は伊波普猷の大正一五（一九二六）年の著作『孤島苦の琉球史』の表題にもなるなど、南島談話会のキーワードになっていた様子がうかがえる。孤島苦という言葉は多義的であるが、離島地域に住む人々の生活の厳しさや孤立感を端的に表現したものといえる。すなわち離島における自然環境の厳しさや、生活資源の不足、交通手段の不便さ、そして本土との交流が限られることで生じる孤独感や経済的困難などといった問題が織り込まれている。

冒頭に参照した『海南小記』の一節は、まさにそうした孤島苦を描いたものと言える。ただここで注目したいのは、引用の冒頭部分にある、大正時代を迎えた奄美の「既にどしどしと名士を島外に出すほどの活躍」という箇所である。柳田の述べる通り、そうした有為な人材の輩出が奄美にとって大きな発展であったのは間違いない。しかし言い換えれば、これは多くの奄美出身者にとって故郷喪失と離別の経験を意味してもいた。柳田が「孤島苦」という時、そこにはこうした人間的な悲しみも想定されている。それは伝記において見たように、彼自身が幼少期に故郷を追われた一人であったために違いない。「日本一小さい家」に生まれた彼は幼くして生家を離れざるをえず、優れた業績を残しながらついに自らの郷土を持つことはできなかった。柳田が奄美にそそぐ眼差しの懐かしさは、奄美の問題が彼自身の問題と重なり合っていたためであろう。

そしてまた、この故郷を後にする人々の問題とは、近代日本の膨張と表裏でもあった。日本は明治維新後、富国強兵からやがて暴力的な帝国主義へと傾き、台湾、朝鮮を併合する。柳田の旅に前後する時期にはサイパンを取り込み、やがて満州の侵略に向かうことも周知の通りである。しかしなぜ日本人は暴力すら行使して、日本の外に出ていこうとするのであろうか。その理由はつきつめれば、日本という島国が狭く、貧しかったことに求められる。この問題意識は国際連盟で信託統治という矛盾に向き合う中でも、彼が意識せざるを得なかったことであるだろう。島の問題を正面から考える必要が、この時代の柳田にはあったのである。

柳田が実際に奄美の土を踏んだのは、ただ一回の旅の途上でのことにすぎない。ただし奄美を含む南西諸島が、彼が民俗学という学問を作りだしていく過程で、常に脳裏にあったことは間違いない。それは大きくは『海上の道』における、日本民族の南島起源論というかたちで語られるものである。しかしながらそうした学問的構想とは別に、旅した奄美大島で柳田が抱いた感情は恐らくもっと素朴で、身に迫ったものであったのではないか。柳田の描く奄美は憂鬱で、美しく、懐かしい。それは奄美がしばしば、少なくない奄美出身者にとって留まることのできなかった故郷であったからである。柳田はそうした故郷の喪失を自らと重ね、更には日本人全体に重なりうる経験として受け止めたのであろう。『海南小記』に書き記された、奄美の人々の「勝鬨」と「呻吟」とは、いわば近代日本の民衆史そのものであった。そしてこの思いは、日本の庶民の失われた歴史を描こうとした、彼の民俗学の構想にも深くつながるものであった。

注

1　柳田国男（著）、酒井卯作（編）『南島旅行見聞記』（森話社、二〇〇九年、一七二頁）。この本は柳田の手帳の翻刻で、彼が旅先で見聞きしたものを具体的に知ることができる。編集した酒井卯作（一九二五～二〇二三）は民俗学者で柳田に直接師事した一人である。

2　柳田国男『故郷七十年』（『柳田国男全集二一巻』筑摩書房、一九九七年、二一五頁）。

3　この記述は主に関敬吾「萩原正徳さん」（『日本民俗学大系第八巻・信仰と民俗』平凡社、一九五九年、四二三～四二四頁）に基づいている。

第5章　名越左源太『南島雑話』

名越　護

一　「お由良騒動」で大島遠島

薩摩藩上級武士の名越左源太《なごやさげんた》（一八一九～一八八一年）が書いた『南島雑話』は、幕末期の奄美大島の生活ぶりを記述しており、見事な「図解百科事典」だ。特に民俗学、動植物学研究の貴重な資料を提供してくれている。これで私たちは幕末期の奄美での生活の実像を目にすることができる。「日本民俗学の父」と言われる柳田国男が日本民俗学を提唱する約九〇年前に、すでに左源太は奄美の民俗学的な諸事象を書き、描いており、まさに左源太は「日本民俗学の祖」と言っていいだろう。

左源太は藩のお家騒動である「お由良騒動」に連座したとして五年間奄美大島に遠島になり、蟄居《ちっきょ》中に〝この書〟を書いたのである。

薩摩藩は木曽川など三河川の治水工事（宝暦治水）などで、上方の商人らからの借財が五〇〇万両に膨らみ、藩財政は窮地に追い込まれていた。そこで茶坊主から家老まで出世していた調所広郷が目に付けたのが、当時関西で需要のあった「奄美の黒糖」だった。調所は黒糖を藩の専売にした。琉球での密貿易も実施し、商人への借財は、無利子で法外な二五〇年の分割払いを押し付けた。いわゆる一八三〇年から一八三九年までに行った「天保の改革」の強行だ。奄美農民にとっては、これが「黒糖地獄」を招いた。この黒糖で薩摩藩は、逆に二〇〇万両も蓄えたといわれる。薩摩藩が奄美の黒糖で雄藩になったのは、奄美の庶民の犠牲の上だったといっても過言でない。

一〇代藩主・島津斉興は、江戸の町娘だった側室のお由良を溺愛し、その子久光を後継藩主にしようと、もくろんでいた。藩主は世継ぎが元服すると隠居するのが普通だったが、江戸に暮らす嫡子で聡明な斉彬が四〇歳になっても、斉興は家督を譲ろうとしなかった。

国元では若手藩士を中心に「斉興隠居、調所追放」で結束して、お家騒動になった。名越左源太は当時二三歳の若さながら、御軍役掛の物頭《ものがしら》職にある上級武士だった。左源太は吉野台地へ向かう途中のタンタド（鹿児島市鼓川町）に野屋敷を持っており、近藤隆左衛門（斉彬派の首謀者）らが狩りに行く落ち合い場所にするので、借りたいといってきた。左源太はこれに許可を出した。実際はここが藩主隠居を図る密会場所になったのだ。一方、斉興は側近を家老で固め、調所が築いた経済的な安定を堅守して斉彬派と鋭く対立していた。一八四九（嘉永二）年一二月に、久光と母お由羅、その取り巻きの重臣たちの暗殺を謀議したとして、斉彬派の中心にいた者たちが一斉に捕縛された。俗にいう「お由良騒動」だ。

近藤ら一三人の首謀者に切腹が命ぜられ、左源太ら約五〇人が遠島や謹慎の処分を受けた。左源太が腹切りを免れたのは、第四代藩主吉貴の側室が、かつて江戸で豆腐屋を営んでいた名越恒渡の妹・お須磨で、第五代藩主・継豊を生んだためだといわれている。以来、薩摩入りをした名越家の家格は、代々藩の寄合に処せられてきた。

左源太にも一八五〇（嘉永三）年三月に「亡き近藤らと密会し、ご政事向きを誹謗した」として大島遠島のふれが届いた。
左源太は三月四日に、鹿児島港を大祥丸《だいしょうまる》で出航した。山川を経由して口之島で風待ちして、二十五日もかけて同月二十九日に奄美大島の伊津部港に着き、仮屋から一里離れた小宿（奄美市名瀬小宿）の富豪の藤由気《ふじゆき》宅に落ち着いた。藤由気宅は三棟あり、その一棟を左源太に与えた。奄美ではその前の年に大量のネズミが押し寄せ農作物を食い荒らし、島民は凶作に苦しんでいた時期だ。

『名越左源太翁　遠島日記』によると、謹慎の身を自覚した左源太は、小宿の生活を両親のいる方角へ向かってのあいさつで始め、家や庭を掃除した後、陀羅尼経《だらにきょう》を唱えて外出を控え謹慎していた。絵がうまい左源太のことは、奄美でも知られていたらしく、さっそく代官の中山甚五兵衛から頼まれた六曲一双の屏風絵書きに追われた。シマトジ（現地妻）を勧められたが、左源太は独身を通した。

図１　左源太が描いた八月踊りのスケッチ

教養の高い読書家でもある左源太は、地元の亀蘇民から借りた貝原益軒の『養生訓』を書写し、村長の藤進から借りた江戸後期の西村遠里が書いた随筆『居行子《きょこうし》』を抜き書きした。また藤進からは『三国志』全二五巻を借りて読んで過ごした。藤進は「全巻を揃えるのに黒糖四〇〇斤を支払った」と話していた。大島ではお金の流通が禁止されており、生活に必要な品物は藩に注文して黒糖で支払う仕組みだった。

左源太が藤由気の田んぼの稲刈りをしたとき「お侍が稲刈りをしている」と、その庶民性が村中の評判になった。それ以来、村人たちは左源太の家に獲れたての魚や野菜を携えて訪問するようになった。村人が杖を突き痛々しい老人をつれてきた。ハブにかまれた人だという。左源太が鹿児島から持ってきた菊油をやったら、「薬を塗ったその夜から気分がよくなった」という。効果があったらしい。お礼だとして干し魚を一尾置いていった。また藤由気のヤンチュの池順からミョウガを笊《ざる》一杯もらったこともあった。左源太はそのたびに巻きたばこや扇子、鬢《びん》付け油など鹿児島から持って来たものをお返しに渡している。もうお返しをする物も少なくなったので家族に追加注文しようと思ったほどだ。八月踊りになると「名越様もお一緒に」とお誘いがきた。島人の踊る姿をスケッチにおさめている（図1）。

二　嶋中絵図書調方に任命

斉彬擁立派への激しい弾圧に幕府老中・阿部正弘らが事態収拾に努め、一八五一（嘉永四）年二月に斎興が隠居し、斉彬が一一代藩主に就任した。当時は英国やオランダなどの蒸気船が琉球付近に進出して藩には不穏な空気が漂っていた。奄美大島の地図の修正も急務になり、斉彬は流人の左源太に「嶋中絵図書調方」を命じた。代官から「馬に乗って村々を調査してよろしい」との達しもあった。それ以来、左源太は大手を振って奄美を見て回れるようになる。ただし最初から『南島雑話』と題名があった訳ではない。

左源太が作成した地誌は「大嶹竊覧《だいとうせつらん》」「大島便覧」「大嶹漫筆」「南島雑記」「南島雑話」という藩への五種類の〝報告書〟である。これらを再編集して、総称を『南島雑話』としたのは一九一六（大正五）年一〇月に鹿児島高等農林学校（鹿児島大学農学部の前身）の小出満二教授だったが、原本は火災で焼失した。さらに左源太研究家の永井龍一氏が謄写印刷本、原口虎雄氏の校訂したものが『日本庶民生活資料集成　第一巻』、永井氏所蔵の名越左源太草稿が『同集成　第二〇巻』に収録されている。平凡社の東洋文庫『南島雑話　上下』も知られている。その主な内容は次のようである。

・大嶹竊覧　　島の石高、稲、麦、甘藷
・大島便覧　　大島紬、芭蕉布の製造法
・大嶹漫筆　　家屋の構造、建築法、衣食、蘇鉄澱粉、蘇鉄味噌、泡盛、黒糖製法
・南島雑記　　島の気候、伝統漁法、漂流民による清国見聞記、島の婚礼習俗
・南島雑話　　島の偉人・当済の無人島探検記、島における流人の生活、薩摩との砂糖取引、アマミノクロウサギなどの島の鳥類、動植物、豚便所、飢饉で餓死した兄弟の霊、人魚、ケンムンなどの妖怪、高床式倉庫（高倉）、ノロ、ユタ、風葬、樹上葬、失火者への制裁、死産児への処置、八月踊りなどの年中行事

左源太は代官所へも自由に出入り出来るようになり、奄美の歴史書などに直接触れ、奄美の地図や米、麦の石高などの資料を見ることが許された。流人が藩の役職を貰うなど異例のことだった。左源太の作った村落一覧表には、農奴的なヤンチュが多くて集落を維持できなくなった潰れ村（廃村）になったところも記入されている。筆者は、奄美大島の宇検村生勝集落で生まれ育った。しかし、私の故郷名がこの一覧表にはない。

左源太がミスをしたとは思えない。そんな時、元田検中教頭で沖永良部郷土研究会長の先田光演氏の「奄美宇検

村生勝の検地帳」(『南日本文化　二六号』)という論文が目にとまった。これは一七二七(享保一二)年のものだったが、表紙がなかったので、小字名から「生勝の検地帳」と断定したという。

いい伝えでは「生勝は昔、〝徳島〟と呼ばれていた」というから当時は徳島で、火災で全集落が焼け落ち、その後に「生勝」と改名したらしい。検地帳の当時は二三世帯で人口八〇人の小さな集落。水田の総面積は約五町三反しかなく、三分の二が集落外の豪農のもの。生勝の耕地はよそジマの人たちの「作場」だった。田畑を持たないヤンチュも多かったようだ。火災があったのはいつごろか判明しないが、左源太が調査したころは、まだ人が住める状態ではなかったのだろう。

三　黒糖地獄に苦しむ

奄美の農家は、薩摩藩の砂糖政策によって豪農と、八公二民といわれる税金が支払えるジブンチュ(自分人)、それに豪農に身分を売り、豪農のために働くヤンチュの三段階に分かれていた。左源太は日記に、藤由気の言葉として「郷士格の与人《よひと》の子どもにも賦役《ふえき》を課すようになった」、与人(村長)の藤進も「大島の産砂糖は七〇〇万斤、薩摩はそれでも足りないというのか!」と不満を述べたと書いている。薩摩藩上級武士としての左源太は、この地元民の発した言葉を記載しながらどう思ったのだろう。

左源太は馬や水車の力でキビを搾る図や、キビの高切りが見つかり首かせや足かせの罰を受ける図も描いている(図2)。シマウタに、

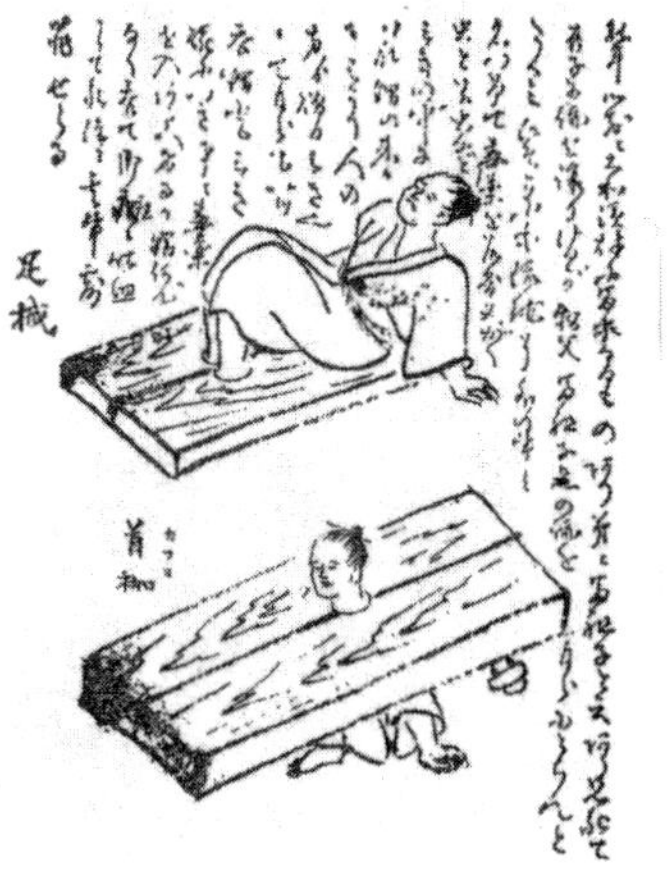

図２　キビの高切りすれば、足かけ、首かけの罰

〽しわじゃ　しわじゃ　ウギ切り　しわじゃ
ウギの高切りゃ　罰板突《ばっちゃは》きゅり
（心配だ、心配だ。砂糖キビを刈るのが心配だ。キビを高く切れば、罰板（首に板を掛ける罰）という罪を掛けられる。）

と歌われている。大河ドラマ「西郷《せご》どん」の劇中でシマトジ（島の妻）愛加那を演じた二階堂ふみさんが「薩摩の殿様や役人が湯水のように銭を使うから、この島は砂糖の地獄になったのだ！」と叫んだのも実感できる。

島人の暮らしにキビは切り離せない。植え付けは一月から、三月、四月には除草、六月は立キビの成育状況の検査、一〇月は台風の被害などを見ての草葉見積りの予想をする。また竹木横目の監督のもと黒糖樽の材料になる材木を切り出して樽を作る。さらにキビの収穫、黒糖製造と集荷、仕登船《しのぼせせん》への積み込みと一年中黒糖づけだ。

四　ノロの衣装とその仕事

奄美にはかって琉球神道の女性ノロが集落の年中行事の祭祀を取り仕切り、島民の信仰心も強かった。集落のノロは、琉球王府から免官印のついた免状をもらうのが誇りだったらしい。ノロは一度は本琉球に渡り、国王にお目見えし、免状を授かるものだった。しかし、薩摩藩は免状交付を一六四二（寛永一九）年から禁止するようになった。左源太は大熊（奄美市名瀬大熊町）の安加那宛ての免官印三枚も入手して『南島雑話』に載せている。

奄美のノロには真須知《ますち》集団と須多《すた》集団があった。真須知集団は大和村・宇検村・瀬戸内町の奄美大島南部に住み、結婚は島内の人とするなど古風な風習を守っていた。一方、役人や流人が比較的に多い奄美市から龍郷町、笠利町の島北部に住む須多集団のノロは本土の男との結婚も可能だった。

左源太はノロの御印加那之《ごいんがなし》の衣装図を丁寧にスケッチしている（図3）。ノロは頭に白い「サギ」というハチマキを締めている。ハチマキは約三・六メートルもあり、後ろまで垂らしている。当時の女性の身長は一四〇〜一五〇センチほどだったとみると、ハチマキを二、三重巻にしたのだろうか。

> サギ云う頭巾なり。婦人礼服タナベと云へるものを着せるなり。其のサギを冠れるなり。地合は紗綾にて長さ二尋なり。

図３　ノロの衣装図

「サギ」は、本来は文様入りの布であったらしい。首から胸にかけて「前ハギ」という木綿糸に水晶の玉を通した首輪をかけ、背中には「玉ハベロ」という五色や紫の玉あるいは練り物の玉を三列に垂らしている。さらに目につくのが頭部の髪飾りに挿した二本の「サバネ」というサギの羽だ。これを「アヤハブラ」という。ハブラは蝶のことだ。ハブラは奄美では霊魂の象徴だといわれている。

ノロの体の上部に羽織る物は「カミギン」といって極上のバシャギン（芭蕉布）で、ヒザまでだらりと垂れる着流しだ。カミギンの下に着る丈の短い上着がドギン（胴衣）。左源太はこれらを写真でみるように細部まで描いている。

ノロが死ぬと、亡骸を樹上の棺に納めて掛け置くようだ。そして三年経って洗骨し壷に納める。奥山のその場所は入山禁止になる。一般人は穴蔵に風葬し、三年経つと洗骨して蓋つきの甕《かめ》におさめて祖先の骨と一緒にトホロ（風葬の後、その骨を洗い清めて改葬する一族や集落単位の集団墓、トウル墓ともいう）に納める。

ノロの樹上葬は沖縄での調査報告はなく、左源太の貴重な文と絵で奄美で行われたことが分かった。琉球より古い民俗にも思えるが、その意味や歴史などの研究はまだないようだ。風葬は空葬とも呼ばれ、遺体をガマなど自然の中に安置して吹きさらしにして遺体の腐敗を早める葬法だ。一般に風化すると骨を甕に納める琉球・奄美独特の葬法だったようだ。

風葬は「衛生上問題がある」として明治初年に禁止され、以来土葬に変わった。チリモヌという妖怪は、人が死んだときに敷くむしろなどにいる。子豚ほどのチリモヌは夕刻に現れて人間の股を潜り、天上に昇る。股を潜られた人は病で死ぬ、といわれ恐れられていた。

五　ナマトンガナシが出現

ノロが主宰する旧暦二月のオムケ（神迎え）と同四月のオーホリ（神送り）の日に、奄美南部ではナマトンガナシという生き神様が夜に出現するという（図4）。この神は八角八足の怪牛で「耕作の神」だという。足と腹に白い星形の模様があって海上他界からやってくる牛だ。庭火を焚いた広場を徘徊し、チャルメラのような声を出す。この怪牛の声を聞いたら、村人は生き神様の来訪を信じてひれ伏して頭を上げることはなかった。だから誰も見たことはない。ノロたちはこの行事をヤマトの人が見学するのを大変嫌った。この怪牛、実は〝作り物〟だからだろうと左源太は思った。ノロたちはいつ、どこでこんな大きな作り物を村人たちに内緒でつくったのだろうか、とも。牛の作り物は、本土では豊作予祝として堂々と登場し、ユーモラスな田園即興劇になっているが、大島南部では生き神だとして秘儀になっている。

さらに奄美大島の冬は北西の強い風が吹き、火災が多発するのは今も昔もかわらない。左源太が滞在したころ、火を出した家の主人はノロと一緒にススキを纏《まと》った牛を曳いて集落内の悪霊を払って歩くものだったという。ユタ研究者だった山下欣一氏は「恐らくこのススキで出火者を打ちつつ、廻ったのでは」と見る。出火者の襟首にススキをさし、牛の首にも纏わせて村中を歩いたのであろう。この牛は村中をまわった後は〝生贄《いけにえ》〟として殺されて、その肉を村人が食したという。

図4　八角八足のナマトンガナシ

旧暦のシバサシ（奄美の夏正月アラセツから数えて七日目に当たる日）の後に来る庚申《かのえさる》の日は、ケンムンなど魔物が盛んに活動する日で、村人は臭いのきつい月桃の葉に包んだカシャムチを作り、それを食べて魔物から身を守るものだった。左源太の滞在していたころはこの日、ノロの補佐役である男性のグジヌシが村の入り口に牛のヒラホネ（肩甲骨）や足骨を下げて魔物の村への侵入を防いだ。

しかし牛は農耕に欠かせない存在である。加計呂麻島の須子茂では大正末期には、牛のヒラホネを集落に入る左右の道の入り口と浜から上がる道の入り口に下げた。その肉は祭りをするノロなど神人にも食べさせた（小野重朗『奄美民俗文化の研究』）。山の神が妖怪化し、島人の生活に近づいたのがケンムンのようだ。今では、一般にはこの日カシャムチを食べる風習だけが残っている。その変遷が分かったのも左源太の記述のお陰だった。このように内地にはないノロ司祭の年中行事をこまめに書いている。だが、ノロそのものが消滅した今では、これらの民俗行事もほとんどが姿を消したようだ。

左源太は「下品の家には雪隠（トイレ）なし、尿（便も）は皆ブタ小屋の辺りに男女とも垂れる。また海辺にて便ずる也」と豚便所のことを書いている。左源太が加計呂麻島に行ったとき、某集落の人たちは村はずれのガジュマルの木に登って処理していた。左源太は「木の上で便ずる気持ちはどんなものだろう」と自ら別のガジュマルに登って密かに処理したが「どうも落ち着かない」と語っている。疑問に思ったことは、即実行する左源太の探求心の強さを見る思いだった。

六　「名越様はよかお人」と踊る

奄美の動植物についても得意な絵でスケッチしながら、簡単な説明文を書いている。もちろん世界自然遺産に登録されたアマミノウロウサギやアマミイシカワカエル、オオトラツグミなどの貴重な動植物も記入している。その中で今は奄美に生息していないアホウドリも「大島の海岸に棲《す》む」と書いている。特にケンムンについては「樵《きこり》の薪を背負う手伝いをする」とやさしい姿を描いている（図5）。人々が奥山に入り、道路を巡らせた今は、ケンムン

図５　左源太が想像で描いたケンムン像

に相撲を次々挑まれて困ったとか、ナメクジを食べさせられたなどの怖い「ケンムン話」はもう聞けなくなった。ケンムンの出現は、人間が〝神の領域〟を侵してはならないという警告だったのだろうか。

このように左源太は、南島民俗の貴重な資料を提供してくれているが、これらも奄美の百姓や浦人らとの身分を越えた「人間的な共感」があったからであろう。あの見事な図解博物誌はこうして生まれた。

ヒューマンな目で奄美の暮らしを送った左源太は、一八五五（安政二）年八月許されて、翌年三月に鹿児島へ帰るのだが、医者になりたいという藤由気の養子の嘉美行と長男の宍太郎の二人も連れて行った。左源太の評判は砂糖積み船の水主にも届いていたのだろう。山川港が近づくと船の上でいっせいに、

〽名越様とは音に聞いた　おふてみたれば、よか御人
名越様にはじめておふた　おふてみたれば、よか御人

と歌って踊り狂ったと、左源太は日記に記している。なお、左源太の描いた図は奄美博物館所蔵の『南島雑話上下』と東洋文庫『南島雑話上下』から引用した。

第6章　笹森儀助と奄美

田畑千秋

プロローグ

希代《きだい》の憂国《ゆうこく》の士笹森儀助《ささもりぎすけ》の念頭には、絶えず大日本帝国の国防、国益、殖産という命題があり、そのあふれんばかりの熱情が儀助を動かした。国防といえば軍人を、国益といえば政治家を、殖産といえば事業家を志すのが、昔も今も変らぬ青壮年期である。しかし、彼の思想と哲学は、彼をして政治家、軍人、事業家の道を歩ませなかった。彼は在野にありながら、政治家をも軍人をも事業家をも超越した世界を作り出し、自分の道を全うした。

儀助は、貧旅行、千島探験、南島探験の後に、その功績と手腕を買われ、五〇歳にして大島島司《とうじ》（現鹿児島県大島郡の行政統括官）[1]に任命された。儀助が任官要請を受諾した大きな理由は、天文学的数字に及んでいた奄美の負債《ふさい》（借金）を解消するためであった。ただ、あまりにも島民の立場に立ったため、鹿児島県庁、鹿児島商人と対立し、志半《こころざしなか》ばにして解任された。島司在任期間は約四年であるが、その間、トカラ列島視察、台湾視察を行い、その報告書を国に提出するなどして、国家に大きく貢献した。

また、現在観光客を集めている龍郷町龍郷の西郷隆盛謫居《たっきょ》跡の整備は、儀助の尽力に成るものである。

一　笹森儀助の生涯（出生〜千島探験）

少年時代

儀助は弘化二（一八四五）年、陸奥国弘前藩（現青森県弘前市）に生を受けた。父は同藩御目付役笹森重吉である。しかし、安政四（一八五七）年、儀助一三歳の折、父が急逝、儀助は跡目を継いで、弘前藩小姓組に配属された。少年時代は母ひさの訓育のもとに育った。儀助の忠君の思想はこの母の影響が大きい。「私は幼い頃から虚弱多病であったが、優しい母の教えによって成長することが出来た。若い時に聞いた『命をかけて国主（藩主）に仕えなさい』という母の一言が忘れられない」と、『貧旅行之記』に記している。

世の中が明治維新に向かって動いていたこの時代、儀助に大きな事件が起きた。儀助をはじめ若い藩士達が師山田登の国政改革の封書を藩主に差し出し、その無礼により儀助は蟄居《ちっきょ》を命ぜられたのである。封書には外国の侵入に対する対策の遅れ、武装の不備などが語られていた。儀助達の行動は、当時日本を席巻した攘夷運動に呼応するものであった。蟄居が解けたのは、三年後の明治三年、明治政府の特赦によってである。この間儀助の行動には大きな制約がかかっていた。ちなみに津軽藩武術指南役山田登は、忠孝を基本とした武士道の精神と農本主義（農業を国の基盤とする思想）を説き、儀助に生涯の指針を与えた人生の師である。

役人時代

明治政府の特赦により蟄居が解かれた儀助は、弘前藩庁の租税係を拝命、明治四年の廃藩置県からは県吏（県職員）

として民政、財政をまとめ、大区副長、大区区長などを歴任、中津軽郡長を最後に県職を退任した。この時代に、「命をかけた最初の事件」と儀助自身が述懐する出来事があった。弘前城の明治政府への明け渡しである。儀助自身の言葉が残っている。

「政府の役人が弘前城の菊の間の御上段に大あぐらをかき、傲然《ごうぜん》と構えて城内の地図を出せという。我等は無いから無いという。そんならこしらえろという。実にその挙動が憎くてたまらない。なにしろ向こうはお上の役人という御威光をもってひとつぶしにしようという見幕。こちらはまだ藩公の恩威が深く脳髄に印象されているものだから、その一挙一動がいちいち我等の胸を衝き裂くように思えて、思わず身震いしてかかるというような次第であった。この引き渡し事件は私の心胆（精神）を大きく練り鍛えた。これが私の命がけの仕事の始まりである[2]」

殖産時代

県吏を辞した儀助は農牧社を創設して、殖産事業に身を投じた。「農牧社沿革記事」は、そのいきさつを次のように述べている。[3]

「農牧社は明治一四年、着実な事業を行って、国の恩恵を万に一つでも（少しでも）補うことができるならという、ささやかな志で創設されたものである。はじめ笹森氏のほか二、三名の同志が提唱したもので、『我が国の最近の政治は著しく進歩したが、人民の生活は遅々として改善されていない。政治と国民生活の不均衡ははなはだしく、そのため人々の心に平和はない。思うに、人々の生活が改善されないのは、まず殖産が功を奏していないからである（後略）』」

農牧社の創設は、明治維新で職を失った武士階級への就労の場の提供、いわゆる士族授産事業である。儀助がその授産事業のかなめに農業牧畜を据えたのには、前述した師山田登の教えがあったのは間違いなかろう。
明治二三年、儀助は社長職を辞するべく、退職願を出したが認められず、千島探験に赴く二五年に、後任社長に後事を託して、退職した。

貧旅行

〈動機〉

儀助は国会開設に大きな期待を寄せていた。大島島司時代に内務大臣樺山資紀《かばやますけのり》にあてた建白書に、その時の心中があらわれている。

「（国会開設の）当時を思い起こすと、明治二三年、二四年の国会の議論は公明正大、着実明白で、国家の公益がここから起こるのではないかと喜んでいた。それでこの両年の国会開会中は一日も欠かさず登院して傍聴した」

しかしこれほど期待した儀助であったが、政治家の実体がわかるに従って、大きな失望に変わっていく。

「それぞれの郷里の軽薄な者をそそのかして自分の党の応援をさせ、千万金の資財を投じさせ、破産させ、家をつぶして、わずかに議員であることを誇っている。またはなはだしき者は自分で自分に投票して反省もしない者がいる」

このように、儀助の心中には、政治家への不満がつのり、

「二四年三月以後、国会の傍聴をやめ、議場に近づかなくなったので友人にあやしまれるようになった」

明治二四年、儀助四八歳、政治家に失望した儀助は、

「政治家はいったい未熟な学生なのか、また空理を談ずる学者なのか、計画と実績は一致せず、物事の道理も語

らず、国家天下をもてあそぶ大胆さにおどろくしかない。（中略）民間の実際を見極め、自分の以前からの志を遂げようと思い、七〇日間の貧旅行を実践することにした」

儀助は、この旅を、「自分の足で歩いて行き、自分の目で見て、山をよじ登り、川を渡って、心の赴くままに任せる」と述べている。

ちなみに貧旅行の目的は、西日本、特に九州の地を踏破して地方の実態を把握することにあった。

〔西郷隆盛の墓に詣でる〕

五月一九日、鹿児島県庁で応接した書記官と課長が、「旅行中は不便も多いだろうから、なんでも申しつけて下さい」と申し出たのに対し、儀助は、

「もとより貧旅行なので、望むものはなにもない。自分が鹿児島にやってきた志は実に簡単で、西郷隆盛の墓に詣でるためである」と応え、実際すぐに浄光明寺跡の墓地に詣でている。そのときの様子を、

「翁（西郷隆盛のこと）の他三千余人の墓碑が立っている。ここは薩摩（現鹿児島県）、大隅（現鹿児島県）、日向（現宮崎県）、肥後（現熊本県）、豊後（現大分県）の五カ国に散在している死骸を移して墳墓を作り、西南の役の戦死者の一大供養地となっている。線香、花を供え、拝み終えて事務所にやってきた。（中略）午後一時退出して、城山に行き、翁が籠もっていた石窟を見た。円形で周囲は七間《けん》（約一四メートル）高さ一丈《じょう》（約三メートル）程の円形である」

翌二〇日は雨であった。

「午前六時に宿を出て竹村に西郷翁の遺族を訪ねた。翁の未亡人が出てきて、『今、男たちは不在である』といった。邸宅も適当で菜園はよく手入れがされていた。女性だが管理も行き届いていて、格別に貧しいことはないだろ

うと思われた。別れのあいさつをして帰った」

儀助は、西南の役での熊本人戦死者が二百八十余名におよんだという碑文を熊本で見、また沿道の貧しい村々の農夫や老人が口をそろえて、西郷を敬慕しその徳を讃えるのに大きな感銘を受けたことも記している。

後日儀助は、西郷が謫居《たっきょ》していた奄美大島の龍郷（現鹿児島県大島郡龍郷町龍郷）に西郷謫居の事跡を整備し、勝海舟揮毫《きごう》の石碑を建てるのだが、その心意気はすでにこの貧旅行においてめばえている。

千島探験

明治二五年、儀助四九歳の六月二二日、冬洋服、外套、襦袢、一週間分の干飯《ほしいい》、特製の草履、筆と墨と紙、若干の参考図書を持って、儀助は函館に向かった。前もって許可を得ていた軍艦磐城に乗船しての千島探験出発である。

儀助は千島を実地検証し、

「ロシアの国情を見ると、日本人が千島をなおざりにして、開拓を一日でも遅くするのはロシアの願ってもないことである。こうなると日本人の財力が弱いことが痛恨の極みである」と述べている。（『千島探験』）

約三カ月におよぶ探験から帰還した儀助は、左記の要望を含む『千島探験』の執筆にかかり、翌年二月に上梓している。

一、明治二六年より三五年まで千島開発経費として金六万円を支出すること。

一、島庁を千島国占守《しゅむしゅ》郡占守島に置くこと。

一、航海の便を開くこと。

一、警備軍艦を春秋二回ずつ、特に派遣すること。

一、燈台を建築して航海船に便利を与えること。
一、要島に電信を設けること。
一、島嶼の往来に適当の皮製木製の小船を製造すること。
一、色丹土人を占守島に移すこと。
一、千島冬期航海を海軍省にて試航すること。
一、密漁を防ぐことが急務である地に屯田兵を置くこと。
一、港湾を整備して軍艦の碇泊を完全にすること。
一、技師を派遣して地理および海陸物産の製造法などを調査指導すること。
一、浄土真宗の寺を建立して、説教や葬祭を執らせること。

この『千島探験』は、枢密《すうみつ》顧問官井上毅《こわし》によって奏上されて、天覧の光栄を得、儀助をおおいに喜ばせた。

二　南島探験

儀助は千島探験から帰還するやすぐに南島（沖縄奄美）の実地踏査、すなわち南島探験の準備を始めた。儀助は、この探験の意図と目的を、次のように述べている。

「国を守るのと、家を守り固めるのとは同じ道理である。人が家屋敷を占有する際は、周囲に必ず垣根を巡らし、出入り口には門戸を作り、門戸にはかならず施錠して、それで家族の安寧を守る。今我が国の形勢をみると、東西南北の国境の防備は完全であろうか、門戸には果たして鍵がかかっているだろうか、このことは夜半静かに思いを巡らすと、人の意見を聞くまでもなくわかる。
私は在野の者である。富豪の援助があるわけではない。自ら田畑を耕し、家計を立て、少しばかりの余命をおくれば、それで十分である。どうして他に何を望もうか。ただ現今の（国家）情勢は、このように南北の門戸を他国の自由にまかせ、そのうえ気に掛けることもなく、まるで家があっても住む人がいないかのようである。（中略）政治には多くの者が争って参加し、優れた人材が集まっている。思うに自分には（政治家としての）能力が乏しく、また自分のようなものを（政治は）必要としていない。むしろ自分は他人がまだしていないことをして、国家事業を助け補うに越したことはないと認識し、前《さき》の千島探験にならい南島沖縄地方の探験を実践しようと企てた。
世の人が東洋政略を言うとき、必ずシベリヤ鉄道のことを言う。また南洋諸島の拓殖を論じるときは、もっぱら外国統治下への移民を計画するだけである。それではまるで『燈台下暗し《とうだいもとくら》』である。我が国の南島に一〇万人の移民地があるのを心にとめず、官民政治家は興業国防に口数多く騒いでいる。そしてまだ一隻の警備艦を発動し（中略）、南の国境線を守り、同時に五十余島の陛下の赤子（国民）を保護すると言うことを聞かない。現在　西欧人は争って無人島や主権者のない島嶼を発見するに懸命である。この時勢、南洋といえば、近くはフィリッピン、ハワイ、遠くはオーストラリアで、我が国の南の国境は捨てて顧みていない。思うに政治家もいろいろと言い分があろう。『琉球は価値が低く厄介、経費がかかりすぎ、利益が少ない』と。（中略）
自分は来年、知命《ちめい》の齢（五〇歳）になる。人生五〇を過ぎれば来年の健康を保つのは難しい。（中略）身はすでに中老に及び、一、二年を無事に経過すると身体が衰弱に傾くのは避けられない。しかし、まだ素養があるうちに、我が国の領土である南端諸島を踏破して、まだはっきりわからないところを探って、それを世間に報道し、内地の利益に役立てようと企画した。自分からすすんでこの計画に従事する理由である」

事前調査

明治二六年五月一〇日、家族知友に別れを告げて弘前を出発、青森から上京の途につき、一二日に東京に着いて、事前準備にとりかかった（写真1）。東京では、奈良原沖縄県知事や今西参事官に面談し、親しく応接して貰い、また、いろいろと質問をして、明答を与えられたと喜んでいる。また、旧知の農商務省陸産課の岡課長（技師）に糖業のことを質問したが、砂糖のことは素人であるとのことであった。かわりに前技師の岸三郎を紹介され、教えを受けた。同氏は糖業改良に従事し、南島にも出張して自ら現業を調査した人である。儀助と同氏の一問一答をみてみよう。

儀助：「自分は東北の端の寒地に生きている者なので、砂糖というものが木類なのか草類なのかも知らない。はじめから製糖の専門家に質問するほどの材料は持ち合わせていない。しかもこれから沖縄に出かけようとしているにもかかわらず、その生産がどのようになっているかさえも知らない。しかしこれから出発するにあたり、知っておく必要がある。あえて教えを乞うのは身近な実際のことである。無学なので、高尚な学術上のことは、たとえ何度教えて頂いても理解できない。笑い飛ばされても仕方はない。それでお聞きするのだが、人間も植物も自分の食物は大事である。ついてはその植物（砂糖黍）の主要な肥料は何であるか」

岸技師：「燐酸が多く含まれている肥料である。つまり魚粕牛馬の骨が良い」

儀助：「現在、我が国の砂糖消費量はどのくらいか」

岸技師：「およそ二億三、四〇〇〇万斤[4]であり、そのうち七、八〇〇〇万斤は国内産で、一億六〇〇〇万斤は外国産からの輸入である」

儀助：「この輸入をしないでもすむ見込みはあるか」

岸技師：「ある。愛知県から西、沖縄までの土地には甘蔗栽培の適地が広大である。そこで砂糖を生産すれば、三億一四三七万斤を産出するだろう」

このように儀助は、東京においての準備と事前調査を万全にし、五月二四日に新橋を発って、神戸に二五日着、風波が激しいため二七日まで待って、陸奥丸に乗船、出航した。二九日午前一一時に鹿児島に着、休む間もなく、鹿児島毎日新聞社長山本盛房と面談したり、忙しく事前調査をしている。有益な助言が多かったが、沖縄県職鶴島半蔵は、『球陽』、『中山世譜』、『中山伝信録』等の参考書を示し、

「これ等の書を調査したら、琉球事情において得るところが多いだろう」と教えてくれた。

写真１　笹森儀助（青森県立図書館蔵）

他に豪商林善左衛門が来訪し、沖縄、宮古、八重山航路のこと、八重山の石炭採掘のことなどを話している。鹿児島毎日新聞の西原鐵之助は、話が沖縄のことにおよぶと、

「琉球は旧鹿児島藩時代、支那（中国）との密貿易の要衝《ようしょう》であった。支那の物品を長崎に持ち込み、長崎商人との交易で十分な利益を得た。この密貿易が鹿児島藩の財政を補っていた。だから現在、昔のようでないにしても、鹿児島と沖縄は、他の県などとは違う関係なのだ」と話した。

正午には県庁に行って野村書記官に会っている。

話が糖業の事になると、野村氏は、「大島は糖業改良をしているのでみてきて下さい」という。自分は笑って、「新聞の報道によれば、島民の負債は六〇万円の巨額にふくらんでいる。全島をあげて売却しても負債は解消しない。はたしてそうだとすれば、糖業改良はなんの意味があろうか。むしろその負債を免じて、島民を水火の中（水におぼれ火に焼かれるような苦しみ）から救うのが急務でなかろうか」。野村氏は「負債償却の見込みがある」という。自分は、「（負債の）明細調べを一見したい」といった。野村氏がいうには、「（大島）島庁にあるので見るとよい」といった。

この野村書記官との会話は、後述するように、儀助が大島島司として赴任した目的の根幹をなす課題が含まれていて、奄美にとって『南島探験』中、大切な箇所である。

与論島

九月二九日、午前五時、鹿児島県大島群島与論島赤佐湾に着いた。

「支那人（中国人）はこの島を繇奴島と称している。沖縄那覇より七二海里（約一三三キロ）、また沖縄北端の辺戸岬から一六海里（約三〇キロ）の位置にある。

そのため民俗神事は沖縄に同じ。需要供給にかかわる百の事項は、すべて沖縄に依存している。もし沖縄がある日（突然）法令を厳正にして、薪炭木材の移出を禁じたら、たちまち島民は生計を失ってしまう。このことからもこの島を鹿児島県に所属させるのは、地勢からも民俗からも当を得ていないのである」

この与論島の件は、現在日本言語学が、与論方言を国頭語に所属させている立場、また日本民俗学が、徳之島と沖永良部島の間に大きな文化境界線を引く立場と同じで、儀助の慧眼《けいがん》がうかがわれる。

沖永良部島

（西郷隆盛の事跡）

同日一一時、沖永良部和泊湾に着いた。

西郷隆盛が沖永良部島に流刑されていたときの様子を、土持政照（流刑中の西郷を世話をした島の有力者）から聞き、大きな関心を寄せている。

「（西郷隆盛の事跡を）この島の村長土持政照の実話で聞いた。西郷翁がこの島に流されていたのは一カ年程で、鹿児島に召還されたのは二八歳の時である。獄中にあって悲鳴を発することがたびたびあった。政照は若くして牢の世話をしていたので、悲鳴を上げる理由を翁に尋ねると、翁が答えていうには、『本藩（鹿児島藩）は、まさに英国（イギリス）を苦しめる立場になろうとしている。自分は力を藩主に捧げようと思うのだが、とらわれの身でどうしようもない。これが悲鳴をあげることがやめられない理由である』

もともと勤王攘夷論者であった儀助がおおいに感激したことは想像に難くない。

（大島の政争）

同じ二九日の条には大島信《おおしましん》（現龍郷町中勝出身。内務官僚、第二回衆議院選挙で当選、連続三期在任。奄美大島の黒糖を鹿児島商人が独占していることを批判。『大島郡糖業意見』執筆）と基俊良《もといしゅんりょう》（現奄美市名瀬出身。実業家、第一回衆議院選挙で当選。在任一期）、この両派の争いが激化して不穏の様相になったので、刳り舟を漕いで島庁に報告したという騒動も叙述されている。六月一九日、争いは激化して、刀傷二名、瓦礫《がれき》での負傷六〇名ほどであった。

この争いはもともと糖業改良と商業正確（黒糖負債と自由売買）から起きたもので、衆議院における改進（立憲改進党）や自由（自由党）等との関係はない。山崎商店（鹿児島商人）が、島民の負債三万二〇〇〇円を一万六〇〇〇円にして、これからさらに四八〇〇円を引いた残金に対し月利一歩五朱（月利率一・五パーセント）の利率で三年以内に完済する請求をしたのに対し、軽減を求める派とそのままでよいとする派の争いである。情けないことだが、選挙の時に異常に燃える奄美の激情型性格は、昔も今も変っていないのかも知れない。

儀助が大島島司に就任した最も大きな理由は、島民を黒糖負債から救うことであった。東京での調査、鹿児島での調査をとおして、大島島民の負債が莫大にふくれあがっていることは理解していたが、この旅において儀助は、あらためて島民の窮状を肌で知ったのである。

大島

（古仁屋から名瀬へ）

九月三〇日は晴れていた。古仁屋から久慈に渡った。久慈は数年前、軍港になって海軍の倉庫が建ち、石炭が貯蔵されていた。そこから加計呂麻島の瀬武に渡っている。

「東西の出口に小島、あるいは岬があって、四方を覆い隠しているので瀬戸全体（大島海峡）が一大良港の形姿を備えてる」と書いたのは、儀助が憂国の士として日常的に国防のことを考えていたからである。この大島海峡は日本軍の要塞基地として整備が進み、昭和二〇年の敗戦まで、写真撮影が禁止されていた。儀助の時代を見越した観察におどろく。

同日中に湯湾村（現宇検村湯湾）から湯湾岳を仰ぎ、海路で午後五時に名瀬に着いた。

「（名瀬港は）北に面している。北風が吹く時は他の港に避難しなくてはならない」

この短いくだりも、土地土地の実態をあまねく記しおこうとする儀助の姿勢のあらわれである。儀助の慧眼どおり、名瀬港は確かに風に弱く、現在でも台風が近づくと大型船は大島海峡に避難する。


（大島の窮状）


一〇月二日には大島島民の窮状を次のように訴えている。これは儀助が中央政界にむけて発したメッセージである。

「現在の大島島民は負債を多くかかえている。この苦境に陥ったのは一朝一夕（昨日今日）のことではない。旧藩時代にさかのぼる。旧藩制度を廃絶して自由貿易を許されたのだが、これはすべて名ばかりであった。その実情は県庁が干渉して、鹿児島の豪商が大島商社というものを設置して、旧藩政のやり方をそのままこの大島商社に移したのである。（中略）この商社の役員は大島に出張すると旧藩の建物に入り、官吏（役人）と同じように暴威（乱暴な威勢）をもって島民に向かっていた。島民はその圧政に堪えきれず、商社との関係を解除してもらうべく県庁に請願した。（しかし、島民代表）八十余名が県庁に出向いたところ、許可が出ないどころか、逆に入獄させられてしまった」

右記は丸田南里をリーダーにした砂糖勝手売買運動（勝手世騒動《かってゆ》）のことである。その後、投獄させられた島民代表は、明治一〇年の西南の役に従軍させられ、帰らぬ人になった者も多い。

さらに儀助は、「一九年の大凶作には全島民の負債額が一〇〇万円に上った」と、その天文学的数字におどろいている。この惨状をどうにかしようというのが、儀助が島司として大島に下ってきた第一の目的であった。

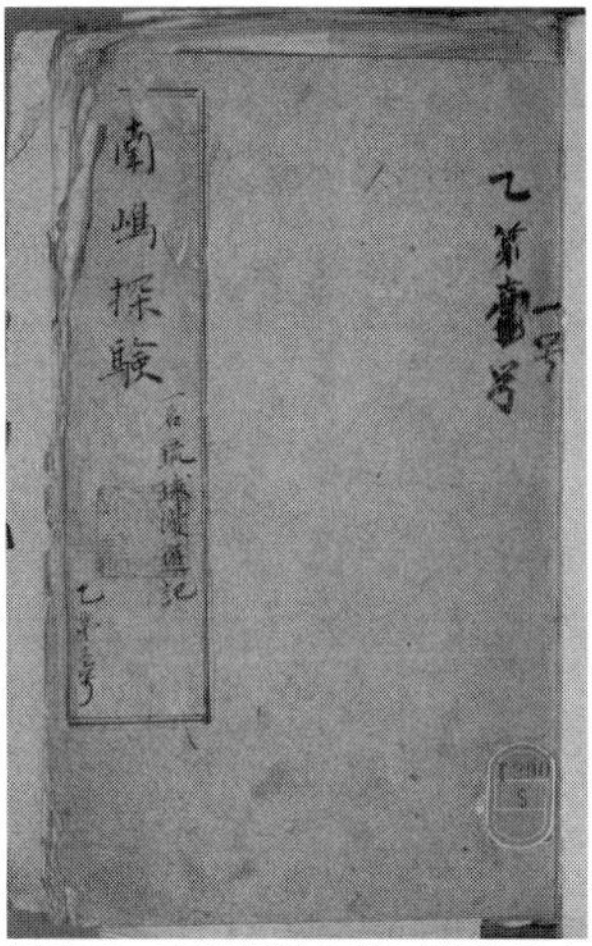

写真２　南島探験表紙（青森県立図書館蔵）

儀助が大島で調査した主な事項は、「旧藩時代の作付け面積」、「大島での金銭流通」、「七島の船便」、「宗教」、「大島島民負債調べ」、「大島港湾調べ」、「大島甘蔗適地調べ」等である。

明治二六年五月一〇日、生死を賭しての南島探験も無事終わり、約六カ月後の一一月八日に弘前に帰還した。そして、すぐにこの旅の執筆にとりかかり、翌二七年五月末に『南島探験』を上梓した（写真2）。

三　大島島司笹森儀助

『南島探験』は中央政界でも多くの読者を得、この縁で、儀助は明治二八年八月に大島島司を拝命、奄美大島に三女ツルをともなって赴任した。どうして三女ツルを同行させたかというと、「（自分の）遺骨を携えて故郷（現青森県弘前市）に帰らせるため」であった。まさに儀助の覚悟が感じられる一行である。

着任、十島巡回

儀助は、大島島司になるや諸般の事務整理がひと段落すると、トカラ列島調査の準備にとりかかった。川辺十島巡回調査である。

明治二八年五月一一日、枕崎から出航、竹島、硫黄島、黒島、口永良部、中之島、臥蛇島、平島、諏訪之瀬島、悪石島、

宝島へと渡り、トカラ列島の現況をつぶさに調査した。

儀助はその報告書を年内に『拾島状況録』として整理している。

また、翌年八月、諏訪之瀬島開拓のリーダー藤井富伝の行状をまとめ、『藤井富伝翁伝』として刊行した。

台湾調査

翌二九年四月には台湾の実地調査に臨み、台北、台中、台南で調査した。調査を終えて、台北に戻ると西郷参事官（西郷菊次郎。西郷隆盛と愛加那との間の子。ちょうどその時台湾に赴任していた）と面談している。

帰還したのは、大島を出て約五〇日後の五月一五日である。この旅で得た成果を『台湾視察論』（稿本）として、拓殖務省の高島大臣に提出した。

西郷隆盛謫居跡整備

二九年の頃から儀助は最も敬愛する西郷隆盛の謫居跡を整備し、記念の石碑を建てることに奔走した。碑文は西郷と江戸城明け渡しを談合した勝安房（勝海舟）の揮毫である。この石碑は今も大島郡龍郷町龍郷にあって、観光客を集めている。

謫居跡が整備され記念碑が公開されたのは明治三一年八月、儀助は完成祝賀の式典で次のように式辞を読んでいる。

「西郷南洲先生は早くから朝廷の政治回復を自らの任務として、あらゆる方面で苦しんだ。しかし、そのため幕府の疑いによって流され、この地（現大島郡龍郷町龍郷）に住宅を作って身を寄せられた。その遺跡が今もなお現存している。まさに今昔の感に堪えない。明治二二年、故山地《やまち》将軍（山地元治《もとはる》。陸軍軍人）がたまたまこの地を通られ、遺跡が崩壊しようとしていることを嘆き、時の県知事に相談して、西郷の事蹟を石に刻んで永く後世に伝えようとなさった。だが、ついにその成功をみることができなかった。不肖儀助が本郡の島司を継ぎ、このことを聞いて残念に堪えなかった。それでその計画を引継ごうと思い、明治二九年出張の折、上京するとすぐに、以前から交流のあった名士を歴訪して話した。また、その計画を本県の有志達に相談して賛同を得、融資を受けて、長年の計画がはじめてここに成就した。

すばらしい石碑が建ち、本日竣工の祭式を挙行するにあたり、少しの幣帛《へいはく》（神前の捧げもの）をあげて祭式の言葉とする。願わくば、天にある神霊よ饗応してくれ（一緒に祝いの膳についてくれ）」

西郷謫居跡整備は、儀助によって企画、設計されて、竣工に至ったのだが、そのことをもう島人が忘れかけているのは残念である。

退任

儀助は西郷謫居跡竣工の同月二九日、突然大島島司職を辞任した。いや辞任したのではなく退任を余儀なくされたというのが多くの識者の見解である。いや退任というより解任といった方が的確だと筆者は思っている。在任四年、儀助五四歳の時であった。儀助が負債のために困窮した島民側に立ち、不正利権と既得権益を保守しようとする鹿児島商人、鹿児島県庁と対立したために起こった解任劇であった。横山武夫は『笹森儀助翁伝』に、儀助が大島に同道していた三女ツルの実話として、「（退任の）原因は鹿児島派との意見の不一致にあった」という短い証言を載せている。

大島はこれで儀助という無私の大人、島人の生きる権利を中央政府に向かって発し続け、鹿児島派の権力に敢然として立ち向かった指導者を失ったのである。筆者（田畑）がつらつらこの百数十年の大島の歩みを検証するとき、未だにこの影響が続いているのではと感じることがある。

四　笹森儀助の人となり

この稿の冒頭で筆者は、儀助を「希代の憂国の士」と評価した。それは儀助の残した膨大な書き物の随所にあらわれてくる思想哲学である。ただし、それだけで儀助を語ることはできない。儀助は考えられないような知識欲とそれを見たまま、感じたままに書きとめる記録者である。そしてその記録の中に出てくる土地土地の人々への眼差《まなざ》しはいつも優しい。たとえば、儀助が旧藩士達の就労の場を確保するため奔走したのは、職を失った武士階級を救済するためである。儀助は、九州、千島、奄美沖縄、トカラ列島、台湾、朝鮮半島、シベリアに旅しているが、その眼差《まなざ》しは、その土地の人々の生活にいつも向けられている。大島島司に就任したのも、大島島民を鹿児島の横暴から（負債から）解放しようとしたためである。儀助が内務大臣樺山資紀宛に提出した意見書「大島郡負債償却意見草案」の冒頭は、次のようにはじまる（写真3）。

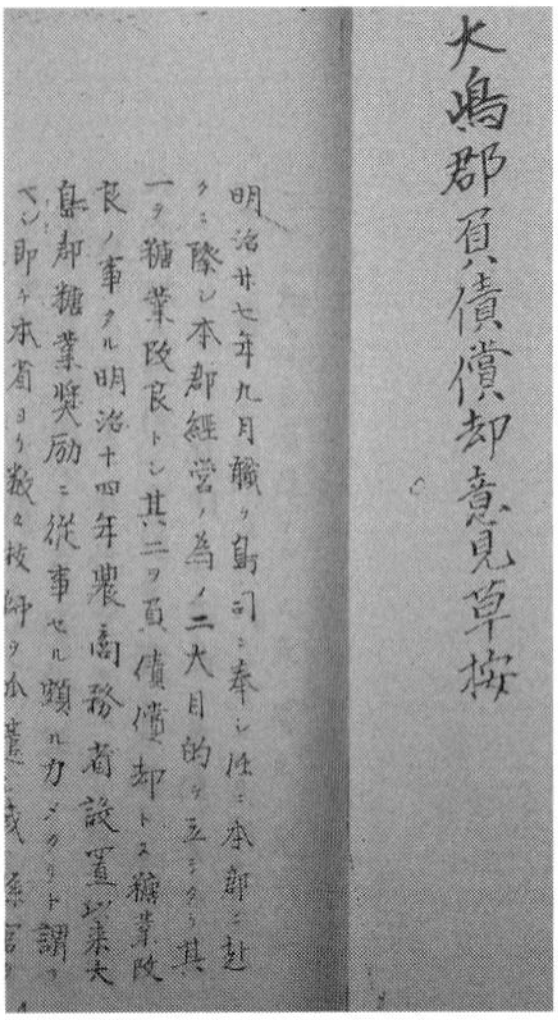
大島郡負債償却意見草按
明治廿七年九月職ヲ島司ニ奉シ任ニ本郡ニ赴
クニ際シ本郡経営ノ為メ二大目的ヲ立テタリ其
一ヲ糖業改良トシ其二ヲ負債償却トス糖業改
良ノ事タル明治十四年農商務省設置以来大
島郡糖業奨励ニ従事セル頗ル力ヲ尽クセリト謂
ヘシ即チ本省ヨリ数々技師ヲ

写真３　「大島郡負債償却意見草案」（青森県立図書館蔵）

「明治二七年九月、島司に任命されて大島郡に赴任するにあたり、本郡の経営のために大目的を立てた。その一を糖業改良とし、その二を負債償却とした。（中略）島民の負債償却のことになると、（自分は）心配し憂うる心にもう堪えられなくなる。負債ある人たちが独立した人民といえないのは、論を俟たない。（中略）大島の負債は一〇〇万円以上、土地と人民を合わせて払っても足りない（後略）」

この一文を読んだだけで涙しないシマッチュ（島人）はいないだろう。

筆者は、笹森儀助を単なる希代の憂国の士、希代の探検家だとは思わない。儀助は、それに加えて、「国民あっての国家」「国家を作りあげているのは国民」ということを最もよく理解していた思想家である。

柳田國男の評価

日本民俗学の創立者柳田國男の儀助評価を横山武夫著『笹森儀助翁伝』の序文から一部紹介しよう。

「この書（『南島探験』）を精読した人々が、現在の南島談話会を、創立したと謂っても大差ない」（中略）

「翁によってその客観の態度（調査態度）を教えられたことは、一人外来好事（外からやってきた物好き）の徒のみでなかった」（中略）

「かつてこの旅人の如き無私の目的を抱いて、ここに半歳の日数を費やそうとしたものが、果たして一人でも有ったと謂えるかどうか」（中略）

「この不世出の大旅行家が、後久しからずして、奄美大島の島司に抜擢せられて居ることは、或は南島探験の底の動機を、やや卑近に推測せしめる結果に帰して居るようだが、この点は横山武夫君の綿密なる伝記によって、充分に反証し得られたことと思う」（中略）

柳田はさらに儀助を「人の一生に比べてやや大きすぎた企画」をもっていたといっている。

柳田が儀助をいかに高く評価したか、あわせて横山武夫著『笹森儀助翁伝』をいかに高く評価していたかがわかろう。

横山武夫先生のこと

青森県立図書館の笹森儀助資料はすべてといっていいほど、横山武夫先生の寄贈によるものである。この膨大な手書き資料は、目を通すだけでも至難である。まして格調高い文語体の文章は、その一部を理解するのも現代の人には難しかろう。先生の資料渉猟と、整理能力は尋常ではない。まさに精読に精読を重ねて一冊の『笹森儀助翁伝』ができあがっている。先生の『笹森儀助翁伝』の上梓は昭和九年、原稿の段階で柳田國男に目を通してもらい序文を願い出ている。それに応じ柳田は約三〇〇〇文字におよぶ破格の序文を寄せている。

筆者は笹森儀助調査のために五回ほど青森県に出向いた。そして晩年の先生から直接に指導を受けたが、先生は、若輩の筆者にも常に丁重に応対して下さった。青森県の教育界の重鎮として活躍し、副知事、そして青森県立図書館長を歴任した人とは思えないくらい気さくに教えてくださった。筆者より五〇歳以上年長にもかかわらず、笹森家にも案内してくださった。おかげで笹森家では、儀助宛ての書簡の数々を手にとって見ることができた。また、先生は筆者が奄美大島から訪ねてきたことを喜び、手元に残る最期の一冊だといって、自らの書き込みのある『笹森儀助翁伝』を下さった。

この稿をまとめるにあたり、四〇年前の先生の温顔を思い出している。そして先生の学恩に報いることのできなかった非力をおわびするとともに、この小さなレポートを横山武夫先生の霊前に捧げたい。

エピローグ・故郷に帰還した後の儀助

笹森儀助は、国の繁栄を支えるためには、教育が最も大切だということを知っていた。大島島司時代に奄美大島に実業補習学校を設立しようと、農科大学（東大農学部の前身）の玉利教授に人材派遣を依頼している。この儀助企画の実業補習学校が、儀助が大島を離れて三年後に開校した大島農学校と関係しているのだろう。大島農学校は、その後旧制大島中学校、大島高等学校に引き継がれていった。ただ、当時の島の知識層が願っていたのは（旧制）中学校開設であったので、県行政の思惑がからんで農学校設立となったとも思われる。

儀助は、奄美大島から故郷弘前に帰還した後、盟友陸羯南《くがかつなん》の推薦で東亜同文会に所属、韓国において日本語学校（学堂）開設に尽力、明治三二年堂長（校長）に就任した。韓国滞在約四年。韓国滞在中にシベリアを旅し、『西伯利亜旅行日記』を書いている。

また韓国から帰国後、青森市長に就任。在職中に青森商業補習学校設立を提唱、明治三五年に校長を兼務（本務は市長職）している。

六一歳の時、弘前五十九銀行監査役に就任したが、六三歳で退任。

七一歳の時、脳溢血で倒れ逝去。法名、純正院殿徳誉義勇居士。

写真４　笹森儀助島司顕彰の碑（高槻義隆氏提供）

平成二九（二〇一七）年六月、儀助が顕彰した西郷隆盛謫居跡近くの西郷公園の一角に、儀助の功績をたたえて、「笹森儀助島司顕彰の碑」が建立された。

注

1　島司は、現在の大島支庁長と同じではない。現在の大島支庁長は鹿児島県の部長クラスのポストだが、島司は高等官（奏任官）で内務大臣の採用である。笹森儀助は『南島探験』の功績により民間から抜擢され任官した。内務大臣の儀助への期待は、奄美大島の行政統括だけでなく、広く南島の情報を収集・報告することにあったと思われる。儀助が着任後間もなく、奄美大島とは別管轄のトカラ列島の調査に赴き報告書（『拾島状況録』）を提出したのも、台湾調査に赴き報告書（『台湾視察論』）を提出したのも、儀助の任務であったと考えられる。ちなみに儀助は島司着任時、高等官七等。退任時、高等官六等。

2　明治三五年の青森市長になった際の談話。横山武夫著『笹森儀助翁伝』から引用、ただし現代読者のためにわかりやすく筆者が書き直した。

3　「農牧社沿革記事」。横山武夫著『笹森儀助翁伝』から引用、ただし現代読者のためにわかりやすく筆者が書き直した。

4　一斤は約六〇〇グラム。

※儀助の文章は重厚な文語体のため、読者の読みやすさを考慮して、適宜、直訳、意訳した。年齢は数え年である。

参考文献

青森県立図書館笹森儀助資料（同図書館のデジタルアーカイブで閲覧、入手可能）。

横山武夫翻刻、解題「南島探験」『日本庶民生活史料集成第一巻』三一書房、一九六八。

横山武夫『笹森儀助の人と生涯』青森県立青森商業高等学校後援会（旧著『笹森儀助伝翁』増補版）、一九七五。

第7章　ドゥーダーラインの見た明治期の奄美

桑原季雄

一　はじめに

東京大学ができて間もない一八七九（明治一二）年に一人のドイツ人教師がやって来た。若干二四歳のルードヴィヒ・ドゥーダーラインである（写真1）。一一月二二日から二年間の契約で、動植物学の講義を受け持ち、講義はドイツ語で行った。当時の日本は、ドゥーダーラインが来日する二年前に西南の役があり、その同じ年に東京大学（後の東京帝国大学）が設立されたばかりであった。

写真1　ルードヴィヒ・ドゥーダーライン（出典：クライナー・田畑『ドイツ人のみた明治の奄美』ひるぎ社）

ドゥーダーラインは、一八五五年三月、フランスとの国境に近いラインランド、フェルツ州バード・ベルクツァベルンで生まれた。ハイデルベルグの南西七〇キロメートルの山地に位置する小さな町である。自然科学をエルランゲン大学とミュンヘン大学に学び、そこで高等学校教員資格を取得している。普仏戦争によってドイツ領になったストラスブルク大学に移籍し、一八七七年、バクの骨格研究によって博士号を取得すると、その翌年にかけて同大学で助手を務めた。その後ミュールハウゼン市の高等学校の補助教員となり、そこから東京大学医学部（後の東京帝国大学医学部）に講師として招かれた。

一八八一（明治一四）年、日本から帰国後、その翌年にストラスブルク博物館の管理主事となり、後に館長に就任した。その間、ストラスブルク大学で動物地理学と動物分類学を講じた。一九一八年、ミュンヘンに移って高等学校の教壇に立つ傍ら、ミュンヘンの国立動物学博物館で研究を続け、一九三六（昭和一一）年三月、同地で満八一歳の生涯を終えた。理学の学位の他、医学の名誉学位を有し、ミュンヘン大学の動物学名誉教授でもあった。科学的な実力を持つと同時に、個人として誠実善良なドイツ人であったという。

日本滞在時のドゥーダーラインは、授業の合間に日本各地で精力的に調査を行った。調査地は、相模湾の江ノ島、大阪湾の田川、丹後（宮津、舞鶴）、高知、鹿児島、桜島、奄美大島などが知られているが、その中でもっとも詳細な記録を残しているのが奄美大島である。彼は一八八〇（明治一三）年八月一五日から一六日間、奄美大島に滞在した。調査地を奄美大島に選んだ理由は、沿海動物の研究に奄美大島が最適であると東京で聞いていたからである。

滞日中の一八八一（明治一四）年、数編の小論文を社団法人ドイツ東アジア協会（現ドイツ東洋文化研究協会）の機関誌に発表した。それが、「日本のアゲハツル」（一八八〇年）、「樺太の蝮」（同上）、「日本の海蛇」（一八八一年）、「日本の哺乳動物について」（同上）、「日本の白蟻」（同上）、そして「琉球諸島の奄美大島」（三巻二三号・二四号　一八八一年）である。この中で、一番長く書かれているのがこの奄美大島の旅行記で、ヨーロッパに奄美大島を紹介した最初のものである。この紀行文の訳者であるヨーゼフ・クライナー氏と田畑千秋氏は、一八八一年にドゥーダーラインが残したこの奄美紀行文を、「名越左源太の『南島雑話』以降、大正時代までの約六〇年間についてはほとんど資料がなく、歴史資料の空白の時代が続いているので、それを埋めるものとして、（略）非常に貴重な資料である」（クライナー・田畑一九九二、二〇八頁）と評価している。

ドゥーダーラインは、ドイツに帰国後は、日本とヨーロッパにおけるウニについての論文を発表し、一生を通じてウニと軟体動物の研究に尽力した。ストラスブルクやミュンヘンで行った講義の中では、たびたび日本や奄美での調査に触れたようである。

奄美大島旅行記の内容は、動植物相の分野にとどまらず、広く奄美大島の地理、地質、歴史、言語、風俗習慣、宗教、祭祀、建築、植物、農業、林業、漁業、商業等々と多岐にわたっていて、見聞したものを忠実に叙述し、多方面から総合的に奄美大島を捉えようとしている。また、それらを沖縄と比較し、その共通点や差異を見出そうともしている。

以下では、彼の旅行記「琉球諸島の奄美大島」（クライナー・田畑一九九二）の内容に沿って、彼の奄美での見聞と体験について見ていく。

二　奄美大島調査紀行

一八八〇（明治一三）年八月の奄美調査はごく短期間の予定であったが、大型台風との遭遇によって一六日間におよんだ。この旅行に、東京から随伴したのは、通訳兼助手の高松数馬である。当時、奄美大島への渡航は鹿児島を経由しなければならず、外国人であれば県庁に行って旅行に便宜が得られるように依頼する必要があった。県は申請を受けて、当時県庁職員で南西諸島の植物や民俗に詳しい田代安定を随行させたようである（上野一九八二、二九八―二九九頁）。従って、鹿児島からは高松に加えて田代もドゥーダーラインのお伴をしたことになるが、彼の紀行文には田代の名前は出てこないので、奄美大島で田代が彼にどのような助言を与えたのかについては不明である。

この旅行の目的は、琉球諸島の未知の動物相、特に海の動物相の調査であったが、時間と船便が限られていたので調査は奄美大島に限定した。名瀬から約一五里（約五九キロメートル）南にある加計呂麻島の実久方（さねくほう）が、名瀬よりも魚類をよく採集できるということから、そこに行くことに決心した。当時、神戸と沖縄を結ぶ汽船「赤龍丸」で、神戸―鹿児島間は約三日、鹿児島―名瀬間は約三六時間を要した。船には、鹿児島から沖縄へ行くという二〇〇人の兵隊以外に乗客が三〇〇人もいたという。

ドゥーダーラインは、船から初めて見る名瀬の様子を次のように描写している。

すばらしい好天気に恵まれた赤龍丸での船旅の後、やっと大島の紺碧の山々が遠くに見えてきた。それからしばらくの間船はこの島が急激に海に落ち込む荒涼たる海岸にそって進み、やっとのところで我々の目の前に深い入江が開いた。それが名瀬の港であった。その湾の入口を二分するのは高い裸の岩（立神岩）である。その急な斜面が突然青い海からそそり立っている。その時私は深く暗い谿谷にいるような気がした。そして、鋭くせまり来る夕闇がその印象をさらに深めた。短い流れの後、海にそそぐ谿流のところだけに、海岸線の小さな白い砂の帯が光って見えた。だんだん近寄るにつれ、この帯はみるみる広がっていく。そこにはほとんど茅葺きの家々がいくつかあった。これが島の中心地名瀬であった（クライナー・田畑一九九二、八一―八二頁）。

ドゥーダーラインは名瀬に上陸すると、奄美大島南端の加計呂麻島との間の狭い大島海峡を魚類採集の好適場所と見当をつけて、一路目的地に向かった。名瀬の役所から、道に詳しく、方言と共通語をよく解する人が付添いとして提供された。名瀬から目的地の加計呂麻島実久方を往復する行程は次のようになる（図1）。

往路は、八月一五日正午前に名瀬を陸路で出発し、朝仁、小宿を経て午後七時過ぎに大和村湯湾釜に到着、そこから刳舟（くりぶね）で大和浜へ渡り、大和浜に宿をとる。翌一六日午前一〇時前に馬で大和浜を出発し、福元、湯湾岳の峠を越えで夕方五時前に宇検村湯湾に到着し一泊する。翌一七日は舟で名柄に渡り、名柄から山越えで瀬戸内町の久慈に着き、久慈から刳舟で目的地の加計呂麻島の実久方に到着する。名瀬から実久方への旅はおよそ三日を要した。滞在先は実久方の薩川という説（クライナー）と瀬武という説（上野一九八二）があってはっきりしない。翌一九日から台風の影響で天候が悪く、予定していた海の調査ができないまま滞在を余儀なくされた。特に二四日から二五日の未明にかけてが台風のピークで、午前六時頃には風も収まった。復路は、

図1　ドゥーダーラインの奄美大島での道順
（出典：クライナー・田畑『ドイツ人のみた明治の奄美』ひるぎ社）

八月二五日早朝、満を持して実久方を古仁屋に向けて舟で出発する。古仁屋から陸路で阿木名に到着し一夜を明かすと、翌二六日は阿木名から舟で嘉徳へ向かい、嘉徳から陸路で住用村市に、市から舟で住用村金久（城）に到着し一泊する。翌二七日は金久から陸路で和瀬峠を越え、朝戸を経て、出発から三日後に名瀬に到着した。

以上が、ドゥーダーラインの八日間にわたる奄美旅行の行程であるが、この行程をさらに詳しくみると、彼の滞在予定の村には事前にこのことが知らされていたため、村の入り口で迎えられ、村一番の良家に案内されて最大のもてなしを受けた。そこに訪問着をまとった村の長があらわれ、一行が必要とした人足や馬、船頭、漁師等を安い料金で手配してくれたという。

まず、初日の名瀬から大和浜までの旅は、悪道と蒸し暑さに疲弊し、天気も土砂降りの雨が降ったかと思うと炎天に変化したという。田と砂糖黍畑のある狭い渓谷から二、三歩入っただけで険しい斜面、密生した藪地に入り、そこは低い蘇鉄地帯が広がる。続けて登ると常緑樹樫の暗い陰に大きな岩と木株の間を渓流が谷間へ流れ、無数の羊歯（シダ）が地面を覆っている。

翌日、一行は次の目的地湯湾に向けて、馬で大和浜を出発した。数頭の黒牛に荷を積んで、海岸線から高い山々を越える非常に体力を消耗する旅であった。途中、宇検村の村域の北辺に近い島の最高峰湯湾岳の峠約五三〇メートルの所を越えた。ドゥーダーラインは、湯湾岳を「大島で自分が見た最も自然のままで、最もロマンチックな地帯だ」（上野一九八二、二九九頁）と感激を込めて書いている。終日畑も家も見出すことが出来なかったが、湯湾岳の麓の小さな盆地に数軒の廃屋が目にとまった。そこは、もとは三一戸あった村で、夥しい数の毒蛇ハブが棲息していたので、村は完全に見捨てられてしまったと記している。この村は、一七二〇（享保五）年、田畑佐文仁（龍佐運）が開拓し福元と称したが、住民から永住不安の申し立てがあり、明治一一（一八七八）年から一二年にかけて、移民は村を捨てて故郷へ帰ったという。

湯湾村に着いた時ドゥーダーラインは疲労困憊していた。翌日は焼内湾を舟で南岸の名柄に渡り、南に山越えして久慈に出て、そこから、また舟で加計呂麻島の薩川湾に臨む実久方薩川村（あるいは瀬武村）に到着し、村の漢方医の家を宿にした。

村は東北の方を海に開いた小さな谷間にあり、まわりは一五〇メートルくらいの小高い山で、鬱蒼とした植物に覆われている。漢方医の家は分厚い茅葺きの屋根の堅固な木造家屋で、その周りに家畜小屋と作業小屋（高倉）があり、畑や池とともに高い生垣に囲まれていた。池ではイモリ、ガマガエル、カニが遊ぶ。

ドゥーダーラインは宿の主人とその家族を次のように描写している。


中国的教養を身につけた医者で、わりと知識人である。彼は親切な男で私の宿と決められたことに天使の忍耐を持って応じている。そこのセンドリオという下人が大変気を使って私を世話してくれた。四歳になるそこの息子は最も簡単な衣服で豚や鶏とたわむれていた。隣りの部屋からたびたび声を聞くことのあったその家の主婦に私は一週間の滞在中一度もお目にかかることができずじまいであった（クライナー・田畑一九九二、八八－八九頁）。

実久方では、少し大きな魚（鰹）を網で獲ることがあるとのことであったが、釣竿を使用することは非常に稀で、底引き網漁もサンゴ礁のため不可能であった。そこで、彼はできるだけ早目に名瀬に戻ることにしたが、実久方滞在中に台風の襲来に遭遇した。八月二三日午後六時には、最低値九六九ミリバールを記録し、台風としては中級の強さであった。

初めて経験する台風とその間の生活の様子を、ドゥーダーラインは次のように記している。

八月一六日の朝吹き初《ママ》めた風がその日の午後には暴風雨にまで発達した。こういう暴風雨が八日間も続くことは稀である、とはあまり慰めにもならなかった。出発は考えられなかった。大島本島に渡ることさえできなかった。貧弱な大島の小舟は、全く静かな海の場合のみ出すことができる。だから私としては、やむをえず天候の回復を待つ必要があった。（中略）我々は仕方なく終日暗い部屋に閉じ籠もっていた。外出ができないほど風が強くなった。（中略）暴風は勢力を増強し、夜には、なにかがこのあらあらしい自然の力のまえに対抗しているので、我々の家が揺さぶられるのみで吹きとばされないのであろうか、と全く不思議に思える程すさまじく発達した。（中略）この台風の六日間、我々の生活は大変であった。暗い部屋に閉じこもり読み書きはほとんどできなかった。湿気から逃れることはできなかった。なにもかもカビにおおわれた。天井からは雨漏りがしてきた。前に努力を尽して収集、標本した植物は手がつけられない程腐敗した。主人が初め《ママ》持ってきたわりとおいしい豊富な食料は量も質も減退した。最後の二、三日は、ほとんど食べられない少量の魚のはらごの塩づけと、御飯と海草のみであった。（中略）時間を少しでも利用するため主人をつかまえられるかぎりつかまえ、大島のあらゆることについて話してもらった。これに彼や私の忠実な伴タカマツも驚くほどの忍耐で耐えた。そのおかげで他に聞くことのできなかった大島について興味深いことを沢山聞くことができた（クライナー・田畑一九九二、八九－九二頁）。

八月二五日朝、好天のもと実久方を舟で東方（ひごほう）古仁屋に出発した。古仁屋から島の内部を陸路で名瀬へ向かう予定であったが、台風で通行不能になったため、島の東南海岸を迂回した。古仁屋から山越えで阿木名に、さらに舟で嘉徳に着くと、陸路で住用村市に出た。山道は何カ所も土砂に埋まり困難を極めた。谷間では増水した川が行く手を妨害し、膝まで増水した小川を渡った。川底は谷間の斜面の芭蕉山から流れてきた芭蕉でいっぱいであった。住民の小屋もかなり被害を受けた。市から住用湾を北へ渡って金久（城）に着き、そこからは陸路で名瀬に向かい、三日目にやっと到着した。

名瀬に到着して最初のニュースは、コレラが発生し犠牲者が出たとのことであった。ドゥーダーラインは寸暇を惜しんで魚類の収集にあたった。潜り漁をする人から収集物を提供され、サンゴ礁の間にかなりの成果を見出したが、ここでも引き網は使用できなかった。八月三〇日夜の汽船で帰路につき、鹿児島、長崎、神戸を経て、東京に帰り着いたのは九月九日であった。約二カ月ぶりの到着であった。

次に、ドゥーダーラインの報告書から、奄美大島の風土と民俗について見ていこう。

三　風土と民俗

ドゥーダーラインによれば、奄美大島の気候は非常に温和で、夏の暑さも海の影響でやわらぐ。八月中の滞在期間で日陰の最高気温は三三度であったが、直射日光はかなり炎熱である。湿度は非常に高く、三日に一度は必ず雨が降り、出発の前日、名瀬の港できわめて強い土砂降りと雷鳴がしばらく続いた。特に強い湿気の故に、ヘゴ、蘇鉄、芭蕉など、ほとんど熱帯性の植物相をたどれる。また、この気候は、印象としては非常に健康的で、この島が、主に八月と九月に定期的にみまわれる激しい暴風雨もこの気候の独特な性格となっている。ドゥーダーラインの経験した台風は三年来の最も強力なものであったが、住民はこういう天災への対応の仕方を熟知していたとみている。

奄美大島は一三の区に分けられていて、官庁のある名瀬には島の長である郡長が住み、各区には戸長がいる。役人によれば、大島全体で人口五万人、戸数一万一五〇〇戸である。村の数は九〇で、海岸線と小さな川口にある。その最も大きな村が伊津部村と金久村で、二つ合わせて約四〇〇戸からなる名瀬の港町となっている。その次に大きな村は一五〇戸からなる東海岸の阿木名村である。一〇〇戸を超す村はほかに四カ村あり、実久方は九三戸、各村の平均戸数は七〇戸で、住宅は小さく、五人以内の一家族からなる。ドゥーダーラインは、実際の人口は役人の言う五万人ではなく三万人ではないかと推測する。

ドゥーダーラインによれば、島民は常に親切で察しがよく、大変丁寧である。途中で出会う人のほとんどが立ち止まって挨拶した。また、非常に好奇心豊かで、ある村に短期間でも滞在すると、たちまち老若男女がたくさん集まってきて、珍しそうに凝視したという。しかし、彼らの行動はいつも礼儀正しく、他人の所有物に対してもよく気遣いがされている。もう一つ彼らのすばらしい習慣は、日本人に負けないほどの清潔さであったという。

また、島の女性のひきこもった生活がドゥーダーラインの注意を引いた。日本では食事の際、ほとんどどこでも女性が応接するが、大島では男性が応接し、また、到着するたびにその家の女性から歓迎の挨拶があったが、その声はいつも隣の部屋から聞こえてきたことなどから、ドゥーダーラインは、島の女達はいつも控えめで、自分の好奇心が目立たないようにしていると書いている。

子供は八歳頃までほとんど裸である。女性の髪型は、現在も琉球風を保っているが、髪を全部もちあげて作った頂上の団子が沖縄よりも大きく、かんざしは一本しかさしていない。入れ墨は女性だけで、両手の甲に同じ模様の入れ墨をしていて、その習慣は沖縄から入ってきたという。娘達は一三歳くらいから入れ墨をしてもらう。束ねた三本の針で列状に刺し、そこに墨を刷り込むとその色は藍色になる。日本の既婚女性に見られるお歯黒や眉を剃るという習慣はみられないという。

ドゥーダーラインによれば、島には寺（神社）も僧侶（神主）もおらず、崇拝の対象は彼らの先祖で、供物をあげるのも民族の祖先でなく、各個人の先祖である。その供物は、家の中の一番いい場所に置かれた花瓶にさされた緑の小枝で、米飯の供物を見たことがない。この珍しい祖先崇拝は神道の最も本来的な形で、日本ではもはや見られないという。日本政府は国家宗教（神道）を大島にも普及させることを命じたが、大島の人々はそういう命令と全く関係がない。太古、この島にアマミコという二柱の神（男性神がアマミキウ、女性神がシネリキウ）が降臨したとされ、奄美大島の名称はこれに基づく。この神々が沖縄に飛来し、土地を耕し、初めて稲と粟を播いたという伝説があるが、日本民族が昔、大隅から最初大島に、そして沖縄に渡来し、ここに稲作と粟作の農業を普及させたのだという。

祭りは日本と同じで、正月の元旦を祝い、三月三日は蓬をいれたご飯（餅）を食べ、五月五日には屋根と入り口に菖蒲を飾る。七月七日は星（特に天の川）にキュウリとナスを供え、八月と九月に盆踊りにあたる祭りがあり、その日は大島の言葉で「アラセツ」と「シバサシ」である。この日は家々を茅の一種（柴）で飾る。もう一つは「ドンガ」である。日中は家の中で踊るというが、夕方から夜は屋外で行われる。歌い手が昔の歌を何遍も繰り返すなか、民衆が彼をとりまき、男女混じって踊り回る。その言葉は地域によって異なるという。

大島の住宅は全部木造で、屋根は厚い藁葺き四角のピラミッドの形をし、床は高床で、住居の隣に家畜小屋がある。三番目に目立つ建物は壁がない「クラ」と呼ばれている作物倉（高倉）で、四本の太い柱が藁屋根を支えているが、住宅と同様、高床で、日常の仕事にも使われている。上から見た大島の村は、木々にまわりをぎっしり囲まれた緑の中に、たくさんの小さなピラミッド形の屋根が散在している非常に珍しい眺めであると記している。

食について、主食は薩摩芋と米で、それに干し魚あるいは燻製の魚が添えられる。新鮮な魚は少なく、ネギ、玉葱、キュウリ、里芋、また麦粉の麺類、卵、鶏、豚、牛肉なども稀である。食糧が不足すると蘇鉄の幹からサゴ（澱粉）をとり、主に米飯のかわりにしていたが、今はあまり好まれていない。薩摩芋は大体冷たいままで食べる。豆腐は食べられておらず、豆の栽培も見なかったという。

果物は、ピーナッツや何種類かのレモン系果実（オレンジ）、タコの木（アダンの実）、蘇鉄の実などがあり、バナナの実は食べていない。主な飲物は、日本から輸入される茶で、沖縄からくる泡盛がどこでも入手でき、日本酒は飲まない。唯一の地元の飲物は、だいぶ味の落ちる蘇鉄焼酎で、煙草は誰もが嗜好する。

四　生業と産物

大島では、農業が主な生業で、主な作物は砂糖黍、稲、薩摩芋、蘇鉄、糸芭蕉、ピーナッツなどである。時たま小さい庭に栽培されている植物として、トウモロコシ、竹、百合（根を食べる）、玉葱（ラッキョウ）、里芋、藍、煙草、レモン系の幾種類、桜の種類、桃、メロン、瓜、瓢箪（ヘチマ）、茄子、スペイン唐辛子、香料など、また庭の装飾用の植物として、仏桑花、ゼニアオイ、綿、ザクロ等がある。一番重要かつ主要な作物は砂糖黍で、本土へ移出する。また、いい米がとれず、良質の米は薩摩から来る。米の足りない分は砂糖との交換で本土から補うことができる。薩摩芋は米と並んで大島の人の最も重要な食糧で、山の斜面にたくさん植えられている。赤と白の二種類があり、赤の方が甘くなくて美味であったという。一度に二、三日分まとめて炊き、冷たいまま食べることが多い。台風を別としたら、これほど良い気候は考えられない。稲と砂糖黍に適した土地はたいてい耕作されているが、薩摩芋の栽培に最適な広い耕作可能な土地がまだ沢山ある。

蘇鉄は現在どこでも、険しい日当たりの良い山の斜面に規則正しく列状に植えられている。サゴ（澱粉）を作るため、この蘇鉄がどんな季節にも使われる。昔は米の代わりとして非常に重要な食物であったが、当時はあまり食べられていない。また、最も険しい崖も利用できる唯一の植物で、季節に関係なく採れ、手入れしないで済み、年々貯まっていくことから、飢饉の際非常に大切な「パン蔵」となっている。九月に成る実も食用とされ、また、粗悪な焼酎がサゴ（澱粉）から作られている。

芭蕉も蘇鉄とほぼ同じ高さまで分布しているが、必ず水の流れがあるところに限られていて、幹から取れる繊維は縄や綱の材料になるだけでなく、優れた芭蕉布の原料としての評価が高い。夏にはこの着物が木綿製のものよりずっと好まれている。これは琉球諸島の最も重要な商品の一つで、大量に薩摩へ輸出され、そこから日本国中に広がっていく。

家畜は、馬、牛、ヤギ、豚、犬、猫、鶏、家鴨を飼っている。馬は乗馬用、運搬用、そして砂糖車を回すため、耕作のために使役される。牛は馬より少なく、牛乳とチーズは食品として知られていない。山羊はよく逃走し薩摩芋畑を荒らすので、放牧をしていない地域もある。山羊は肉のために飼われていて、その乳は牛同様使われていない。豚は黒と白が多く、どこでも小屋の中で大量に飼われている。豚の塩漬けの肉は本土への輸出品である。鶏は山に放し飼いにされている。大島には肉食獣がいないので全く危険はない。

奄美大島では、狩猟はイノシシとウサギを対象として時々行われている。猟には古い火縄銃を使用している。猪は薩摩芋畑に大きな被害を与えるので、畑を守るため犬を飼っている。しかし、加計呂麻島には猪も兎もいないので、犬もいない。奄美大島は島の周りがサンゴ礁に覆われていて、ほとんどの網が使われていないため、漁業はあまり発達していない。

大島は必需品のわずかなものだけを自ら生産し、あとの大部分は移入にたよっている。本土からは主に米、茶、木綿、陶器、塩等、沖縄から特に木綿と泡盛を移入している。移出は主に黒糖と芭蕉布、木材、豚肉の塩漬けである。主な販売先は鹿児島で、品物はそこから日本各地へ広がる。大島では商業は部分的には純粋な物々交換で、日本の紙幣の通用は最近のことである。

五　日本や沖縄との比較

ドゥーダーラインは奄美大島の住民の中に二つのタイプを見出す。その一つは本来の日本人で、主に薩摩から琉球諸島に渡来し、もう一つのタイプは、体格は日本人より少し華奢で、顔はあごにかけて細く、本来の日本人に特徴的な上顎の突出はなく、唇は薄く鼻の線は真直ぐ出て、目が大きく南ヨーロッパ人のそれと似ている。最も目立つのはその非常な毛深さである。胸、手足は剛毛におおわれている。この二つの人種は島全域に分布していて、一人は毛深く毛皮を着ているような印象で、もう一人は顔や体にほとんど毛がない。しかし全住民の大部分は、はっきりその混血とみるべきだという。一方、大島の女性は、日本の女性と大差ない。ドゥーダーラインによれば、この大島人がある意味で蝦夷のアイヌを思わせることも否定できないが、その毛深さを別にすれば大島人との類似点をほとんど見出すことは出来ない。ゆえに、あまり早過ぎる結論を出すことには警告する。

沖縄は大島より農業において、はるかに恵まれた環境にある。人口は大島の三万人に対して沖縄は一五万人と非常に多い。住民の階層も沖縄は大島よりもはるかに大きい。沖縄は塩、木綿、焼物、アルコール類など幾つかの生活必需品を自己生産している。

住宅は、大島が藁葺き屋根であるのに対して、沖縄ではほとんど瓦葺きである。沖縄の屋根は棟が長いが、大島ではピラミッド型の寄せ棟しか見なかった。農産物の主なものは、両島とも同じで、薩摩芋、米、砂糖黍であるが、沖縄では他に、粟と豆類、小麦も栽培されている。蘇鉄は沖縄にもあるが、山がちの貧困地域にのみ多い。糸芭蕉は沖縄でも芭蕉布を作るため栽培され、その芭蕉布のほとんどは輸出される。

沖縄の人の立派で力強い体形に比べると、大島の人は華奢（きゃしゃ）な印象であった。また、沖縄の人の丸い顔は、大島の人の少し細長いとがった顔と随分違っている。沖縄の住民は大島よりあまり清潔でなく、髪型は沖縄でも大島でも琉球髪が一般的である。入れ墨は大島の女性が沖縄から習得した。また、大島と違って沖縄には寺もあり僧侶もいて、仏教が支配的な宗教である。沖縄で常に権力を握っていた王室が、大島ではどの時代にも存在しなかった。

六　動植物相

大島は動物相において沖縄や他の琉球諸島に密接に属している。この琉球諸島は台湾の動物相の北端をなしている。少なくとも最北端の大島はサンショウウオ類の存在で日本の動物相との近さを示している。こういう両棲類は日本の特色で、台湾には全くない。そうすると、二つの大きな動物相の地域、すなわち旧北区と東洋区の境界線が、大島と九州の間に来る。哺乳動物およびサンショウウオ類が、ほとんど旧北区的である事実によって、この区が決められた。また、ハブ、キノボリトカゲ、カナヘビ種などここに棲息する爬虫類は東洋区に典型的であり、この意見が植物学の結果とも一致する。すなわち、奄美大島で最も目立つ、また典型的な植物の幾つかが最北分布である。

ドゥーダーラインによれば、大島では、多くの動植物の分布が、そのあるものは北限となり、そのあるものには南限になるのではないかと指摘する。植物相の種数も個体数も、ともにたいそう豊富である。全般的に、常緑樹と単子葉植物が多い。加計呂麻島以外には、イノシシとウサギ（アマミノクロウサギ）がいる。後年古生物学者になったドゥーダーラインは、分布論のために、琉球列島の地史に注目している。そして、ウォーレスによる二大動物地理区の旧北区と東洋区との境界は、大島と九州との間のどこか落ち着くのではないかと、予想している（上野一九八二、三〇一頁）。つまり、ドゥーダーラインは後の渡瀬線（一九一二年に渡瀬庄三郎により提案されトカラ列島の悪石島と小宝島の間を通る生物分布境界線）と称される生物の境界線をいち早く示唆していると言える。

七　おわりに

ドゥーダーラインが、加計呂麻島で台風に遭遇したことによって、魚類採集の調査ができなかったため、宿の主人から大島について興味深い話を沢山聞いて記録にとどめることにつながったことは、奄美にとっては不幸中の幸いだったと言える。

ドゥーダーラインの奄美大島旅行記に記した、当時の奄美大島の人口、戸数、村の数などの統計的数値や名瀬から大和村と宇検村を経由して加計呂麻島までと、加計呂麻島から古仁屋、住用、朝戸を経由して名瀬までの交通事情は当時の奄美大島を具体的に知る一助となった。さらに、台風時の人々の様子、被害の状況、ハブの犠牲者、コレラの発生、食の実態、アルコール類として泡盛と蘇鉄焼酎が飲まれていることからも、当時の生活の具体的な情景が想像される。

また、日本本土や沖縄との比較による島民の性格や衛生状態、男女の役割や女性の髪型や入れ墨、宗教、祭りについての記述や、住居も家畜小屋や高倉もピラミッド型の寄せ棟だとする表現も興味深い。移出品として豚の塩漬け肉や黒糖、芭蕉布、木材、移入品として米、茶、木綿、塩、泡盛などであることも奄美の経済を知る一助になる。しかし、奄美滞在が八日間と短い上に、台風により海の調査ができない時間を想定外の民俗調査に切り替えて有効に使った点は歓迎されるが、時間的制約や専門外の分野であることから、広く浅い記述に終わっているのは残念である。

当時は、ドイツのみならず多くのヨーロッパ諸国が琉球列島に大きな学問的関心を示し、中でも特に植物学や動物学の分野では、ドイツ系の研究者の調査活動が活発であったということから、ドゥーダーラインの奄美調査もこうした時流の中で行われたものと思われる。また、明治初期にドイツ人のドゥーダーラインが動植物相の調査に初めて加計呂麻島を訪れ、そのおよそ八〇年後の昭和三〇年代には同じドイツ系のヨーゼフ・クライナー氏が同じ加計呂麻島で民俗調査を行ったということは、単なる偶然ではなく、ドイツでは早い時期から存在した琉球諸島に対する高い関心が、ドゥーダーラインとクライナー氏を、琉球諸島を通して奄美に引き寄せたのではないかと思われる。

最後に、重要なことは、ドゥーダーラインが、奄美大島の動植物相の調査を踏まえて、動物分布上、旧北区と東洋区との境界は奄美大島と九州南方の種子・屋久両島との間にあるべきことを示唆し、後の渡瀬線の存在にいち早く気付いていたことであろう。

参考文献

上野益三「ドェーデルラインの奄美大島」『薩摩博物学史』島津出版、一八九二、二九七–三〇二頁
ドゥーダーライン、ルードヴィヒ「琉球諸島の奄美大島」クライナー、ヨーゼフ&田畑千秋共訳『ドイツ人のみた明治の奄美』ひるぎ社、一九九二、六七–二〇四頁
一色哲「《琉球–沖縄》における海上からの「来訪者」と天変地異の「記憶」–ウルマ島とニライカナイをめぐって–」『桃山学院大学総合研究所紀要』四四巻二号、二〇一九、五五–六五頁

第8章　ハリングが見た米軍政下の奄美

桑原季雄

一　はじめに

一九五一年九月、戦後間もない軍政下の奄美で恐らく文化人類学者による初めての人類学的調査が一人のアメリカ人によって行われた。ニューヨーク州のシラキュース大学の文化人類学教授ダグラス・G・ハリングである。当時の奄美は、サンフランシスコ対日講和条約の締結によって、奄美の日本復帰運動も一段と激しさを増していった頃であった。ハリングは、ワシントンの米国連邦学術研究委員会の太平洋科学研究部による沖縄・宮古・八重山・奄美の四群島の学術調査が一九五一年から一九五二年にかけて行われた際、奄美に派遣され、一九五二年三月までの半年間にわたって人類学的調査を行った。この調査はアメリカ軍政府行政官への報告を目的としたものであったが、ハリング自身にとっては奄美の人類学的研究の予備調査的な性格のものであった。ハリングは奄美大島に来島する前に東京で民俗学者柳田国男氏と会い、氏の紹介で奄美博物館（群島政府立）の民俗学研究員の山下文武氏を訪ね、同博物館主事で郷土史家の文英吉氏などの協力も得て調査を行った。

ハリングは奄美大島での六カ月間の調査の後、一九五二年三月に島を離れ、一時東京に滞在して資料の整理をした後アメリカ本国へ帰国した。そして一九五二年十月、シラキュース大学からGHQを始め国連、米国陸軍省、国務省、琉球民政府等に「琉球諸島における科学的調査：琉球諸島北部の奄美大島」という報告書を提出し、その中で、軍事的事情が許すならば速やかに奄美を日本に返還すべきであることを提言している。

一九六一年六月、ハリングはシラキュース大学を定年退職し、その後も名誉教授として後継の指導にあたるとともに、一九六四年、同大学内に「琉球研究文庫」（RYUKYU RESEARCH COLLECTION）を創設し、広く琉球関係の文献資料の蒐集をはじめた。その目的は遠くハワイまで行かなくともアメリカ本土で米国における琉球研究ができるよう、琉球研究センターの設立を意図したものであった。しかし、ハリングはその翌年八月にパーキンソン病により亡くなった。

本稿の元になったハリングの上記の調査報告書のコピーは奄美博物館に所蔵されていた。筆者は二〇〇三年二月に奄美博物館でA4用紙にタイプされた八六ページに及ぶ報告書のコピーを入手し、当時ハリングの助手をし、親交の厚かった山下文武氏からも話を聞くことができた。本土復帰後の奄美は日本の人類学者の注目の的となり、多くの人類学者が調査研究に来島した。その先鞭をつけたのは一九五五年から三年間にわたって行われた九学会連合による学術調査で、人類学者を含む多様な分野の研究者が現地調査を行い、総合報告書『奄美―自然と文化』（一九五九）が刊行された。またその二〇年後の一九七五年には第二次九学会連合による奄美研究が実施され、一九八二年に総合報告書『奄美―自然・文化・社会』が刊行されている。その間、本土の人類学者による奄美の親族調査や宗教儀礼に関する調査などが精力的に行われた。しかし、ハリングの報告書の存在については山下文武氏の懐古的な記述（山下一九九四）や山下欣一氏による短い紹介（山下一九八一）のほかは、人類学者の奄美研究において言及されることはほとんどなかった。また、上述の米国連邦学術研究委員会の太平洋科学研究部による沖縄・宮古・八重山・奄美四群島に関する学術調査についても短い言及はあるが（渡邊 一九八六）、その全貌はほとんど明らかにされていない。さらに、奄美の調査研究を担当したハリングがどのような人類学的研究で知られ、また日本に関する人類学的研究においてはどのような足跡を残したのかといったことについても、何冊かの著書（Haring 一九二九、一九四三、一九四六、一九六一、一九六九）が知られるだけで、不明な点が多い。ただ、ハリングは関東大震災直前の一九一七年から一九二二年まで東京に在住していたことがあり、罹災者の救済事業に手をさしのべるなど、日本との係わりが深かったことがうかがえる。

本稿では以上のような資料的制約を考慮して、米国太平洋科学研究部の沖縄・宮古・八重山・奄美四群島に関する学術研究および日本人による南西諸島研究におけるハリングの報告書の性格や位置づけについての考察は行わず、むしろ報告書の内容から一人のアメリカ人の人類学者の目に映った軍政下奄美の姿を紹介する。

二　奄美大島での現地調査

ハリングは一九五一年九月に、東京から沖縄を経由して奄美大島に来島したが、到着後はただちに軍政府内に一室を設けて調査に着手した。調査は名瀬市を拠点に、主に比較的交通の便のいい名瀬市近辺と奄美本島北部の龍郷村と笠利村で行われた。瀬戸内町、住用村、宇検村、大和村など大島本島の南部については、道路事情があまりよくないということと、奄美大島南部をカバーするだけの体力的自信がなかったという健康上の理由でほとんど調査は行われていない。ハリングは、毎日のように通訳と助手を伴いジープで名瀬市内を始め近隣の小湊、朝仁、小

写真１　軍政下奄美大島のダグラス・ハリング（出典：ニューヨーク州シラキュース大学図書館特別コレクション研究センター大学アーカイブ）

宿、大熊、浦上、根瀬部、知名瀬、そして龍郷村や笠利村をまわり（写真1）、夕食の団欒から宴会、集会、コンサート、八月踊り、祭り、宗教儀礼、葬式に至るまで生活の様々な場面で多くの参与観察調査をおこなう一方、奄美群島政府の種々の統計資料によって奄美群島の実態把握にも力を注いだ。また、名瀬市内の女子高校生に依頼して奄美の老人のライフヒストリーを蒐集したり、同じく市内の一一人の男子高校生に頼んで二カ月間日記をつけてもらったり、さらには婦人会を通して奄美群島全域で家族に関するアンケート調査を行っている。また名瀬市の家政科の女性教師に依頼して子供を持つ母親や二〇人の産婆に対して出産や育児に関するインタビューを行っている。さらに島唄の唄者や踊り手、ノロやユタなどの宗教的職能者に対しても調査を試みている。助手として常に調査に同行した山下文武氏によれば、ハリングは奄美の日本復帰運動郡民大会の夜に提灯行列の写真を撮影しに出かけたり、復帰運動についても地元の人々と率直に語り合ったりしたという。また、写真や映像記録もたいへん重視し、特に大島紬や黒糖、鰹節の製造過程や、板付舟等の造船過程については何度も現場へ通って撮影記録をとっている（写真2）[1]。また録音機を使って島の民謡も数多く録音し、特に沖永良部民謡の実演をきいたときにはヨーロッパ中世の民謡をきいているようだと讃嘆したという（山下一九九四）。

ハリングの調査はアメリカ軍政府の行政官への報告が課せられた調査であったが、人類学的観点からの調査目的は、文化の比較研究に必要な、異文化としての奄美文化の正確な記録をえることであった。また、奄美研究における重要なテーマの発見もその調査の目的だったという。従って、奄美の人々の些細な風俗習慣であっても価値があるとして、奄美の人々の育児方法等々についてごくありふれた質問をするかも知れない旨をあらかじめことわっている。さらに、奄美の人たちのありのままの姿や日常生活、日常のしぐさを可能な限り写真で記録したいと、写真や映像の重要性を強調した。このようなハリングの調査態度には、国民の性格の重要な相違は育児上の些細な事柄に関連しているとして当時アメリカで大きな影響力を持っていた「文化とパーソナリティ」学派の強い影響を見てとれる。

写真２　軍政下奄美大島の子供たち（出典：ニューヨーク州シラキュース大学図書館特別コレクション研究センター大学アーカイブ）

三　軍政下の奄美

上述のように、軍政下奄美での調査研究の目的は奄美の人々の生活観や生活様式についての記述で、報告書の内容は、地誌、人口、歴史的背景、言語、社会生活（学校、団体組織、家族、娯楽、手工芸、生活水準、社会階層、犯罪）、日本本土や沖縄との文化的差異と類似性、復帰運動と共産主義運動との関連、人々の恐怖の対象などについて書かれ、そして最後に提言として、合衆国の政策や奄美群島の民政、日本本土復帰について述べている。

一九五一年当時の奄美群島は、人口が約二二万人で、その内訳は、奄美大島が一一万人と全人口の約半分を占め、喜界島一万八〇〇〇人、徳之島五万四〇〇〇人、沖永良部島二万七〇〇〇人、与論島八五〇〇人となっている。また世帯人口でみれば一世帯平均四~五人で、男女比は女一〇〇人に対して男八八人という数字が示されている。男性の人口が少ないのは戦争によるものと沖縄への出稼ぎのためである。奄美の女性もかなり沖縄へ行っているが、ハリングは、六〇家族のアンケート調査によれば沖縄人と婚姻関係にある家族は一家族もなかったと報告している。また報告書では概して沖縄人が、ハワイやブラジル、フィリピンなどどこの国へでも移住したがるのに対して、奄美からの移民はほぼ日本本土への小さな移住に限られるとしている点や、日本軍は沖縄人を徴兵して朝鮮や満州へ労働部隊として送り込んだが、奄美の人はそうでもないなどとして沖縄人との違いが強調されている。

報告書によれば、当時、奄美大島の全人口の八一パーセントは農民であった。また島の全面積のおよそ三~五パーセントが耕地で大半は山林である。一九五〇年当時の奄美大島の土地利用統計によれば、水田はわずか一・七パーセントで、山林が六一・三パーセント、畑が四パーセント、その他が二五・八パーセントとなっている。サツマイモやソテツ、サトウキビ、米といった主要作物の他にツワブキ、キャッサバ、ゴボウなどが作られている。薪も重要な収穫物に分類されている。当時琉球諸島で水力発電を有するのは奄美大島と徳之島のみであったことや、また当時すでに山林の過剰伐採が土砂崩れの原因として大きな問題となっていることなどが記されている。その他、どの集落でも一戸に一~二頭の豚を飼っていて、名瀬市などでも豚を飼っている家が少なからずあったという。

ハリングは一九五一年に東京から飛行機で沖縄へ飛び、初めて沖縄を見たときの強い印象を、「日本から外国へ来たかのようだった」と言って、沖縄と日本とのあまりの違いの大きさに戸惑いを覚えたことを記している。また、その一週間後に沖縄から奄美の名瀬市に船で到着したときの第一の印象は、「また日本に戻ってきた」であった。奄美群島は文化的には沖縄や宮古・八重山よりも明らかに日本的であり、奄美の人は完全に日本人であると述べる一方、奄美と日本本土の間の文化的違いも多くあり、その理由として、ハリングは奄美が二五〇年以上に及ぶ薩摩の支配下にあって、徳川時代の文化的影響から隔離されていたからであるとする。その反面、奄美は薩摩の侵略によって一六〇〇年初頭以来日本の統治下にあり、日本に統合されてきたともみている。こうして奄美群島は地理的には琉球諸島の一部であるが、文化的には日本本土に属するとして、奄美と沖縄の差異及び奄美と日本との近似性を強調するのであった。

言語に関しては、構造的には日本語と一致し、その語彙は日本の古語を多く含み、さらに音声学的には日本語よりも豊かであるという。そのため、標準日本語よりも「より純粋」であることが言語学者によって明らかにされているという。

このように報告書では、奄美と日本本土との「近さ」が強調される一方、例えば、ほぼ全ての奄美人が日本に親戚・家族がいるが、沖縄人との間に通婚はまったく見られないなどといった例をあげながら、沖縄との「距離」もまた強調されている。また、ハリングは、明治以来の日本政府は奄美の人を農奴の身分から解放し、新しい技術や教育などを導入してきたため、奄美にとって日本政府は自由と進歩の象徴であり、故に、復帰運動は当然の帰結であると主張するのであった。

後日談になるが、加計呂麻島のノロ祭祀の調査で知られるオーストリアの民族学者ヨーゼフ・クライナー氏が、この点について、ハリング氏に手紙で間違いを質したところ、ハリング氏から、報告書は米軍の意向に沿った政治的なもので、当時米軍は、軍事的に利用価値がない奄美を日本に返還するための学問的裏付けが欲しかったため、「奄美は本土と同じ文化と書いた」(クライナー二〇一二、四四頁)という返事があったという。つまり、ハリング教授の調査は、純粋に人類学的調査という面もあるが、米軍から依頼された調査という性格からみて、最初から軍の意向に沿ったものであった可能性が高い。軍の意向とは、奄美を沖縄から切り離して日本に返すための正当な理由として学問的裏付けが必要だったため、沖縄との文化的「違い」と、本土との「近さ」を過剰に強調したと考えられる。

四　奄美の生活誌

人口約三万二〇〇〇人の名瀬市には、各種の団体があり、その数は、奄美大島婦人会（会員二万人）や名瀬市婦人会、奄美大島青年団（会員三万人）、名瀬市青年団などの一般団体が七つ、農協などの農業系団体が二つ、生け花や短歌等の芸術系団体が四つ、信用組合などの金融系団体が五つ、奄美育英会や名瀬中ＰＴＡ、大島農業高校同窓会等の教育系団体が一四、天城、与論、住用等の郷友会が七つ、労働組合系団体が六つ、地元商業団体が四つ、産婆や助産婦、鍼灸、医師、歯科医等の専門職団体が八つ、宗教団体が七つ、大島紬や美容室、畳や木炭生産等の商工系団体が一八あることなどが詳細に記されている。

家族や親族について、ハリングによれば、奄美の人は家族規範が日本のそれと完全に一致し、理論的には日本におけると同様男性の系統を排他的に強調する父系的家族組織であるが、実際には女性の影響力が大きいという。また、日本本土では一〇世紀[2]の中国伝来の仏教の影響によって女性が従属的地位におかれてきたが、奄美群島では仏教は受容されてこなかったため、奄美の女性は本土に比べて自由であり、また、親族関係ばかりでなく姻族関係も非常に緊密であるという。さらに、家族内の愛情が強く、妻子や兄弟姉妹に対して誇りを有し、アメリカ人から見ても愛情表現はけっして控え目ではなく、むしろ大変好意のもてるものであることなどが記されている。

当時、賃金は日当八〇円～一〇〇円（七五セント以上）で、店員や事務員の月給は二五〇〇円以上（二〇ドル以上）であった。教員の給与は「飢餓給与」と言われ、初任給は二〇〇〇円（一六・六ドル）で、校長の月給は三三〇〇円（二六・五ドル）である。教員は満足に服や本も買えず、医療費や歯の治療費にも事欠くほどだという。名瀬市の五人家族で月に最低でも家賃込みで五〇〇〇円は必要であり、七五〇〇円でもそこそこの生活しかできないため、女性は家で機織りなどをして家計を助けるのが普通であった。名瀬市内の五つの家族の家計調査から、一九五二年二月の市民の平均的な家計は、新聞代が四五円、学費が八〇～二〇〇円、主食費が一〇〇〇～一六〇〇円、洋服代が三〇〇～一〇〇〇円、銭湯代が二〇〇円、散髪代が六〇～一〇〇円、家賃が七五～一八〇円などとなっており、一カ月の支出の合計は四四五五円～七五九五円であった。

当時の奄美の主食はサツマイモで、ハリングが農家に話を聞きに立ち寄ると、ふかしたサツマイモがよく出たという。またソテツは緊急非常食であるが、極貧者にとっては常食であったらしい。報告書には「ソテツ地獄」という言葉もみられ、奄美の人々は「総じてひどく貧しい」と記している。

ハリングは大島紬を世界で最も手の込んだ手工芸品の一つと見てその工程を詳細に記述している。本土のデパートで売られる大島紬の値段は最低でも六〇ドル（七五〇〇円）以上し、かなりの贅沢品であった。サトウキビから作る黒糖も同様に主要輸出品目で、黒糖飴は農民の大好物であった。竹編みのかごも盛んに作られているが、あまり利潤はないという。

五　奄美と本土の文化的差異

奄美と本土の文化的差異は概ね小さいが、指摘にあたいするとしていくつか挙げられている。まず、本土に比べて豚の役割が大きいことや、家の床が、畳の部分が少なく板間であること、赤子を背中に背負うのではなく腕に抱えること、ソテツの使用、家の形状、特に高倉が古代日本の建物に類似していること、さらに、荷物を運搬するとき背負いかごの帯を額にあてる運び方などが奄美独特であるとされている。

奄美では本土に比べて礼儀や「面子」があまり強調されず楽天的で、個人的関係も直接的で打ち解けたものであり、互いによく冗談を言い合うという。また、奄美の家族は個人にとって「安堵の源」であり、本土のように、常に家族の体面を汚すのではないかという「脅威の源」ではないこと、故に、奄美の人はあまり家の体面にこだわらず、貧困や恵まれない環境にもかかわらず本土の人よりも人生を楽しんでいるという。そして島唄や島の踊りは、そうした屈託のない態度の見事な表現だという。

ハリングによれば、本土の人は友人を家に招くことがほとんどなかった。ましてや外国人はである。仮に招かれることがあっても、家族への愛情や誇りを見せまいとし、粗末な家や愚妻、無知な子供のことを詫びてばかりいるが、奄美の人は家や食事に気軽に招き入れ、平気で両親や子供、妻への愛情を表現する。また、日本本土では、奄美でみたような家族内の屈託のない愛情表現を一度も見たことがなかったと述べている。

日本政府の神道儀礼については、戦時中に国家によって強要されすぎたせいと、奄美の人々は自分たちの民間宗教にこそ神道の真の形が含まれていると感じていることもあって、当時、神道に対して腹立たしく思っている人が少なくなかったという。国家神道は日本の倫理道徳の基盤であったが、倫理道徳は奄美の村々によって大きな差があり、道路や土手の清掃に責任を持つ村もあれば、そうでない村もあるとして、例えば、ハリングは台風後の復旧作業に集落の人が総出で精を出している浦上集落の人々の自立自尊、結束、連帯性等について生き生きと描いている。

宗教は全体として退潮で、調査でも宗教的無関心と無神論者が広くみられる一方、天理教と生長の家が信者を拡大しつつあった。天理教は、当時、奄美大島だけでも二〇〇〇人の信者がいるといわれ、その半数は名瀬市にいることや、市内に一三の教会があり、市外にも教会が一〇〇ほどあること、月に一度約五〇〇人の信者が全島から名瀬市に集まってくることなどが記されている。他方、生長の家については、奄美群島には七二〇人の信者がいるとされ、名瀬市の知識人の間にも浸透していた。天理教も生長の家も信仰療法によって信者拡大をはかっていた。また、仏教は奄美群島にしっかりと根を下ろすことはなかったが、観音信仰と神道の習合現象がみられることなども記されている。

奄美の人は本土の人よりも率直でざっくばらんであるが、話題によっては、相手が信頼できる人物であるとわかるまで最初は何も教えてくれなかったこともあったという。その例の一つがノロ祭祀である。琉球諸島で公然と行われていた土着のノロ祭祀は、奄美では明治以降、警察との長期に渡る激しい確執のため抑圧されてきたことなど、ハリングは消滅に瀕している奄美のノロ祭祀について五ページ（六三-六七頁）におよぶ詳細な記述を行っている。それによると、ノロ祭祀（カルト）に関する確かな情報を得るまでには数カ月かかったという。奄美大島を去る前日になってはじめて、人々は本当に「心を開いて」ノロについて話してくれた。ハリングは大和村と宇検村には行かなかったが、そこはノロ祭祀が最も盛んな地域で、外国人がこのような場所に行ってもノロの痕跡は見つからないだろうとみんなに言われたと述べている。また、ノロの写真を入手するための長い努力が功を奏し、三人のノロのうちの二人は調査への協力に同意して、祭具と巫女のみ写真を撮らせてくれたという。また、ハリングは、ある集落のノロ祭祀の調査についても許可されたのに、結局それができないまま奄美を離れなければならなかった。しかし、村人達はハリングとの約束を守ってくれて、一九五二年末に、奄美行政チームのロバート・バイヤーズ氏が、ハリングの代わりにノロ祭祀に招待され、写真を撮ってきてくれた。報告書には、バイヤーズ氏が送ってくれた素晴らしい写真が今、手元にあると記されている。

奄美を去った後、ハリングは東京で運良く出会った奄美大島出身の女性について書いている。[3] 彼女はノロの家系の出で、彼女がもし大島に残っていたらノロになっていたかも知れないと記している。彼女は完全な祭具を所有していた。数百年前の沖縄の古代衣装や美しい陶器と漆のオブジェなどで、彼女は写真撮影を許可してくれたほか、ノロについても自由に語ってくれたという。そして、それを、ハリングは、彼が奄美で知り得たことと同じ確かな情報だと確信している。

ハリングによれば、密貿易は長い間奄美・沖縄では普通の職業であり、軍政下における奄美と本土間の貿易規制が密貿易をいっそう活性化しているという。また、一九五二年二月には、本土の学校にいっている多数の奄美の少年たちが休暇を利用して「密航船」で帰省してきており、ハリングは彼らと会って話を聞いていることから、密貿易や密航および密航船はアメリカ軍政府にも既成の事実ではなかったかと思われる。

六　復帰運動と共産主義

ハリングが人々の恐怖の対象と見なしているのは共産主義思想である。奄美の人は共産主義者によって歪曲された「状況」という言葉や「国連信託統治」、「命令（指令）」、「植民地」といった言葉に戸惑い恐怖を抱いているという。奄美の共産主義者の多くは満州帰りの労働者であり、彼らは満州で共産党によって教育された。満州の労働部隊で思想教育をたたき込まれて奄美に戻ってきた共産主義者は、その後、多くの集落で指導的な立場にたち、青年団に潜入したりして復帰運動のリーダーシップを牛耳っているという。さらに、本土ほど明瞭な社会階層が存在しない奄美で、共産主義者は階級対立を利用できないので、低賃金の教員に働きかけているという。ハリングは、共産主義者が恐怖を利用して宣伝活動を行っているのであるからこそ、恐怖という問題が理解され、取り扱われるべきだという。また、共産主義者につけ入る隙を与えないよう階級分化の増大を防止するためにあらゆる可能な努力がなされるべきであると提言する。

七　おわりに

以上見てきたように、ハリングの調査はアメリカ軍政府の行政官への報告が課せられた調査であったが、人類学者としてのハリングは、その文化的視点においては軍政下の奄美大島の名瀬とその周辺地域の情景や人々の日常生活を詳細な記述と数多くのカラー写真とともに鮮やかに写し取っている。他方、米軍から依頼された調査という性格からみて、奄美を沖縄から切り離して日本に返すための正当な理由として学問的裏付けが必要だとする軍の意向に沿ったものであった。それゆえに、沖縄との文化的「違い」と、本土との「近さ」を過剰に強調したと考えられる。

ここで出てくる疑問は、軍政府が最初から奄美の返還を考えていたというハリングの主張は、彼が奄美に調査に来た一九五一年当時の復帰運動が激化する以前のものであり、この後、一九五三年一二月二五日の返還までの、アメリカの国務省と国防省の奄美返還をめぐる対立や本土復帰運動の影響などを総合的に考慮する必要があると思われる。この疑問を解き明かしたのが、ロバート・エルドリッヂ氏の著書『奄美返還と日米関係』（南方新社、二〇〇三）である。

エルドリッヂ氏によると、奄美群島の返還に関して、国務省と国防省の間には意見の相違があった。国務省は返還を主張したのに対し、国防省は反対の立場であった。さらに国防省の中でも海軍と陸軍のあいだで意見が食い違った。当初、奄美群島の占領管理を担当する沖縄の米国軍政府は海軍で、「北部琉球を統治するための効果的で経済的な唯一の方法は、群島を鹿児島県に帰属したままにしておくことだ」と述べ、軍政府の管轄範囲を奄美群島まで拡大することに初めから反対した（エルドリッヂ二〇〇三、四〇頁）。つまり、沖縄の軍政府代表は、占領地を奄美群島まで広げることに抵抗したのであるが、後に海軍から陸軍に替わった沖縄の軍政府代表は奄美に対する戦略的支配を要求したという。

またエルドリッヂ氏によると、国務省やアイゼンハワー政権の政策決定過程および日本政府に大きな影響を与えたのは、奄美の復帰運動であったという。復帰運動の発端は、一九五〇年二月の国会で吉田茂首相の、「奄美の帰属は日本が主張することは当然。国民も要求せよ」（エルドリッヂ二〇〇三、八八頁）という発言が全国紙や地元「南海日日新聞」などで大きく報道され、祖国復帰を呼びかけている住民を刺激したことにある。その後、鹿児島県議会や宮崎県議会で「奄美大島復帰に関する建議」が提出・採択され、宮崎の大島青年団も「復帰アピール」を発して奄美問題の啓発宣伝や署名運動を呼びかけたほか、東京奄美学生会も先頭に立って大会や署名運動を行った。また、一九五一年二月一四日に奄美大島日本復帰協議会（復協）が正式に創立され、四月までの間に一四歳以上の九九・八パーセントにあたる署名を集めた署名運動や、七月に開催した大規模な「第一回郡民総決起大会」（一万人参加）、さらに八月と九月に泉芳朗議長率いる集団断食運動が相ついで行われたことが、ジョン・ダレス特使を刺激した。ダレスは、吉田首相に対して、奄美などでの「示威運動」に対する怒りを表し、「ハンガー・ストライキ」は「心外」だと不満を述べたということからも、復協の一九五一年春からの活動による「世論の盛り上がり」はダレスの政策決定に間違いなく大きな効果があったと言える。その後、アイゼンハワー政権で国務長官となったダレスは、レーダーや無線局を維持するためにこの奄美群島の全てを統治しなければならないとする軍部の主張が全く理解できないと強調し、アイゼンハワー大統領も、「もしこの群島の返還に対する陸軍の反対が、レーダー局を確保するためだけであるのならば、あまりにも狭い見方である」と厳しく指摘したという（エルドリッヂ二〇〇三、一七一－一七二頁）。

また、アメリカの奄美返還が一九五三年一二月に決定した背景には、一九五三年七月の朝鮮戦争の休戦協定の調印や、ソ連が日本との平和条約締結に向けた対話を開始するといった非公式の情報を国務省が深刻に捉え、奄美返還の発表がソ連の行動より遅れれば心理的な効果が無になると危惧したことなどが挙げられる。しかし、領土問題について国務省と国防省との会談に関わったマーフィー駐日大使が、一九五二年四月に着任後、日本では復帰問題に関して「国民の世論は盛り上がっていない」と世論の盛り上がりの不足を指摘したことからも、アメリカの奄美返還に関する実質的な政策決定者であるダレス国務長官の決断に大きく影響したのは、奄美の本土復帰運動であったことは間違いないだろう。

最後に、軍政府が最初から奄美の返還を考えていたという上述のハリングの主張に戻ると、これは、当初奄美群島の占領管理を担当した沖縄の米国海軍軍政府の意向であったと思われる。沖縄の軍政府はその後、海軍から陸軍に変わると、陸軍は国防省と同じく奄美返還には反対の立場であった。返還問題は、上述のように、国務省と国防省の間で意見が対立し、最終的にはアイゼンハワー政権のもとで、国内で激しくなる本土復帰運動やソ連の動き、朝鮮戦争の休戦協定の締結といった国際情勢も影響して、一九五三年一二月二五日に「クリスマス・プレゼント」として決着された。ロバート・エルドリッヂ氏によれば、「奄美復帰運動は、戦後日本においてもっとも成功した、社会的、政治的な運動の一つ」だという。

注

1　このように収集された数多くの貴重な資料が、アメリカへ移送の際に行方不明になって紛失したといわれていた。ところが、奄美の大島紬を研究していたイギリスの人類学者シャーロット・リントン博士が、二〇一九年に、シラキュース大学の図書館で、ハリングのアーカイブの存在を突き止め、奄美大島で撮影した大量のカラー写真と映像、日記などを発見した。写真は一〇〇〇枚近くあり、そのなかから六〇〇枚ほどのコピーを入手し、二〇二三年一二月から翌年四月にかけて奄美群島各地で写真展を開催した。これらの写真によって、一九五〇年代初期の軍政下の奄美大島の集落や名瀬の街の風景、子供たちや人々の生活風景が鮮やかな色彩で蘇った。終戦直後の貧困にあえいでいるイメージを払拭するかのように、名瀬の市場や雑貨店には物があふれ、着飾って生き生きと笑顔を振りまいている子供たちの姿を映し出していた。

2 日本への仏教伝来は正確には六世紀半ばの欽明天皇の時代であるので、一〇世紀というのはハリングの誤解だと思われる。

3 ハリングが東京で会ったこの女性は、恐らく当時東京に在住し、柳田国男の影響で奄美の民俗学や方言について著述活動を行なっていた大和村出身の長田須磨氏だと思われる。一九五〇（昭和二五）年ころ、柳田国男の「海南小記」を読み、柳田に手紙を出したことがきっかけで、柳田が世田谷成城の自宅で主宰していた女性民俗研究会に出席するようになり、それ以降、奄美の民俗研究を志す。一九五四（昭和二九）年ころ、柳田の勧めにより、自身の奄美方言を収集することを思い立ち、二〇年あまりの長期にわたって辞典編纂の仕事を続けた（長田須磨二〇〇四、二〇〇-二〇一頁）。

参考文献

Haring, Douglas G. 1929 *The Land Of Gods And Earthquakes: Adventures in Japan*, Columbia University Press. NY. 1943 Blood on the Rising Sun, Philadelphia Macrae Smith Company.

Haring, Douglas G. 1952 *Scientific Investigations in the Ryukyu Islands: The Island of Amami Oshima in the Northern Ryukyus*, Pacific Science Board, National Research Council, Washington D.C.

Haring, Douglas G. 1964 *Ryukyuan and Japanese Influences*, Allan H. Smith ed. Ryukyuan Culture and Society: A Survey, University of Hawaii Press.

Haring, Douglas G. 1969 *Okinawan Customs: Yesterday and Today*, Charles E. Tuttle, Vermont & Tokyo.

Haring, Douglas G., ed.1946 *Japan's Prospect*, Cambridge: Harvard University.

クライナー、ヨーゼフ『世界の沖縄学―沖縄研究50年の歩み―』芙蓉書房出版、二〇一二

山下欣一「奄美の民俗に関する既刊文献の状況」『南島史学』第一九号、一九八二

山下文武『奄美の歴史さまざま』（財）奄美文化財団、一九九四

渡邊欣雄「南西諸島（社会構造）」、日本民族学会編『日本の民族学 1964～1983』弘文堂、一九八六

第9章　私と奄美

クライナー　ヨーゼフ

一　学問との出会い

奄美・沖縄との最初の出会い

私は最初、昭和三十七年の春三月に奄美、そしてその夏には沖縄を歩きましたけれども、どちらも村の人たちは常に私を非常に親切に迎えてくださり、またお話をしてくださりました。むしろ大学で勉強するよりもはるかに重要なことを教えていただきました。その方たちは私に対して常にある大きな疑問を抱かれていて、「あんたはヨーロッパのど真ん中の海がない町から、東海の小島にどうして来たのか」とよく尋ねられました。急に聞かれても、当時は戸惑ってなかなかうまく説明できなかったものですから、本日はその問いかけにお答えする気持ちでお話したいと思っております。

恩師スラヴィク先生、岡先生

実は、もう一つ最初に言っておかなければならないことなのですが、私はすばらしい恩師、友人、親しい同僚に恵まれました。先ほど申し上げましたように、島、村の人たちも非常に温かい心で迎えてくださりましたから、非常に恵まれていたと思います。

私は一九五八（昭和三十三）年の秋十月にヴィーン大学に入学しました。民族学（文化人類学）を専攻し、そこでたまたま東アジア、あるいは日本を担当したアレキサンダー・スラヴィク（Alexander Slawik）先生に師事しました。そしてスラヴィク先生の非常に親しい友人の一人に、日本の民族学の草分けの岡正雄先生がおられました。スラヴィク先生は岡先生とは友人であると同時に、ある意味では弟子とも言えます。その岡先生を通じて、スラヴィク先生が引き継いだのが折口信夫の学説です。

折口先生の常世《とこよ》論、まれびと論

折口信夫は偉大な日本の古典研究者、宗教研究者で、大正十年と十二年に二度も沖縄、八重山を歩き、その印象を「常世および「まれびと」」という非常に有名な論文（『民族』第四巻二号、一九二九年）にまとめました。神々が時の節目に、海の向こうの常世、沖縄ではニライカナイ、奄美でネリヤ・カナヤと言いますけれど、そちらから人間の世を訪ねてきて、この世の存続を約束し、富を持ってきてくださる。そういった神を「まれびと」（今は来訪神などと言っています）と折口先生はおっしゃったんですが、その観念を岡先生は若いときに受け継いで、初めての論文らしい論文「異人その他」（『民族』第三巻四号、一九二八年）にまとめました。

岡先生の『古日本の文化層』

実はその論文は「常世および「まれびと」」という折口先生の論文より一年早く発表されています。その理由は、岡先生が雑誌『民族』の編集担当でしたので、折口先生の論文にいち早く接して刺激されたということが挙げられます。その論文で、岡先生は折口学説を日本の周辺地域、特に東南アジア、あるいは太平洋の島々と比較して研究を広げました。そして、昭和八（一九三三）年にそれを博士論文としてまとめてヴィーン大学に提出されました。岡正雄の *Kulturschichten in Alt-Japan*『古日本の文化層』は長い間未発表でしたので、日本ではよく幻の論文と言われていました。五巻一四五三頁にのぼる膨大なもので、ヴィーン大学においてもいまだに博士論文でこの頁数を超える論文はありません。二〇一二年五月に初めてドイツで出版（二巻一一三〇頁）され、一般に読まれるようになりました。

岡先生は戦時中、日本に帰国されて、ヴィーンを離れたのですが、昭和二十二年の正月ごろ、東京のＧＨＱに呼び出されて民間教育情報局（ＣＩＥ）から、米軍がヴィーンで差し押さえ、ワシントン経由で東京に持ってきた彼の膨大な論文を渡されました。そして、「これをまず英訳しろ」と命令されたのです。でも、岡先生はそれを英訳せず、雑誌『民族學研究』（一三巻三号、一九四九年）の座談会「日本民族＝文化の源流と日本国家の形成」のたたき台として提出しました。これは戦後日本の文化人類学、あるいはその隣接諸科学、言語学、考古学、歴史学、古代史の研究を決定的に形づけた座談会でしたが、その後、岡先生はその内容を二つの論文にして、『図説　日本文化史大系』（第一巻、一九五六年）と『日本民俗学大系』（第二巻、一九六二年）に発表しました。

岡先生曰く『そんなに知りたいなら自分で行って調べてこい』

どういうわけかスラヴィク先生は大学の一年を終えて夏休みに入ると、私に岡先生の『図説　日本文化史大系』の論文を翻訳しろと宿題に出されたのです。漢字を一つずつ辞書で引きながら三カ月、朝から晩までそればかりやってなんとか出来ました。そして、ちょうどそのころ岡先生がヴィーンに立ち寄られたのです。私は若いときは口が悪かったので、先生の論文に載っている小さな地図で、東南アジアや中国南部または朝鮮半島から日本列島に流入してきたことのしるしとしていくつかの矢印が描いてあり、その内の南からちょうど沖縄を通って、日本を目指していた矢印で、この縄文・弥生・古墳文化の日本流入のルートを示すものを見て、岡先生に、「では、今沖縄に行けば、それにまだ出会えますか」と尋ねました。岡先生は「おれは知らん」とか「地図は関係ない」とか答えておられました。私は私で、「先生の論文に載っていますからご存じでしょう」と食い下がったら、「それは勝手に編集者が付けた」とかおっしゃる。とにかく私、しつこくも沖縄にはどういう形でそれが残っているのかを聞きました。最後にはとうとう岡先生に「そんなに知りたかったら自分で行って調べてこい」と怒られました。「何か知りたいんだったら、自分で考えなさい、自分で調べに行きなさい」、いつも先生はそういう話しぶりでした。そういう経緯で私は沖縄研究に入ったのです。昭和三十三、四年、ヴィーン大学の一、二年生あたりのことです。

（中略）

石田先生曰く「沖縄研究は日本文化を理解する道具、手段ではない」

私が最初に手にしたのは岡先生の論文でしたが、二番目は昭和二十五年に出版された文化人類学的な沖縄研究の

流通センター
取扱品

定価2,970円⑩

補充注文カ

流通セ
取

地方小出版

書店名・帖合

注文数

冊

書名	編著
リーディングス 外から見た奄美諸島	叶 芳和

定価

定価2,970円
(本体2,700円+税10%)

南方新社
〒892-0873
鹿児島市下田町
TEL 099(248)
FAX 099(248

9784861245367
ISBN978-4-86124-536-7
C0025 ¥2700E

売

書名

リーディ

外から見た奄美諸島

地方小

再出発点になる雑誌『民族學研究』（第一五巻二号、一九五〇年）の沖縄研究特集でした。特色は、ほとんど地元の沖縄の研究者が執筆していること。いわゆる本土組、ヤマト組は柳田、折口、柳宗悦などの有名な研究者たち、後は金城朝永、東恩納寛惇、宮良当壮、比嘉春潮、島袋源七、仲原善忠先生などの一流の地元の研究者たちで組まれていることです。巻頭のあいさつを書いたのが当時の日本民族学協会会長の石田英一郎で、後の私の東京大学留学中の指導教官でした。石田先生はその巻頭のあいさつで、「残念ながらみんなが書いている沖縄研究は、日本の文化を理解するための道具、一つの手段となっている。沖縄文化あるいは沖縄そのもののためになっていないのではないか」と指摘しており、それは非常に敏感な意見でした。

柳田先生の『海上の道』

フォークロア、民俗学の立場からの沖縄研究の再出発となったのは、柳田國男先生の『沖縄文化叢説』で、昭和二十二年に発行されました。その年は東京で伊波普猷先生が亡くなられた年です。沖縄は本土と切り離されて、しばらくの間GHQではなくアメリカの海軍の占領地区になっていて、自由に行き来が出来なくなりました。柳田先生は、沖縄の文化が急速に失われていくのではないか、と非常に心配しておられました。柳田先生の昭和二十〜三十年前半にかけての十年間ぐらいの研究は、もっぱらその後の一九六一年に先生の最後の著作である『海上の道』でまとめた、彼を沖縄研究に導いた研究です。柳田先生は、すでに昭和二十五年に「おもろさうし」の話をしているほか、沖縄研究関係の発表や論文など、相当続けてやっていらっしゃいます。

もちろん、柳田先生のご自宅には日本民俗学会の本部が置かれて、ほかの多くの研究もされていましたが、柳田先生自身は戦後まもなくから『海上の道』が出版される一九六一年まではもっぱら沖縄研究に焦点を置いてきたという印象を私は抱いております。

柳田先生とは違う日本文化論

ところが、少しずつ沖縄研究の目指していくものが変わっていきました。柳田先生のもった日本民族文化起源説は、日本文化は稲作文化が基本であり、それは弥生時代はじめに沖縄・先島経由で黒潮に乗って日本に入ってきたという立場です。それに対して岡正雄先生は、古い日本ではいくつかの文化層が重なり合って、その複合が日本文化になっているという意見を出していました。そして昭和四〜五十年代に佐々木高明先生がそれを取り上げて論じています。

あるいは日本村落社会構成の研究でも、主流であったのは有賀喜左衛門先生や福武直先生が唱えた「家を中心とする同族論」で、日本の村落は父系・男系で継承される本家分家集団からなるとされています。

第一回九学会連合奄美調査の成果

それに対して蒲生正男先生などは、日本に双系的な親族を基盤とする村落社会もあるのではないかと主張しました。それは、昭和三十年から三十二年にかけて三年間にわたって行なった九学会連合の第一回奄美大島共同調査での研究成果でした。蒲生先生は奄美の調査の成果から、ハロージという父方母方双方の親戚が村落社会に取り入れられており、それが実際の、毎日の生活でも大きな役割を果たしていることを指摘しました。

そういう大きな沖縄研究のパラダイムの変化――つまり、柳田先生の研究、九学会連合の関敬吾先生や蒲生先生などの研究が背景にあって、私はその周りを少々かじっただけで、内容をどこまで理解できていたか、今から考えてみますと何もわからなかったのではないかと思います。

二　日本留学

柳田先生の勧めで奄美・加計呂麻島へ

何の準備もなく一九六一年、文部省留学生として東京大学東洋文化研究所に籍を置いて、石田先生に指導教官になっていただきました。石田先生はとにかく自由にさせてくださったことが一番ありがたいことでした。

石田先生は、まず成城の柳田先生の自宅に私を案内してくださりました。そして一九六一年六月に初めて柳田先生にお会いしました。ちょうど『海上の道』が出る前の月のことです。柳田先生は、とにかく私がヴィーンから来た、ということに非常に親しみを感じられたようです。先生のお宅にお邪魔するたびに何回も聞かされた話に、弟の松岡静雄さんがオーストリア帝国時代にヴィーンにあった日本大使館の武官として活躍しており、そのことがあってヴィーンに親しみを感じた、というものがあります。柳田先生の具体的な指導は、「君は沖縄よりも奄美大島の加計呂麻という島に行きなさい」と勧めてくださったことです。先生ご自身がそこを調査されたのは大正十年で、私が伺った時点ですでに四十年前のことなのですが、昨日のことみたいに覚えていらっしゃいました。今なら写真とかいろいろなものがありますが、柳田先生は全部頭の中にあって、あの村に入ると、右にアシャゲ、左はトネヤ、そこはオボツ山、といったように、次から次へと教えてくださった。それで、私は最初に奄美・加計呂麻島に渡ることにしました。

外間守善先生と仲間たち

もう一つ、だいぶ早いうちに石田先生から紹介していただいたのは、外間守善先生でした。石田先生は、実はあのころ十年間、法政大学で教鞭を取っていらっしゃいました。残念ながらだれも受け継ぐことがなくて法政大学ではあの講座はなくなったのですけれども、しかし、そういうコネクションで、「外間先生に会いなさい」と勧めてくださり、私はおもろ研究会に出るようになりました。でも、まだ日本語もろくにできないのに、おもろを一緒に読んで解釈するのですから、おそらく、外間先生は大変困っていらしたのではないでしょうか。私は当時、きっと奥さんから出されるお茶とお菓子を目当てに行っていたんじゃないかな、と思います。でも外間先生からは古典の研究の大切さを教えていただきました。

そして、おもろ研究会では、良い友達に恵まれました。東京都立大学の三人の学生で、中本正智さんと比嘉政夫さんと名嘉順一さんです。あのころ、おもろ研究会と別に、本郷の東大赤門前の小さな喫茶店で、コーヒー一つで何時間も座りこんで三人からさまざまなことを教えてもらいました。中本さんは奥武出身でした。だから奥武のムラの話などいろいろ聞かせてもらいました。とにかく奄美へ行く前は、東京の生活が大変楽しかった。

ハリング先生「あれは読むべきものじゃない。政治的なものです」

奄美に行くことになったので、それでは前もって準備しておこうかと思って、まず横文字の論文から入ろうと思ったのですが、当時、奄美について横文字で書かれた論文は一つしか見つかりませんでした。ハリング（Douglas Haring）という人が書いた奄美の調査が、ＳＩＲＩ（*Scientific Investigation in the Ryukyus Islands*）の一環として出版されましたのでそれを読みました。ハリング先生は奄美の文化は内地、鹿児島、九州の文化につながると書かれていましたが、現地に行ってこれは全くでたらめだと思い、ハリング先生に手紙を出しました。「私は奄美へ行ったが、奄美は沖縄のむしろ古い文化がそのまま生きているじゃないか」と。そうしましたら、ハリング先生から「あれは読むべきものじゃない。政治的なものです」と返事をいただきました。「当時米軍は、とにかく奄美を日本に返還したかった。あそこは山ばっかりで、飛行場とか何も作れない。だから早く日本に返すのが一番楽だった。その学問的裏付けを頼まれたのだ。それで奄美は本土と同じ文化だ、と書いた。それを読まれたら困る」と正直なお返事でした。

ハリング先生の助手として手伝っていたのが山下文武さんで、今でも名瀬にいらっしゃいます。後にハリング先生からアメリカに留学するように勧められましたが、結局留学はせず、奄美歴史研究に打ちこんでいました。私の奄美調査のときにはいろいろと助けて下さいました。

三　奄美・加計呂麻島

人生で最も幸せな日々を過ごした加計呂麻島

柳田先生の『海南小記』の勉強をして、一九六二年の春、三月の終わりごろに鹿児島から奄美に渡りました。同じ船で奄美に渡ったのは、村武精一夫妻です。村武先生は後に東京都立大学で、沖縄を含めて南西諸島の研究の優れた調査をしています。夫妻はそのときまだ大学院生で、宇検村に入りました。私はある意味で心強く思って、加計呂麻へ向かいました。何十キロか離れたところに知り合いの村武さんがいるんだから、もしも何か困ったことがあれば、そこに逃げればいいんだと。その心配は必要ありませんでしたが。そして比嘉政夫さんは別の船で沖縄に渡って、自分の郷里の国頭で調査をしました。

私の一生で最も幸せな時間を過ごすことができたのが加計呂麻です。加計呂麻であちこちを歩いて、みなさんに親切に迎えていただいて、いろんな祭りに参加させていただきました。ただ困ったことが一つだけありました。私はヨーロッパ人としては珍しくイモ類は食べませんでした。今は食べますが、当時は毎日サツマイモばかりで困りました。たまに食べきれなくて、ポケットにサツマイモを入れて、夜、浜辺に出てきれいな星空を見て、ポケットの中のサツマイモを処分したりしました。心配はそれだけで、あとはもう何も不足はありませんでした。四、五年前、その辺りの村である木慈、瀬武、武名に家内と一緒に行きました。村は本当に淋しくなってしまって、そんな姿を見るのはとても悲しいことでした。ほとんど人がいない。ノロ神が住んだ家の石垣が残っていたのですが、門から入ろうとしたら、屋根からクバの木が生えていて恐ろしいほどの変化でした。

加計呂麻島の村と人々

当時、村から村へ行くには、狭い山道しかありません。ハブがいるので、村の入口に「〇〇村の用心棒」と墨で書かれた棒が置いてある。その棒を持って、山道を歩きます。峠道へ来ると、隣村の小学校の子供たちの明るい歌声が聞こえてくる。木慈小学校の伊原先生ご夫妻の家によくおじゃますると、奥さんはイモコロッケを作ってくださいました。美味しかった。その小学校に通っていた女の子は、現在は東京に住んでいらっしゃいます。ご主人は司修さんという小説家で、彼は家内から聞いた話として「ガリバーがやって来た日」というエッセイを書いています。ガリバーとは私のことです。奥さんは当時、小学校の一、二年生だったのですが「ガリバーの靴は大きくて、汚い」

とか、よく覚えているんですね。

加計呂麻の子どもたちとはよく一緒に遊びました。調査といっても、日中は田んぼに出たり、畑に出たりで大人は皆忙しいので、私は一人でアシャゲやトネヤとかの写真を撮ることだけして、話を聞けたのは夜でした。しかも、そこに私が勝手に行っても、話が通じません。

今でも一つ覚えているのは、池田ナベさんという当時八十いくつのおばあちゃんで、イガミさんであった方がいました。私が村でうろうろしていたら、池田さんが薪を作っていたのです。それで、私お手伝いしますと言って、薪割りをしてあげました。そのときに薪割りをしながら一時間ぐらい、おばあちゃんがしゃべりっぱなしでいろいろなことを話してくれたのですが、全くちんぷんかんぷんだったので、区長さんに頼んで、夜に改めてインタビューに行ったら、おばあちゃんは怒っているのです。区長さんが笑いながらその訳を話してくれました。「おばあちゃんは全部もうクライナーさんにしゃべった。もう一度聞くのはどういう訳か、と言っている」と。言葉は大変でした。

二カ月くらい加計呂麻におりまして、とても楽しくて帰りたくなかったのですが、最終的には石田先生から電報が来ました。「ガッコウニカエッテキタマエ」。東京ではもう前期の授業期間が終わり近くになっていました。

加計呂麻島の神祭り

奄美の村には、昔は沖縄もそうだったと思いますけれど、村の後ろに神山があって、そこに高いクバの木や松の木があって、そこへオボツカグラ、天国から神々が降臨し、カミミチを通って村に入ってきます。特にトネヤはグジヌシが毎日お線香を供える拝所ですけれど、その屋根を葺き直すと、後ろにあるオボツ山からノロのカミンチュが行列で下りてきて、鉦をたたいて神様をお迎えします。他方は海の向こう、ネリヤカナヤから、ニレー大主、海の神様が村に来るのです。時を決めて、たいがい二月の壬の日にお迎えして四月の壬の日に送ります。そういう村の祭りに参加することができました。アシャゲとトネヤの間にはイビガナシという小高い石が置かれている。そこでは島を守ってくれる神が拝まれています。

奄美にはモヤ、お墓があって、洗骨された後に骨が納められました。オーストリアの田舎、非常に山の険しい、湖と山に挟まれた村の墓地は狭いので、大体十年、二十年経ってから墓を掘り起こして洗骨する風習があって、教会の納骨堂には山ほどの骸骨が並んでいます。私はそれを知っていましたから、まったく慣れたものでした。奄美の八月踊りはそれを中心にしてご先祖様と一緒に踊っています。トネヤの中には「世建て、島建て、はじめの御大将」という非常に位の高い神様がまします。それはノロ神のお祀りの中心です。旧暦の二月と四月、新暦なら三月と五月の壬の日にカムムケーとカムオホーリ、海の向こうから神様をお迎えして、また送る祭りがあります。最初は神様と一緒にご馳走を食べて、食べたあと浜辺に出て、頭に被っていたカズラ、手に持ったアダハを海に流し、神様にお別れを告げます。非常に印象的で、私は本当に心を打たれました。

常在神の発見

その後まだ直会が続いているときに、私は何を言っていいのかわからずに、ノロ神に、「神々がみんな無事にあの世に帰られて良かったですね」と言ったら、おばあちゃんは何を言っているのかという目で私を見ました。私は「今、タハベ、祈りを上げて神様を送っていったのでしょう?」と尋ねると、「クライナー、まわりを見て下さい」と言ってものすごい哲学と神学を教えてくれました。曰く、村は存続している。男たちは田んぼで働いている。女性はお祭りをする。神様がみんなあの世へ帰ったとすれば、この世が続くはずがない。ずっとこの村を見守ってくれる神、「島建て、世建て、はじめの御大将」が年がら年中ここにまします、と。そこで私は初めて、折口、岡、スラヴィク教授、柳田先生の「まれびと説」、「来訪神信仰」とは全く異なる神観念をノロ神に教えていただいたのでした。

そこで、さっそくもう一度全部の村を廻りました。というのは、いくらインタビューしても、こちらが想像のつかないこと、質問しないことは教えてもらえないからです。よほど変なことを言わないと訂正してくれません。私はあのノロ神に村の「常在神」を教えてもらいました。そして、私は奄美で聞いた話を東京に帰ってあちこちでしました。

ちょうどそのころ、原田敏明という宗教学者が東海大学で「宮座研究会」という会を開いており、原田先生は、村には一つの神、名前もない、性別もない、神話もない神しかいないという説を唱えていました。そして、昭和四十年、私は奄美・加計呂麻の神観念を原田先生の宮座研究会で発表することが許されました。それについては、住谷一彦さんの『日本の意識』（一九八二年、岩波新書、後に同時代ライブラリーより再版）という本に詳しく書かれています。そこで、川上肇や柳田、折口、原田など沖縄研究との関係が深い先生方の論考を解説しています。また住谷さんと私で出版した『南西諸島の神観念』（一九七七年）、これは両方の神観念、来訪神まれびとと常在神について述べています。

（中略）

奄美のユタ神

私はユタのことも調査して、自分もユタに会って運気を見てもらいました。でも私は迷信深いので、下手に何か言われたら、あとが怖いと思っていました。おそらく、向こうも困っていたんでしょう。こういう顔で何を聞くのだろうか、と。

奄美では、ユタのところにはお医者さんみたいに待合室があるんです。そこでお茶が出たりして、待っている間に他の人に自分の心配ごとを全部話すんです。私はこれから沖縄へ行こうかなあと思っているけれど、東京へ帰った方がいいのか、とか、どうでもいい質問をしました。ユタはトランス状態に入って、「クライナーは運気が強くて、神さんがついているからどこに行ってもいい」と言ってくれました。あの当時、一〇〇円ぐらいの投資で足りました。

社会が乱れるとシャーマニズムが表に出ます。奄美もあの頃は、働き盛りの三、四〇代の若い人たちはみんな大阪に出ていました。残っているのはおじいさん、おばあさんばかりで、その人たちが孫を預かっている。だから小学校はいきいきとしているけれども、社会は乱れ始めています。そのころ、「ユタ通い」が盛んになりました。

(中略)

日本に来て初めてのミサ

昭和三十七年の秋、もう一度奄美に戻って、小川徹先生と仲松弥秀先生と親友の住谷一彦と再度、加計呂麻島の木慈、須子茂や大島本島の国直周辺などの村を歩きました。島尾敏雄先生の要請で奄美郷土研究会で発表させられて、私の二回目の小論文を書かせてもらいました。島尾先生は当時、鹿児島県立図書館の奄美分館の分館長でいらしたんです。そして、先生はカトリックでしたから、「久しぶりにミサに出たらどうか」と言われて、奄美に来て初めてミサに行きました。

もう一度南西諸島へ

翌年の昭和三十八年、そろそろ留学も終わりに近づいてきたので、しめくくりだと思って、その春から夏にかけて鹿児島と沖縄の調査に出かけました。一つ考えた問題は、南西諸島文化の北限はどこにあるのか、ということでした。柳田先生の『海南小記』に有名なくだりがあります。「佐多岬へ行く路」です。ちょうど大正九年の大晦日の朝、柳田先生は大隅半島の佐多岬に立って、南に広がる大海原、見渡す限りの黒い流れ、黒潮が北上してくるのを見ています。そして点々と連なる島々、屋久島とか、トカラ列島とか、硫黄島などの島々に日本人の御先祖様が稲の種を持って、南から北上してきた、というヴィジョンを持ちます。

柳田先生の著作にはあまり地図が載っていないのですが、『海上の道』には地図が載っています。黒潮問題をいかに柳田先生が大事に考えていたかがよくわかります。私が考えたのは、ちょうどこの種子島、屋久島あたりで黒潮の分流が通って、大隅半島に沿って北上して来るのではないか。大隅半島に行けば、精神文化、宗教の要素だけでなくて、物質文化も見つけることができるのではないか、と考えて、たとえばイモを掘る道具であるフィラなど、そういうことを調査しました。そこでわかってきたのは内地、薩摩の文化と南西諸島の文化とは違うことです。その後、私より深く研究して来られた研究者が小野重朗先生と下野敏見先生です。

もう一つ、昭和三十八年に確かめようと思ったのは、折口先生の「まれびと」論です。私が重大な神観念と考えるようになったのは、年中常在する島守りの神の信仰でした。それが「まれびと」とどういうふうに絡み合うのか、それを調べに行くため、トカラ列島の悪石島に渡りボシェ、お盆に出てくる祖霊と出会いました。余談ですが、実はボシェの面をヴィーンの博物館のために持って帰りました。夜中に船が出たので、私は船底に寝て、二メートルくらいある面をそばに置きました。朝になると船長が大笑いをしながら、夜中の三時ごろ、船が宝島に寄ったときに船底に下りた人があわててデッキに上がってきて、下に赤鬼が二人寝ている、と言っていたと教えてくれました。赤鬼とは、ボシェの面と私のことでした。

（中略）

四　奄美・沖縄文化の存在感

日本文化の多様性、奄美・沖縄の存在

奄美研究を含む沖縄研究が日本国内外に広がっていって、三十〜四十年前に柳田先生のお宅に伺ったときと比べるととてつもなく広がっています。大勢の研究者が多方面に渡る問題を取り上げて研究しているのは一体どういうことなのか。もちろんそれは第一に、石田先生が言っていた「沖縄のためにやらなくちゃいかん」ということがあると思います。もう一つは、日本国家の多様性を理解するためです。沖縄は日本の四十七都道府県の一つでしかないですが、日本国土の面積と人口で言えば、奄美大島を足して一パーセントくらいになる規模です。しかし、歴史と文化の面から考えると沖縄は日本文化の半分を占めていると私は思います。ヤマト文化が半分と、あとはウチナーンチュの文化、琉球の文化ですね。あるいは、大シーボルトが百五十年ほど前に大著*Nippon*で書いているように、「日本は二つの国」で、琉球と内地すなわちトクガワ日本、そして、「三つの文化」、沖縄と内地とアイヌの文化が

あります。

同じ国、二つの国家、三つの文化、そういう立場から日本研究を取り上げる。それが今の時点で日本のためになるし、外国では日本を理解するためになります。岡正雄先生、佐々木高明先生、小熊英二先生、あるいは網野善彦先生などの研究は、まさに日本の多様性を示しておりますし、もうすでにわれわれよりも先に到達しているのではないかと思っております。

長くなりましたが、ご静聴ありがとうございました。

※本稿は、二〇一二年五月一九日に行なわれた、沖縄大学第四九六回土曜教養講座で講演したものを文字化したものである。本稿の初出は『世界の沖縄学―沖縄研究五〇年の歩み―』(芙蓉書房出版、二〇一二年一一月三日発行)。ただし、執筆者本人がいくぶんの手を加え、また講演の中から「私と奄美」にふさわしい箇所のみを抜粋した。また、校正にあたり、明治大学日本古代学研究所の田中美幸様にお世話になったことを感謝申し上げます。

第10章　島尾敏雄「ヤポネシア論」

仲里　効

一　奄美は島尾敏雄の心のふるさとであった

奄美の島々は島尾敏雄（一九一七〜八六）の文学世界にとってどのような場所であったのかと問われたとする。すぐに思い浮かんでくるのは試練と求魂と再生の磁場、あるいは原風景という言葉ではないだろうか。なぜか？三つ挙げることができる。

ひとつは、一九四四（昭和一九）年一〇月に海軍特攻艇震洋隊を含む百八十余人を率いる部隊の隊長として駐屯したのが奄美大島の南辺に内海を複雑な地形で囲った加計呂麻島呑之浦で、その海辺の村の小学校の教師をしていた大平ミホと出逢い、逢瀬を重ねた〝その夏〟を分かちもったこと、だが、出撃命令は下ったものの待機の二日間を挟み日本の無条件降伏で復員の理由を宙吊りにしたまま日常へ戻ったこと。この死が約束された特攻体験と濃密な恋愛体験は繰り返し召喚され、島尾の「戦争小説」を特徴づけていった。最初の奄美はそんな生と死をめぐる果ての体験でもあった。

二つに、敗戦の翌年、島娘ミホを妻に迎え、小説家をめざすことになるがそれは違った意味で奄美を、特攻体験を、日常の世界で抱え込むことになったこと。非日常から日常へ、だが日常と非日常は截然と分けられるものではなく、浸透し合うことを拒むことができない閉ざしと開きの複雑な様相を呈した。〝その夏〟は〝今〟の戸を叩き眠らせることはなかった。このことは島尾文学のもうひとつの特徴をなす「夢小説」の、あたかも夢の中に日常が、日常の中に夢が流れ込み不安に翳っていく要因にもなっていた。

三つに、一九五三年に神戸から東京へと居を移すが、文学仲間の女性との不倫が発覚して、妻のミホが日常生活を送れないほど錯乱をきたしたこと。病む妻との心の傷と痛みをそれこそついばみあうような修羅場から「病妻小説」という名の深淵が産み出される。ミホの治療と二人の子どものために、かつて死と隣り合わせの濃密な時をもった奄美大島に移り住むことになったのが戦後一〇年目の五五年の秋だった。「私小説の極北」とも評された『死の棘』は奄美への転居後、一四年かけて書き継がれていった。二度目の奄美体験は一九七五年四月までの二〇年に及んだ。

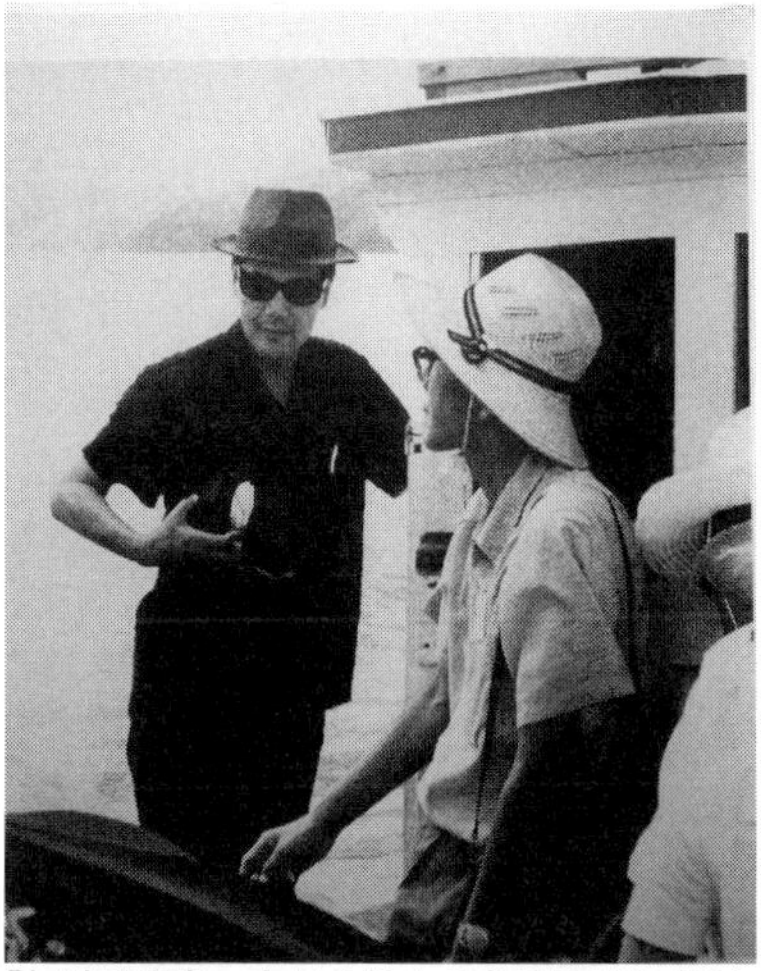
「加計呂麻島へ向かう船上の島尾敏雄」（南方新社刊『追想 島尾敏雄』より、1965年8月・越間誠氏撮影）

島尾敏雄（一九一七〜八六）横浜に生まれ、幼少の頃は父母の故郷の福島県相馬郡小高で育つ。その後、横浜、神戸に転居、高校は長崎で、大学は福岡で過ごす。九州大学卒。四四年第一期魚雷艇学生、第一八震洋隊の指揮官となり奄美大島加計呂麻島へ駐屯。復員した翌四六年に大平ミホと神戸で結婚、伸三と摩耶の一男一女を授かる。五五年に名瀬に移住、鹿児島県立図書館奄美分館長、奄美郷土研究会の世話役も務めながら執筆活動。多くの小説を残したほか浩瀚な「南島エッセイ」を発表。主な受賞歴は『死の棘』（七七年）で読売文学賞、日本文学大賞受賞を含め、『硝子障子のシルエット』（七二年）で毎日出版文化賞、『日の移ろい』（七六年）で谷崎潤一郎賞、短編「湾内の入江で」で川端康成文学賞、『魚雷艇学生』（八五年）で野間文芸賞などを受賞。戦後日本文学を代表する小説家の一人。『死の棘』は九〇年に映画化。新沖縄文学賞の選考委員も長くつとめた。

島尾敏雄の全仕事にとって、奄美は作家生命にかかわる試みの場でありまた回帰する心のふるさとになった。生と死、日常と非日常、夢と現実が行き来し創作へと促し続けただけではなく、なぜ書くかの内奥では〝その夏〟とともにミホは奄美になり、奄美はミホになったことから、作家と作品の結び目にもなった。

これまで島尾の作品世界を理解するためにたびたび引証されてきたのは、作品集『島の果て』（書肆パトリア、一九五七年）の「あとがき」に記していた、眼をつぶって書いた「夢小説」と眼をあけて書いた「戦争小説」ということになるが、しかしその分類は奄美に移り住んで二年目の一九五七年段階までのものであった。その後長い時間をかけて熟成されていく「病妻記」とともにヤポネシアと琉球弧の視点を結像させた言葉の風景を考えれば、作家と作品と場所の結びつきというときの〈場所〉の重要性が心はいつも旅人であり続けた島尾だけに、というよりもそれゆえに、奄美の島々は特別な意味を帯びているのがわかる。亜熱帯の光と風と海の恵みと受苦の深さ、直線的な時間に汚されてはいない日の巡りと暮らしのつつましさ、それらの総体が醸し出す吸引的魅力は生涯旅人のまなざしを内側へと誘い入れ、原風景へと変えていった。

二　ヤポネシアとは三つの弓なりの花かざり

ところで、では、ヤポネシアは具体的にいつ、どのように生まれ、それによって何を変えようとしたのかを振返ってみよう。ヤポネシアとは、日本を意味するギリシャ語の「ヤポン」と島を意味する「ネシア」を組み合わせた島尾の造語である。島尾が編集した『ヤポネシア序説』(創樹社、一九七七年)のために行われた奥野健男との対談「深層の日本〈ヤポネシア〉へ!」の冒頭で、ヤポネシアをはじめて言い出したのはどこからだったのかを問われ、文章にしたのは一九六一年一二月に平凡社から発行された『世界教養全集二一』の月報第一五号に書いた「ヤポネシアの根っこ」だったと答えていた。

一九五五年の一〇月に奄美大島に移り住んで六年目にしてはじめて文字にされたことになる。その初発の動機には頭から覆いかぶさってくる北の圧力に対して奄美をどう位置づけるのかという問題意識があったが、島尾の鋭敏で柔軟な感受性はそれまでのフレームでは零れ落ちてしまう〝何か〟を感じ取っていた。試しに地図をみる眼の高さと向きを変え、はるか南まで広げていくとメラネシアやミクロネシアやポリネシアやインドネシアなどの複数の「ネシア」の名をもった群島が視界を染める。「メラ」や「ミクロ」や「ポリ」は複数の島の集合体であることに気づく。その気づきはまなざしを向けた側の自画像にこだまし、さらに今いる島から北へ眼を転じると、これまで「日本」を成り立たせたと思い込んでいた単一的な原理が揺らぎ、時間を遡行して集権化される以前の姿も歴史の地層から現れ出てくる。大小の違いはあれ北もまた島であることに変わりはなかった。「ネシア」がもうひとつの「ネシア」にこだまして別の新たな構成が発見される。ヤポネシアの誕生にはそんな奄美に移り住んで六年目の観察と動体視力が表現されていた。

「ヤポネシアの根っこ」はいわば眼のパラダイムチェンジでもあったのだ。一九七五年に奄美を離れるまでの二〇年のあいだ、気づき、深められていくみずみずしい原光景からの照り返しがあった。だが、重要なのはそれを律するこの島々の受苦の深さが感受されていることにある。この受苦を感受する繊細な力においてこそ「根っこ」もまた発見されなければならなかった。群島であること、海からの誘いに開かれていること、こうして「ひとつの試みは地図帳の中の日本の位置をそれらの島々を主題にして調節してみることだ。おそらく三つの弓なりの花かざりで組み合わされたヤポネシアのすがたがはっきりあらわれてくるだろう。そのイメージは私を鼓舞する」とした方法と視野が導き出される。「日本」からヤポネシアへ、新たな歴史の喩法が告げられる。

「三つの弓なりの花かざり」とは、琉球弧、本州弧、千島弧を指している。島々を主題にして日本の位置を調節するとした南の島々は、「沖縄や先島を含めて考えることが妥当であろう」と言い添えていたように二つで一つの関係にある。奄美と沖縄は互いに欠かせない構成体として琉球弧という名が与えられていく。「ヤポネシアの根っこ」とはいわば「弧」によって結ばれた南に群れなす島々のことで、その「根」を抜きにしては「ヤポン」と「ネシア」の組み合わせは根拠を失うということでもある。

琉球弧という言葉もまた、島尾によって考案された造語であった。薩南諸島とか南西諸島と呼ばれた島々は「琉球」という名がふさわしいにしても、しかしその言葉には負の歴史の翳りがつきまとっている。かといって「沖縄」とした場合は奄美や先島が疎外される。宮古や八重山の島々まで含めてトータルな呼称として島尾が編み出したのは、「琉球」に「弧」を接合し〈琉球弧〉と名づけ返したことである。これによって九州と台湾の間に花かざりのように群れなす島々が開きと結びの回路を獲得する。「日本の位置をそれらの島々を主題にして調整してみる」モ

郵 便 は が き

料金受取人払郵便

鹿児島東局
承認
229

差出有効期間
2026年7月
31日まで

有効期限が
切れましたら
切手を貼って
お出し下さい

892-8790

168

鹿児島市下田町二九二—一

図書出版
南方新社 行

ふりがな 氏　　名				年齢	歳
住　　所	郵便番号　　　－				
Eメール					
職業又は 学校名		電話（自宅・職場） （　　　）			
購入書店名 （所在地）			購入日	月	日

書名　(　　　　　　　　　　　　　　　　　　　　)愛読者カード

本書についてのご感想をおきかせください。また、今後の企画についてのご意見もおきかせください。

本書購入の動機 (○で囲んでください)

A　新聞・雑誌で　(　紙・誌名　　　　　　　　　　　　)
B　書店で　C　人にすすめられて　D　ダイレクトメールで
E　その他　(　　　　　　　　　　　　　　　　　　　)

購読されている新聞，雑誌名

新聞　(　　　　　　　　　)　雑誌　(　　　　　　　　)

直接購読申込欄

本状でご注文くださいますと、郵便振替用紙と注文書籍をお送りします。内容確認の後、代金を振り込んでください。(送料は無料)

書名		冊
書名		冊
書名		冊
書名		冊

ンタージュの方法によって二つの概念が時と所を得ていく稀に見るイメージの変革の例だといえないだろうか。ヤポネシアと琉球弧、いやヤポネシアは琉球弧においてはじめて内実が与えられ、だからこそ「根っこ」なのだ。それらは切り離して成り立つものではない。島尾敏雄の文学世界がミホの存在を抜きにしては語れないように不可分の関係になり、お互いの深層を照らし合うだろう。こうしてヤポネシアと琉球弧をめぐるダブルミーニングは深みと広がりを加え、変奏されながらも時代思潮にまで波及していった。

三　「妻への祈り」はヤポネシア論の原型だった

ここで、これまで「病妻記」を語る文脈においてはたびたび触れられてきたもののヤポネシアと琉球弧にかかわる視点からは関心を寄せる論者はほとんどいなかった一文をそのまま通り過ぎていくことはできないだろう。奄美大島に移り住んだ半年後の一九五六年に発表された「妻への祈り」（初出は『中央公論』五月号）である。

この文は妻ミホの付き添いで一緒に精神病院に入院したあとさきの記といえる。前半は病の発作や治療、閉ざされた病室での二人のひりつくような闘病生活が、後半は睡眠療法の効果もあって落ち着いてきたことから、治癒のために妻ミホの故郷の奄美に渡る船上での体験と子供たちとの再会までの様子が綴られている。奄美への移住は生活の再建のためだったとはいえ、島尾を見送っ

『妻への祈り―島尾敏雄作品集』カバー（梯久美子編、中公文庫、2016年）

た作家仲間たちも憂慮した創作の滞りにもかかわることであった。だがそのことが杞憂に終わるほど書くことをあきらめることはなかった。一四年かけて完成させた『死の棘』に加え、「白く明るい昼と青く深い夜」はミホの病みつかれた心を癒していったことにとどまらず、それこそ、それ自体柔らかい磁力のようなエッセイ群を生んだ。これらは妻への「贖罪」の内言語とみなすこともできようが、デフォルメされた「祈り」だと言ってもよい。奄美・沖縄が「根っこ」になり、その「根っこ」によって「ヤポン」と「ネシア」が出会ったように、である。

「妻への祈り」は一種の〝帰郷ノート〟でもある。それは思い出の地への再帰還ということだけではない。一人の戦後作家とその妻の生き直しと南島言説が生まれ変わっていく言葉の風景と無関係ではなかったからである。その小さなはじまりを、精神病院からそのまま横浜港に直行し、琉球航路の船に乗って奄美大島の名瀬に帰港するまでの一週間の船旅を「一個独立した浮島」としたことや同船したのが島尾夫婦を含め五人で、残り三人が沖縄出身であったことに安堵したことに加え、「本土」という用語を注意深く避け「州」と「島」を使ったことでヤポネシアへと至る言葉の道筋が予告されてもいた。

たとえば「本州島を離れた」という言い方から、同船した三人が「沖縄島か宮古島の人」で、「本州島や九州島の人でなかったことに感謝した」とあるように、本州や九州や四国が「島」として表現され、沖縄もまたいくつもの「島」であることを明記したことからも窺える。何よりも「一個独立した浮島」での移動は境界を越えていく体験になっていることである。屋久島と口永良部島を通過するとき「明らかに異なる圏内にふみこんできた」という箇所はその境界越えが身体感覚として感受されていた。最も肝心なところは、この空間の移動が「私と妻とそして子供ら二人の前に課せられた試練」であり「船旅によって私らは何ごとかが変化するひとつの儀式」であり「新しい場所に出て行くための晦冥の中のめくるめきと酔いの気分に近く、いわば私らは脱皮したのであった」という述言にある。これはトシオとミホと二人の子どもの心の緯度と経度をめぐる変化として受けとめられていることを意味していた。

これらの「試練」「儀式」「脱皮」などの言葉はさらに、「ここを過ぎて私らは求魂の場所としての奄美大島に入る（中略）私は再びこの南海の僻境の島によって再生し得るだろうか。私はとかく伏せ勝ちな眉を、もう一度上げなければならないだろう」と姿勢をただしながら「妻は快癒への道を歩いてくれるだろう。島の風土は私の体質を変え、子供らは島言葉を自在に操り、妻は再びかつての自然を取り戻すであろう」と、「求魂」「再生」「快癒」などの倍音となって希望へと変わっていく。「妻への祈り」に注目したのは、こうした南島の風土への期待とともに、ヤポネシアと琉球弧が誕生していく原光景が「一個独立した浮島」の船上体験において感じ取られているからであった。「ヤポネシアの根っこ」は「妻への祈り」で兆した想念が結実したということになる。

移住直後の一九五五年一二月の東京新聞に寄せた「奄美大島から」でも「島びとの受苦を文字に移しとらなければならぬ」と自他に言い聞かせるように述べ、「本州島や九州島、四国島とは隔絶した言語や生活感情や風習が私の感覚を恍惚とさせる。私は日本の狭さ、画一の不毛地帯からぬけ出ることができる！　一層狭隘な離島に自らを遠島することによって！」と強調した言葉が目を引く。「私は本州島らを異邦人の眼をもって見返すであろう」と結んだところにゆるぎない決意さえ読み取ることもできる。「本州」や「九州」や「四国」を〈島〉としたこと、それらを「異邦人の眼」で見返すこと、「日本の狭さ、画一の不毛地帯からぬけ出る」こと、すでにしてヤポネシアは予感されていた。「妻への祈り」を〝帰郷ノート〟と位置づけたのは、こうしたまなざしの回生を伴っていたからで、と同時に、妻を狂わせたことへの贖罪と南島の治癒力に対する「祈り」を通わせた深い信頼が綴られていたからである。

四　「日本」をヤポネシア化する第三の道

奄美大島からはじまった島尾敏雄の南島にかんする思考の軌跡は沖縄島や宮古・八重山の島々にまでその根を広げ、変奏されながらも積層されていった。ちなみにその厚みは、『離島の幸福・離島の不幸―名瀬だより』（未來社、一九六〇年）を皮切りに『非超現実主義的な超現実主義の覚書』（未來社、一九六二年）、『島にて』（冬樹社、一九六六年）、『琉球弧の視点から』（講談社、一九六九年／九二年には朝日文庫から「新編」として刊行）、それらのなかから『島尾敏雄非小説集成』（冬樹社、一九七三年）の南島編ⅠからⅢに、さらにその後刊行された『南島通信』（潮出版、一九七六年）、『南風のさそい』（泰流社、一九七八年）などからも拾い出され『島尾敏雄全集』全一七巻（晶文社、一九八二～八八年）の第一六巻「南島エッセイⅠ」〈一九五四-六四〉と第一七巻「南島エッセイⅡ」〈一九六四-七八〉としてまとめられている。

ヤポネシア論に特化して刊行されたものとしては、先に紹介した『ヤポネシア序説』（創樹社、一九七七年）がある。「〈ヤポネシア〉の発端」「〈ヤポネシア〉の波紋」「〈ヤポネシア〉の地平」「対話：深層の日本〈ヤポネシア〉へ！」など四章一八篇からなり、ヤポネシアの喚起力と可能性を考えるうえでは欠かせないテクストになっている。対談集としては『ヤポネシア考』（葦書房、一九七七年）がある。

こうした奄美・沖縄にかんする言葉の群れのなかからライトモチーフのように発酵し、発光していったのがヤポネシアであり琉球弧の視点であったことをあらためて納得させられる。そして六〇年代後半から七〇代にかけてそれまでの戦後的価値が揺さぶられた激動の時代の変革の波のなかで発見されていく。おりしもアメリカのアジア政策の転換と日本の戦後国体の再編を沖縄の施政権の返還によって遂げようとしたことで、「ベトナム」「七〇年安保」とともに「沖縄」が時代の先端的な課題になっていったこともあり、ヤポネシア論は文化論の囲いを越えて波及していくことになった。まさに「僻境に遠島された」島尾が「本州島らを異邦人の眼をもって見返すであろう」と決然と告げた、その見返しの成果が時をつないで時代思潮の前景に現れ出たということになる。

そんな繚乱の七〇年代の入り口で句読点を打ったのが谷川健一の「〈ヤポネシア〉とは何か」だった。一九七〇年一月一日の「日本読書新聞」に発表された短いテクストではあったが、ヤポネシアのエッセンスを余すところなく引き出してみせた。以下はその要点である。

（1）ヤポネシアは日本よりも古くかつ新しい歴史空間である。

（2）日本の外にあることとヤポネシアの内にあることはけっして矛盾しない。なぜならヤポネシアは「日本」の中にあって「日本」を相対化するからだ。

（3）ヤポネシアは、日本脱出も日本埋没も拒否する第三の道として登場する。

（4）日本列島社会に対する認識を、同質均等の歴史空間である日本から、異質不均等の歴史空間であるヤポネシアへと転換させることによって、つまり「日本」をヤポネシア化することで、それは可能だ。

「日本」の中にあって「日本」を相対化すること、「第三の道」であること、「日本」をヤポネシア化することとは、異邦人の眼をもった島尾の視力においてはじめて可能となったことを谷川健一は明らかにした。ここで、埴谷雄高が島尾夫妻を奄美大島へ見送ったその年の暮れに書いた「沖縄を主題にすると香気に充ちた独自の地図をつくりあげる」という言を思い出してもよい。「独自の地図」には小説世界のことが想定されているにしても、ヤポネシア論につながる想像力ともけっして無縁ではなかった。埴谷において島尾の「異邦人の眼」の見返す力は予見されていたというべきなのかもしれない。

五　転換期の沖縄で根を張ったヤポネシア論

こうした政治や思想の領域に波及し境界を越えていったヤポネシアとその「根っこ」としての琉球弧をもっとも深く内面化していったのは沖縄と七〇年代であった。敗戦後北緯三〇度以南の奄美と沖縄と宮古と八重山の四つの群島はアメリカの占領統治下にあって、それぞれ自立した政府が置かれもした。一九五三年に奄美大島の施政権返還によって、二七度線が国境となり別々の歴史を歩むことになった。沖縄ではアメリカ統治下から脱出しようと日本への復帰運動が島ぐるみ的に推進されていったが、しかしそれは日本を「祖国」として過度に幻想し、そこに帰一していく運動であったがゆえに「第三の琉球処分」とも言われた日米両政府の沖縄再編を下から補完していった。日本復帰運動のなかにひそむ盲点を克服し、沖縄の自立をめざす思想潮流が生まれ、それは「反復帰」論として表現された。沖縄自身が自ら進んで「日本」へ同一化していく精神のありようを近代にまでさかのぼって内側から批判したことから衝撃をもって迎えられた。注目すべきことは「反復帰」論を主導的に担ったのがアメリカ占領下の五〇年代に〝ノンの文学〟として発刊された『琉大文学』の創刊メンバーで、その後ジャーナリストや大学教員となった新川明、川満信一、岡本恵徳らであった。新川や川満は沖縄タイムスの鹿児島支局勤務時代に島尾と個人的な交流を得、その交流は島尾が亡くなるまで続けられた。南

岡本恵徳著『「ヤポネシア論」の輪郭』カバー（沖縄タイムス社、1990年）

島エッセイにもたびたび登場する。実現をみることはなかったが、七〇年代には島尾も加わり新川、川満、岡本らによって新たに雑誌の創刊が構想されたほどである。ヤポネシア論はいわば沖縄の転換期のもっとも深いところで発見され直され、その喚起力と可能性は変革の波へとつながっていった。

ちなみに新川明は『沖縄・統合と反逆』（筑摩書房、二〇〇〇年）の第二章「自分史の中の『反復帰』論」で、「反復帰」論が生まれた経緯を詳細に論述し、産婆役になったのがヤポネシア論であったことを明らかにしていた。ここで新川は『非超現実主義的な超現実主義の覚書』の中に収められた「滑稽な位置から」の黙示や、「反復帰」論が「琉球弧の視点」に立ったヤポネシア論によって触発されたこと、同書に収められている「ヤポネシアの根っこ」で初めてヤポネシアを知ったことを告白していた。そのうえであらためて「『反復帰』論が島尾の『ヤポネシア』論を母体にして生まれた」とし、谷川健一の「〈ヤポネシア〉とは何か」が「出産促進剤」になったことにも触れていた。川満信一も『沖縄・自立と共生の思想』（海風社、一九八七年）の冒頭に配した「未来の縄文―島尾敏雄『ヤポネシア』の意味するもの」（初出は『カイエ』臨時増刊〈総特集・島尾敏雄〉、一九七八年一二月）でヤポネシア論の喚起する力について言及していたが、ヤポネシア論の全貌に迫ったのが岡本恵徳の『「ヤポネシア論」の輪郭――島尾敏雄のまなざし』（沖縄タイムス社、一九九〇年）であった。岡本はヤポネシア論との出会いを「啓示」という言葉を使って特別な意味を込め、その誕生や沖縄への旅を重ねることで変化していったことの内的連関を丹念に辿っていった。三者に共通しているのは、沖縄の転換期の鳴動を聴き取り、くぐっていくただ中で出会い直したことを意味していた。つまり「日本のヤポネシア化」は〝ノンの思想〟においてもっとも深く受容されたのだ。これなどは非政治的な発想として書かれたものが、作者の意図を越えて時代の切実な問題意識によって呼び出され、越境していった典型的な事例だということになるだろう。

六　「ネシア」が「ヤポン」を異化するとき

岡本の『ヤポネシア論の輪郭』でとりわけ目を引いたのは、その根幹にあるものと変奏された果てのリミットまで辿ったことである。島尾が一九六〇年代の後半頃からたびたび沖縄を訪れるようになったことや二度の東欧の旅を経ることによって国家や民族への関心にも及ぶようなったこと、琉球弧とともに中央権力によって征伐されたまつろわぬ民としての「東北＝蝦夷」や「アイヌ」への関心が前景化したことと関連して「倭」や「縄文」という言葉が目立ったこと、そして「日本」をヤポネシア化していくことに変わりはないにしても、七〇年代に入って「自律」や「独立性」の強調と「小国寡民」という表現がみられるようになったことを読み取っていた。

こうした変化は、七二年の「日本復帰」後、沖縄社会が次第に系列化や画一化の度を強めていくことへの違和と関係していたが、力点の置き所が「ちがい」にシフトして「ちがい」があればその「ちがい」を説くまでになっていた。言葉を換えて言い直せば、「ヤポン」と「ネシア」の組み合わせの再考を迫られたということにもなるだろう。むろん、島尾自身そのことに無自覚であったわけではなかった。一九七八年の「琉球弧の感受」のなかでは「小国寡民」を強調しつつ「僕は琉球弧に本土とちがうところがあるのなら、そのちがうところをしっかり調べてみて、結論として日本と言えなければ日本ではないと言ってもいいじゃないか、という気持ちまで出てきて、もう一度新たな視点で本土や琉球弧の歴史を調べ直してみよう」という場まで歩み出ていた。力点が移動していく自説にじっと目を凝らしている島尾の姿が浮かんでくるようだ。

「日本と言えなければ日本ではないと言ってもいい」――島尾にしてはなんと強い言葉だろう。「新たな視点」とは、「自律性」「独立性」への傾きと「小国寡民」から吹き返してくる濃い兆しへの方向指示とみなしてもよい。ヤポネシアが異化され、琉球弧は固有な時間と空間を再認識しリニューアルしていく。そのことを岡本恵徳は敏感に見届けていた。「沖縄の復帰後一〇年近くを経た時点で、あらためてそのことを強調せざるをえなかったところに、島尾の沖縄に対するひとしおの思いをみることができる」と記した、その〈ひとしおの思い〉が注視されていた。『「ヤポネシア論」の受容」は、「ともあれ、島尾が『日本国』を相対化するにとどまらず、ついに『ヤポネシア論』解体とほとんど隣り合わせの『小国寡民』賞揚にまで歩みよっていったと考えることは、実のところ胸の痛みをともなうものである。それはまさに日本国の現代の社会と文化の状況に対する、島尾の絶望の深さを示しているにちがいない」と結んだきわみに、沖縄のポスト日本復帰の変貌が重ねられていた。「絶望の深さ」は「ヤポン」と「ネシア」の組み合わせの臨界点を言い当ててもいた。相対化から異化へ、島尾の視点の移動への痛みを伴ったオマージュのようにも思える。

そしていまひとつ、岡本が眼を据えたのは「ヤポネシア論のモチーフを探っていくと彼方に見えてくるのがミホ夫人の存在であった」こと、「島尾氏にとって最も重要で根底的なモチーフは、結局のところミホ夫人との関係ではなかったか、ということがある」としたことである。そのうえで、『死の棘』の深淵を覗くように「島尾氏の奄美=琉球弧ひいては『ヤポネシア』へのこだわりは、いわばその関係をほぐしていくなかで登場したモチーフのようにみえてくるのだ」と述べていた要点は、けっして等閑に付しておくことはできない。

岡本恵徳が『「ヤポネシア論」の輪郭』で導き出した〝臨界〟と〝根幹〟はヤポネシアと琉球弧からの視点を再考していくとき捨て置くことはできない。このことは『ヤポネシアのしっぽ』の著書をもつ奄美の詩人藤井令一が、島尾が当初「根っこ」ではなく「しっぽ」と考えていたこと、つまり植物的な概念ではなく動物的な概念として考えていたという興味深い逸話の解明や「奄美学」の構想、今福龍太が主宰する群島論的な「奄美自由大学」の試み、そして写真家で息子の島尾伸三が子のまなざしで父トシオと母ミホについて書いた光と影が織りなす陰翳から《島尾敏雄とヤポネシア論》の現在地はたしかめ直されなければならないだろう。

「白く明るい昼と青く深い夜」を湛えた「南島エッセイ」という名の精神の井戸は、島尾亡きあともけっして枯れることはなかった。それどころか時をつないで「私たちはどこから来たのか、私たちは何者か、どこへ行くのか」という問いとなって〝今〟を衝迫し続ける。ヤポネシア論は琉球弧自身を写す鏡であり、外に開かれた窓でもある。

第11章　薩摩藩は奄美諸島をいかに統治したか

皆村武一

はじめに

徳川幕府が発足し、全国を支配・統治してから明治維新までの幕藩体制の期間を近世と称している。

幕藩体制のもとにおいては、藩や領主なども幕府の発する法律、制度、命令等に従わなければならなかった。薩摩藩も例外ではなかった。道之島（以下奄美諸島または奄美と称す）は、慶長一四（一六〇九）年、薩摩藩が琉球王国に侵攻し、直轄領土に編入後は藩の命令や指示に従わざるを得なくなった。薩摩藩の領地・領民の支配政策は、本土と奄美諸島では大きな相違があっただけではなく、奄美諸島（大島、喜界島、徳之島、与論島及び大島周辺の加計呂麻島・請島・与路島の総称）の間でも相違がみられる。薩摩藩は約二六五年間（慶長九年から明治八年）、奄美諸島をどのように位置づけ、それぞれの時代をいかなる目的・手段・政策によって支配・統治したのか、考察することにする。

一　秀吉時代の農民政策と島津氏

天正一五（一五八七）年五月、豊臣秀吉の九州遠征によって島津氏は秀吉に無条件降伏をした。秀吉は、全国統一をしたのみならず、政治、経済、法制度等の面において大変革をおこなった。

安良城盛昭氏によると、「秀吉の農民対策は、戦国大名のそれとは本質的に異なり、この時代に併存する新旧の二つのウクラード（類型）、即ち、解体しつつあるとはいえ、未だなお家父長的奴隷制度としての本質を維持する名主《みょうず》的ウクラードと、その内部に孕まれつつあった名子・被官的小農民経営の更に発展せる形態たる農奴経営のうち、前者を否認し後者を基礎とする農奴制の上に立つ権力の性格を如実に示している」と述べている。[1]

文禄二（一五九三）年、太閤秀吉自ら出した法令の一条項である「百姓親子並びに親類家一家に一世帯不可住、別々に家作可有之事」の意図するところは、おおよそ次のとおりである。

数世帯が同居する家父長的大家族を解体させ、数世帯に分割独立させることを通じて賦役を負担する農民家族数の増大を企図した点に直接的動機を有したこと、農奴制にその権力の基礎を置き、未だなお、残存している家父長的制度を強行的に解体させようとしたことを示すものである。

全国を支配・統治するに至った秀吉は、経済的基盤を盤石なものにするために、農業経営形態の在り方と全国の土地面積と租税額・知行等を確定しなければならなかった。彼が企図したことは、小農民自立政策と太閤検地である。まずは、太閤検地（文禄検地）をみることにする。

「文禄田租法」によれば、「年貢米割付の割は田畠に応じ、上中下に高下のないようにすべし。獲《（ママ）》穀の多寡に随って租率を定める」。石高は即ち、穫穀の石数のことである。文禄田租法によると、「田一反歩の獲穀（ママ）（籾）は上田で三石、下田で二・二石」となっており、穫米は、穫穀の二分の一となっている。確かに、籾を玄米（白米）に精米にすると半分程度の量になる。[2]但し、文禄田租法には畠地やその他の土地は除外されており、田地の貢租（米）のみになっているのは、当時は米以外の作物は貢租の対象外であるということによると、筆者は考える。

次に、薩摩国入来院文書を丹念に分析研究された朝河貫一著『入来文書《いりきもんじょ》』（矢吹晋訳）[3]に依拠しつつ、本土僻遠の地における文禄検地をみることにする。

朝河氏の『入来文書《いりきもんじょ》』は、薩摩国の一部である入来（入来院）を主題とした著作であり、封建時代の日本でおそらく最大の領地を最も長期に一つの大名が保有したので、全時代を通じて特別に重要な位置を占めていた。

朝河氏は、「秀吉が一五八七（天正一五）年から一五九五（文禄四）年にかけて日本全国で行ったほとんど完全な土地調査（太閤検地）は、長期わたる実質的に無政府的な状態のあとで、画一的な封建体制を確立するうえで重要な措置の一つであり、秀吉のような専制君主にしてはじめて達成できた大きな仕事であった。（中略）。秀吉は昔ながらの一反三六〇歩を一反三〇〇歩に断固として改め、籾を単位として石高を評価する制度に改めた。前者により、課税の町《ちょう》と反《たん》（共に土地面積の単位）は当然増えた。加えて実際の調査の結果として増減もあった。石高で記録する制度によって、それぞれの土地の課税上の評価額は明確になり、知行と地域の問題は公的登記を経て混乱は減少した。そのうえ、日本の多くの個所で不均等に行われてきた土地制度は、制度全体が法制化、標準化、永続化された。この制度は徳川時代を通じて続いた」と主張する。[4]太閤検地は、薩摩国・大隅国・日向国では慶長二年から三年にかけて行なわれた。

島津氏の領地（薩・隅・日）の検地直前の文禄三（一五九四）年七月一六日、「島津氏分国検地斗代注文（斗代定

書)[5]と検地施行細則」である「検地掟書」が交付された。薩摩国太閤検地は、石田三成と細川幽斎が担当し、検地は九月一四日、大口よりはじめ、翌四年二月に終了した。神崎彰利氏によれば、日向国へ六名、大隅国八名、薩摩国一一名、計二五名の奉行が大坂から派遣されたという。[6]文禄四年六月、検地の終了にともない、秀吉は「羽柴薩摩侍従殿へ」知行五五万九五三三石を授けたのである。太閤検地は琉球国では実施されなかったようである。

慶長五(一六〇〇)年関ヶ原の戦いで秀吉側について徳川側と戦った島津義弘は敗走して鹿児島に戻った。その後、彼と徳川家康の間に相互理解が成立した。『鹿児島県史』第二巻によれば、

「関ヶ原役後、島津氏と徳川氏との間に和解交渉は進捗し、慶長七年四月、徳川家康は島津氏の所領薩摩・大隅及び日向諸県郡の安堵を与え、次いで島津忠恒が上洛して家康に見えるに及び、両者の和解は全く成った。同時に、島津氏は徳川氏の統制に服する事となった」

島津は旧領地の領主(大名)と認められ、六〇万五〇〇〇石を与えられた。大名として知行を付与されたということは、「二つの側面」があるということであり、公的な領地であるとともに、封建的な贈与でもあったからである。すなわち、国でもあり、知行でもある。藩は一方では江戸幕府の厳しい監督のもとにあり、領地に対する大名の権力は重大な法律違反の場合には取り上げられた。しかし他方で、対内行政は幕府の義務を果たす限り、小さな国としてほぼ完全に自律的であった。そのために、封建日本の二〇〇以上の藩はその統治の詳細において驚くほど多様性をもっていた。

二　江戸時代初期における薩摩藩の奄美諸島統治政策

以下において、薩摩藩と琉球王国並びに奄美諸島の関係についてみることにする。享保年間（一七一六～二九）までの検地・農民政策を中心にみたい。

『鹿児島県史』第二巻によると、「朝鮮役の際、豊臣秀吉は島津氏に命じ、琉球に一万五〇〇〇口を賦課せんとしたが、島津氏は糧七〇〇〇口、一〇カ月の賦課に変更することにした。しかし、琉球はその半分を納め、その返済を果たさず、かつ対明関係を恐れしばらく疎隔するに至った。さらに慶長七（一六〇二）年冬、琉球船が陸奥仙台領に漂着し、幕府はこれを薩摩に送り、薩摩は琉球に届けた。琉球は幕府及び島津氏に謝礼を怠った。島津氏（薩摩藩）は、琉球に不満を持つようになったのである。やがて、島津氏は琉球侵攻に向けて軍備を始めた。実際に侵攻を始めるためには、幕府の承認が必要であった。幕府の方でも対明貿易の再開を企てていたので、島津氏の対琉球侵攻を許可した。薩摩藩は琉球侵攻の際、軍事規律「琉球渡海之軍衆御法度の条々」を定めた」。その条々は、侵攻にかかわる軍事規律であるから奄美諸島全域を対象にしたものでもある。それは、以下のとおりである。

1 手に入れた島々の百姓等においては、少しも狼藉してはならない事
2 堂宮寺等荒らしてはならない事
3 経（仏教）その他書籍等、無惨に取り散らしてはならない事
4 無罪者殺害一切停止すること
5 琉球征服後、琉球の検地を行う

上記の軍事規律にみるように、手に入れた島々を平穏無事に治め、島の秩序を乱すことなく、百姓達の反感を呼び起こすことがないように検地を行うというものである。

以上のような軍事規律を定めていながら、薩摩藩軍衆（兵士）は、御法度の条々を無視して琉球侵攻渡海中に奄美諸島に次々と上陸し、罪なき島民を殺傷した。この琉球侵攻について、筆者は、薩摩藩南限の種子島・屋久島・口永良部島以南に領地を拡大して琉球王国・中国・アジア地域への貿易路として、かつまた亜熱帯・熱帯産物の宝庫を確保しようと企図したものだと考える。[7]

薩摩藩の琉球侵攻の目的は奄美群島の割譲でもあったが、それと同時に経済的利益、つまり、租税と貿易の利益を手に入れることである。租税の大本は農地であり、農地の生産高を定めなければならない。そのための一連の作業を検地と呼んでいる。前出の「琉球渡海之軍衆御法度の条々」の五項目に、「琉球王国征服後、琉球の検地を行う」と明記されているように、重要な課題だったのである。しかし、検地は百姓に忌み嫌われ、しばしば一揆を引き起こす。太閤検地の際、文禄三年七月一六日付けの「島津の領地に関する掟《おきて》」五カ条の中に、「一つ、検地奉行に対して無礼を働くものがあれば、罪科を課すこと」とあったように、琉球でも同様に対処したと思われる。中国（明）との貿易については幕府の承認を得なければならなかったが、幕府も中国との貿易再開を望んでいたので問題はなかった。

島津家久は、琉球の役出征にあたって、「兵糧米収めさせるべきこと、これまで琉球人の申しつけたるにより、できる限り軽くするように」との旨を伝えていた。また、奄美諸島征討当初の貢租についても、できるだけ、軽減の方向を指示していたものと思われる。[8]

徳川幕府の検地は、天下統一がなるや、慶長九（一六〇四）年に武蔵・相模・三河・遠江などの天領地にはじまり、全国各地で行われた。この検地（慶長検地）は、徳川氏が覇権を確立した直後の検地であったので、かなり思い切ったものであって、後世、「慶長の苛法」といわれることもある。太閤検地と一番異なるところは、検地の間竿が太閤検地の六尺三寸から徳川検地の六尺に短縮されたことである。徳川時代の検地は、慶長以後は大きな変化はなかったといわれている。

薩摩藩は、琉球王国征討直後の慶長一五（一六一〇）年には黒葛原吉左衛門・宇田小左衛門を大島に派遣した。それは検地による奄美諸島の石高設定のためと思われる。沖縄及び先島諸島の検地は慶長一四（一六〇九）年から一六年にかけて行われた。翌一六年九月、沖縄及び諸島高八万九〇八六石（奄美諸島の石高を除外した石高）のうち五万石を王位蔵入と定め、尚寧の知行目録を給した。[9]

慶長一八（一六一三）年、大島奉行を置き、奄美諸島全体を管轄させた。元和二（一六一六）年、はじめて徳之島奉行をおき、徳之島・沖永良部島・与論島を管轄させた。この頃、従来の琉球王治下の按司・地頭の行政組織を廃止して、代官奉行の設置、「大島置目之条々」（元和九（一六二三）年）の発布によって行政機構、租税制度、司法、その他の諸制度、規則を定めて島政を変革して薩摩藩の支配体制を確立していった。「大島の法令は、元和九年の大島置目之条々を以て定る事と見ることができる」と言われるのである（藩法研究会編『藩法集』八、「鹿児島藩」上）。

藩財政の状況は、琉球出兵並びに奄美割譲に伴う出費の増加、幕府のご機嫌伺い等によって次第に厳しさを増しつつあった。元和二（一六一六）年には藩の債務は一〇〇〇貫、寛永一一（一六三四）年には八〇〇〇貫に達した。元和九年以降になると支配・統治政策は次第に厳しいものになっていった。貢租を増強するための政策は苛酷なものになっていった。藩の重臣たちは新しく藩の蔵入りになった奄美諸島に対する施策を討議し、「大島置目之条々」

を制定した。それは三四項目からなっているが、その中から数項目を選択して紹介することにする。但し、現代文調に簡略化した個所もある。

一　島中の田畑の台帳を作成のこと、並びに仕明地を確認すること
一　一つの村に掟一人を決め、切米（給米）一石を与えること
一　一郡に筆子一人ずつを決め、切米一石を与えること
一　与人・筆子が百姓をいろいろ召し使うことは固く禁止されること
一　諸役人、百姓に対しひそかに検断することを停止すべきこと
一　諸百姓の借物は三割の利子とすべきこと

「大島置目之条々」は、三四項目の多岐に及んでいるが、『名瀬市誌』上巻のまとめによると、①琉球王朝的な古代的な統治体制の否定、②近世大名領の存立基盤である農民に対する関心の深さ、③収納体制の合理化と強化である（二八四頁）。

徳川幕府においては、元和元（一六一五）年、大坂の陣によって、名実ともに、天下の支配者となり武の時代を終えて平和な内政の時代に入った。農政に一層の努力が払われ、幕藩体制の基盤はより一層強固なものになったが、「寛永の大飢饉」は安定しかけた小農体制に大きな打撃を与えた。全国各地で農村・農民対策の必要性が叫ばれた。[10]幕府の方でも慶安二（一六四九）年、勧農条例（慶安の御触書）と検地条例を発布した。この「慶安の御触書」[11]は三二条からなるものである。条文の概要をかいつまんで示しておく。

・公儀御法度を守り、地頭・代官をおろそかにせず、名主・組頭を真の親と思へ。名主・組頭は地頭・代官を大切にし、小百姓に侮られないように、身持を大切にせよ。

・名主は依怙贔屓《えこひいき》をせず、小百姓を大切にせよ。
・耕作に念を入れ、油断なく仕事をせよ。
・酒や茶を買って飲んではならない。
・家主・子供・下人まで普段は粗末な食事をすること、田起こしや田植えの時はいつもより良い食事にせよ。
・年貢が足りないからといって、むやみに米を高利で借りないこと。身代をつぶして妻子を売る羽目になる。
・身持を良くし、米金雑穀を沢山持ち、家や衣類・食物を持っておれば、心のままになる。米穀を沢山持っているからといって、無理に地頭から取り上げられることもなく、天下泰平の世の中なれば他から取り上げられることもないので子孫など楽に暮し、飢饉の時も妻子下人等も安心していることができる。年貢さえ済ましておけば百姓ほど楽なものはない（『史料による日本の歩み』近世編、九六頁）。

「慶安の御触書」が理想とする百姓は寄生地主から解放された独立自営農民である。薩摩藩では「慶安の御触書」は採用されなかったようである。徳川時代初頭より見られる封建権力による農民統制の一つとして、農民の土地緊縛、土地永代売買禁止、作付制限等と並び分地制限令が指摘されている（安良城盛昭「太閤検地の歴史的意義」による）。

三　奄美諸島の検地および石高と租米（税率）

奄美諸島の石高の推移を示したのが、表1である。

奄美の検地および石高についての記録は、慶長一五（一六一〇）年の検地では二万三九五五石、慶長一九年の御内検竿では二万四四一五石となっているが、これは琉球王服属時代の道之島の石高と思われる。薩摩藩は道之島割譲後しばらくの間、島民の租税をそのままにして、平穏を保つ方策を採ることによって、ソフト・ランディング（軟着陸）を期したのである。

元和二年には徳之島に奉行をおき、徳之島・沖永良部島・与論島を管轄させ、寛永元（元和一〇）年の新竿之検地では、琉球道之島四万三二五〇石七斗六升余となっている。しかし、同一二年には琉球王治下の三万二八二八石が石高として幕府に届けられている。奄美の石高は表向きと内実は異なっているのである（「琉球国郷帳」寛文八年）。やがて、奄美諸島の支配・統治も落ち着き、幕府との関係も安定してきた半面、藩の財政状態は悪化の方向をたどるようになった。次第に奄美諸島に対する姿勢も厳しくなっていった。万治内検（一六六〇）では四万六九三七石、享保内検五万一七五六石、同一二（一七二七）年検地では五万二四七二石となり、そのほか、牛馬、地方の特産物に賦課する小物成（小年貢）や雑税及び新開地の石高を総合計すると奄美五島の総石高は六万六九一九石八斗余りとなった（『奄美史談』）。高の内訳は、田高四万四一九三石三斗七升、畠（畑）高六九七六石四斗九升、上木高五八〇石一斗四升、塩浜高六石六斗二升、計五万一七五六石六升である。但し、雑税、夫役は含まれていない（「大御支配次第帳」）。

表１　奄美諸島の石高の推移

年	慶長15年（1610）	元和10年（1624）	寛永12年（1635）	万治３年（1660）	享保７年（1722）
石高	2万3955	4万3250	3万2828	4万6937	5万1756

（出典）「鹿児島租税額事件」

奄美諸島全体としての石高の増加は、検地の度ごとに厳しさを増したこと、開墾等による耕地面積の拡大、農機具や農業技術の発展によって生産高が増えたこと、ため池や灌漑施設の増設等によるものである。古島敏雄著『日本封建農業史』は、天文二〇（一五五一）年～慶應三（一八六七）年の期間を五〇年ごとの六期に分けて灌漑・用水路（ため池と用水路）の工事件数をまとめている。それによると、ため池工事が一番多いのは第六期の享和元（一八〇一）年から慶應三（一八六七）年の九九件、次いで三期の慶安四（一六五一）年から元禄一三（一七〇〇）年の九三件である。用水工事は、最多が享和元年〜慶應三年の一三九件、次いで慶安四年〜元禄一三の一二一件である。享和から元禄にかけて、農業施設の整備や技術が進歩し、米作が増え、石高及び租税も増加したのである。奄美諸島でも享和期の農業は田地・米作中心の農業であり、ため池・用水路工事が盛んにおこなわれたが、大島あたりでは砂糖キビを栽培し、砂糖生産も増えつつあったが、まだ租税の中心は米を納めていたのである。[12]

島津氏は、前にも述べたように琉球侵攻、幕府のご機嫌伺い、奄美諸島の支配・統治体制の確立に巨額の資金をつぎ込み、藩債が膨れ上がっていた。そこで安定化しつつあった奄美諸島の検地・貢租についても、厳しさをましていった。幕府への諸負担（普請等）を軽減するために、新しく支配下に置いた奄美諸島の石高を元和一〇（一六二四）年には四万三二五〇石であったものを、寛永一〇（一六三三）年には琉球国時代の三万二八二八石で幕府に届け出たのであった。

年貢米については、脚注9に述べておいたが、文禄四年以降、田畑に応じて、上・中・下の段階を設け、穫穀、穫米、租米を定めた。石高（穫穀）に対する租米の実質的割合は六六・六パーセントになる。「天下の賦税三分の二は地頭之を取り、三分の一は耕民自らを取るべし」（豊臣秀吉譜）。租税は地租のほか、人頭、牛馬、酒にも賦課されていたのである。慶長五（一六〇〇）年、徳川家康が駿河国一帯に出した年貢率は七割から五割五歩であった。享保元（一七一六）年から天保一二（一八四一）年の幕領全体の年貢率は、三〇〜四〇パーセントの間で推移している。三公七民もしくは四公六民程度だったというのである。[13]

薩摩藩の年貢米については、伊地知季安「西藩田租考巻上」に収録されている。それによると、年貢率は、国や地域、また時代や農村（百姓）の状況により変動があり、画一化されたものではなかった。奄美においても例外ではなかったということが分かる。但し、換糖上納施行後は本土とは全く違うようになったのである。つまり、日本の封建社会においては、米中心の農業であり、奄美の特産物である砂糖を租税として収納させるのは例外であったからである。

四　島別の石高および祖米（税率）

藩政初期の頃の奄美の各島別の税率等は詳しくわからないが、寛永一二（一六三五）年の検地に基づく租米は次のようになっている。

寛永一二年、琉球国から幕府に届けられた石高であるが、各島の口入《くちいれ》、[14]役米、賦米はそれぞれ異なっている。口入で最も高率なのは大島の四斗二升八合、最も低いのは喜界島の九升二合である。喜界島の口入が最も低いのは、灌漑用水に恵まれず、しばしば、干害、凶作により飢餓に見舞われたことによるものである。

『地租改正始末記』によれば、「大島、喜界島、徳之島、沖永良部島、与論島は、享保検地の際、土地の肥沃・痩弱とともに盛衰を酌量して定める所の現高納米の定額あり。然れども米穀寡少なるが故に砂糖を以て之を換納せしめ、凶作のあるに当たっては毎回米穀を下付した」とある。

汾陽光遠の「租税問答」第五九項に「砂糖作未だ盛大ならざる内は地位悪しく人足らざるところは常に定租を欠くことも多くして、大島外の四島は（同）地方よりは別段代成を軽くさげられたようである。今に至っては穏当でないようである。就中、大島の四斗五升代はその租はなはだ重い。島民何の罪あるや」とあり、『喜界島物定帳』に

表２　藩政初期、寛永 12（1635）年の奄美の島別石高と税率の比較と推移

島名	石高	口入	役米	賦米	押入
大島	1万0455石5斗	4斗2升8合	1升5合	1升	4斗5升3合
喜界島	6932石4斗	9升2合	1升	1升	1斗1升7合
徳之島	1万0009石7斗	2斗5升4合	1升5合	1升	2斗8升
沖永良部島	4158石5斗	3斗			3斗
与論島	1272石6斗	3斗			3斗
合計	3万2828石7斗	表方御蔵入			3斗4合

（出典）「島津家列朝制度」巻の 14,「藩法集」8、上、402-403 頁

よれば、「常租は本領地に等しく、賦米一升、役米一升五合、合計して三斗七升五合である」と記されている。『沖永良部郷土史資料』にも凶作、或いは地位悪くして人足らざるような年には定租の減免願いがだされ、実際に減額されてきたことが次のように記されている。

往昔は三斗の定価であったが、毎年台風旱魃の災害のために上納に堪え兼ね、見掛け上納訴願五月蠅《うるさく》、ついに天保の頃（一八三〇年代）より六升減じ二斗四升となったとのことである。

大石慎三郎氏によると、「幕府財政は四代将軍家綱時代（一六五一～一六八〇）に先祖からの膨大な遺金をほぼ使い果たし、綱吉が五代将軍になった段階には、天領地からの年貢収入によるほか幕府財政を支えるものはなくなっていた。将軍吉宗が登場した享保の初年には、各地の非常用の御城米をも取り崩して急場をしのいでいたが、やがてそれも使い果たし、享保六年ころには政務上の経常支出にも事欠くのみか、そのままでは御家人を数百人ほど人員整理する以外にないという、ぎりぎり一杯の段階までおいこまれていたのである。将軍吉宗はこのような破滅的な幕府財政のゆきづまりを打開するために、勝手掛水野田忠之を中心に抜本的打開策を検討させ、その結果、享保七年七月

には、（イ）年貢増徴策、（ロ）新田開発策、を強力に推進することに方針を決め、それが効果をあげるまでの急場のつなぎとして、（ハ）諸大名から高一石につき一〇〇石ずつの献米を求めるという「上げ米の制」を実施することにした」[15]という。

「徳之島前録帳」及び他の資料によって、万治三（一六六〇）年五月の大御支配から文化一三（一八一六）年までの期間において藩主・藩吏（代官・附役等）や島役人の百姓に対する対応をみることにしよう（口語調にした）。

・万治三（一六六〇）年　大御支配によって田畑の石高が増加したので、島中の者たちが決められた貢租を納めることが困難になり、用人亀樽・大和瀬が上国して増加した貢租の引き下げと、その他の上納七品目の廃止を申し上げたので、それ以来無納になった。

・元禄九（一六九六）年　東間切与人古仲事、献上物持参、焼酎・屋子貝、塩辛等献上

・宝永七（一七一〇）年　疱瘡流行、冬から翌年春まで三間切共に大飢饉につき餓死人多数。島中飢え、拝借米を供与された。

・喜界島代官記の享保三（一七一八）年には、藩の出資による溜池工事が行われたが、「ため池之儀は別段の事」と重要視されており、この時期はまだ米作中心であったことが分かる。

・延享二（一七四五）年　大島貢租に換糖上納を行う。砂糖一斤につき米三合六勺を定率とする。

・宝暦五（一七五五）年　この代、凶作により三間切飢死人数三千人余あり。拝借米本琉球より両度で五〇〇石申請、御国許《もと》より御米三〇〇石供与され、その後二〇〇石供与された。

・宝暦一一（一七六一）年　飢饉、琉球よりお米一八〇石取り寄せる。

・安永六（一七七七）年　台風により潮が作物を襲い、唐芋もなく飯料もなく、本琉球より五〇〇石取り寄せ

る。

・安永八（一七七九）年　大島へ男女二百人余逃散《ちょうさん》、取り戻す

・文化一三（一八一六）年　母間村の百姓六三〇人余徒党を組み強訴に及んだので騒動が起こった。母間騒動である。

五　換糖上納制以前の農民生活（宇検村事例）

薩摩藩では享保一三（一七二八）年、「大島規模帳」が出されている。宝暦二年二月付の「島津家列朝制度　巻の一四」には、「島方御用人え《ママ》」、として「島人共にも難儀が及んでいる由、自分勝手を差し捨て第一御為宜しく、島人難儀が及ばぬよう一涯心懸けること」と指示している。

奄美諸島における享保の検地については、記録がほとんどないが、幸い「享保一二年羊《ひつじ》大島焼内御検地竿次帳」が残されている。先田光演氏はそれを利用して「奄美宇検村生勝の検地帳」と題して丹念に整理している。それを利用して、筆者なりに当時の奄美宇検村における享保検地について考察することにする。

先田氏の説明によると、「奄美では享保一一（一七二六）年から各島々に郡奉行一行が渡島して、田畑を初め屋敷や芭蕉地・牛馬の数、桑の木、家族構成まで調査が行われた。検地帳によると、屋敷地二〇筆、田地一九一筆、畑地二一筆、芭蕉地九筆、唐芋地二筆、室薗地一筆、桑一五本、赤津久二本、牛一頭、馬四頭が記録されている」という。[16] 先田氏が整理したデータをもとに、筆者なりの見解を付け加えることにする。

宇検村生勝は、焼内湾に面し背後に山岳を控えた狭隘地に立地した集落である。人家は山裾《すそ》に密集している。屋

敷面積が一畝（三〇坪）一〇戸、一六歩から一畝以下八戸、一五歩以下二戸である。家屋は屋敷地の八割程度だとすると、四人家族が寝て、炊事や食事をするスペースなどほとんどなかったであろう。家屋はひしめき合っていただろう。

田畑の筆数からみて、田が圧倒的に多いことが一目瞭然である。田は水田として利用され、畑は、大豆が主要作物となっている。下屋敷の仁佐統（名頭）が耕作する田の総面積は一反六畝二四歩で、収穫高は四俵一斗である。一俵は約三斗であるから一三斗＝一三〇升となる。この中から年貢（租税）を四割払うとすると七八升手元に残ることになる。これを精米すれば玄米は約半分の四〇升になる。仁佐統家族は五人家族であるがうち二人は幼児である。四〇升を大人三人で分けると一人当たり一日〇・三六合になる。これでは、三日に一度だけ飯を食べることができるという状況である。[17]貧しさの程度が伺えるのである。

以上にみるように、藩政期初期から文化年間（一八〇四～一八）に至る藩の奄美の百姓に対する石高（貢租）や災害・凶作・飢饉・疫病に対する対応は比較的ましなものであった。藩吏の不正や百姓に対する横柄の取り締まりも厳しかったようである。もちろん藩政期を通じて、藩吏の不正もたびたび摘発されるほど横行し、圧制のもとにあったことはいうまでもない。宝暦五（一七五五）年に徳之島で「飢死人数三千人余」というのは、鹿児島本土では絶対に見られないものである。そしてさらに、大島・徳之島・喜界島の換糖上納・総買上制の施行[18]以降は、圧制の苛酷さは目にあまるものがあった。

『南島雑話』には「大島の石納米七三六六石五斗三合御定式あれども、現米の上納なく、砂糖四六五万斤を砂糖一斤につき米三合八才ずつにお買い上げなり。砂糖不足の者は稀に米上納もあるなり」とある。租税を米で納める限り従来とおりであるが、延享の頃の米の大坂相場は一石につき銀五〇～六〇匁であったから、納米の場合、奄美の納米一万五九一石は銀六三万五四六〇匁（一石六〇匁とした場合）になる。砂糖一斤の相場は約〇・七匁であったから、換糖上納の場合にはその代価は約二一九万二二八一匁となる。したがって、換糖上納制による藩の年間の特別利益は一六三万二二三四匁となり、納米の場合の約三・四倍の利益を得ていたことになる。

「百姓は生かすも殺すも主次第」といわれるが、封建社会においては、百姓（農民等）の労働が社会の支柱である。幕府・藩主・大名・武士も百姓の逃散・飢餓・疫病・困窮等には最大の注意を払わなければならなかったのである。

注

1 安良城盛昭「太閤検地の歴史的意義」歴史科学協議会編『日本封建制の社会と国家』下、校倉書房、一九七五年、所収、三〇六頁

2 文禄田租法による上田・中田・下田の一反当たりの穫穀生産量はそれぞれ三石、二・六石、二・二石、穫米収穫量は一・五石、一・三石、一・一石である。我が国の統計が残っている最も古い明治一六（一八八三）年の水田の収穫量は四五七万トンで、作付面積は二五七万ヘクタール、反収（一反当たり収量）は一七八キログラムであったという。令和五年度の日本全体の米の生産量は七一六万五〇〇〇トン、反収は五三六キログラムである（農林省による）。

3 朝河氏は昭和四（一九二九）年、イェール大学出版から英文の著書 "The Documents of Iriki" を出版した。本稿で利用している朝河貫一著『入来文書』矢吹晋訳は、二〇〇五（平成一七）年、柏書房から出版されたものである。

4 朝河著同上書、四三一頁。

5 田畑一段（反）について何斗と年貢の定率を定めたもの。例えば、一段に五斗収めたときは五斗代という。「検地掟書」

は以下の一一項目の指示からなっている。①浦役（漁業）の年貢について、②山役（林業）の年貢について、③絹（桑）に関すること、④竹藪のこと、⑤鉄のこと、⑥茶園について、⑦漆について、⑧寺社並びに侍の屋敷について、⑨については省略、⑩樹木のこと、⑪川役のことが定められている（朝河前出書、四三三頁）。

6 神崎彰利著『検地—縄と竿の支配』教育社、一九八三

7 島津氏は鎌倉時代から南海一二島の地頭に補せられ、琉球との関係は密接で琉球に朱印状を出すことになった。「フィリピンのルソン及びビンドロ島にはシナ人及び日本人が年々交易に来る。彼らは、生糸、羊毛、鏡、陶磁器、香料、錫、色木綿布及び他の小雑貨をもたらし、帰航には金と蝋を搬出する。これらの二島民はモロ人でシナ人や日本人のもたらすものを購入して、これを群島中に売りまわる」（「日本商人のフィリッピンにおける交易」大久保利謙他編『史料による日本の歩みー近世編』吉川弘文館、一九五五、二二頁）。

8 『名瀬市誌』上巻も「貢租についても征討後当分、増徴は行われなかったのではあるまいか」と記している。

9 慶長一九年の御内検御竿によると、琉球国一一万三〇四一石九斗六升となっており、元和一〇年竿ではじめて奄美諸島の石高が四万三二五七石と定められた。慶長内検では籾一石五升を高一石と改められたので、奄美の石高は籾高四万五四二〇石となる。年貢米の割付は文禄四年以降、田畑に応じて、上・中・下の段階を設け、穫穀、穫米、租米を定めた。それによると、中田一反歩の穫穀は二石六斗、穫米は一石三斗、租米は八斗六升六合となっている。したがって、石高（穫穀）に対する租米の実質的割合は六六・六パーセントになる。「天下の賦税三分の二は地頭之を取り、三分の一は耕民自らを取るべし。謹みて田畝をして荒蕪地にすることなかれ」（豊臣秀吉譜）。但し、伊地知季安「西藩田租考巻上」によると、「太閤は諸州に令せられ、田租制が定められた。天下の賦税は、三分の一は地頭が収め、農夫はその三分の二を取る」となっている。租税は地租のほか、人頭、牛馬、酒にも賦課されていたのである。薩摩藩の年貢米については、『日本経済叢書』巻二六に収録されている。今は確認しがたいので後日の課題としたい。

10 寛永一〇年、代官として大島に下島した有馬丹後は島の農業開発を指導したが、その要点は以下のとおりである。①新作物の移入、②神域として放置されていた土地の開発、③水利の開発、④山野に自生するハゼから蝋をとることを指導して、これを上納物としたことをあげることができる。

11 慶安二（一六四九）年二月、幕府は「慶安の御触書」と「慶安の検地条目」を出した。検地条目とは、いわば検地施行

規則である。この条項は四つの法令からなっている。「検地掟」第一条に、「検地は百姓の生活を左右し、生死にかかわる最も重要な施策であるから、人によって差をつけるようなことは十分に念を入れよ」と記している。

12 薩摩藩支配下における奄美諸島の貢租の形態は、藩政時代初期（一六〇九～一七〇八）の頃は貢米、中期（一七〇九～一八二九）の頃は貢米または貢糖の併存時代、後期から明治維新初期（一八三〇～一八七三）は貢糖という三つに大別できる。

13 加賀新一郎「意外―江戸時代の農民は決して貧しくなかった」『江戸時代の見方が変わる本』洋泉社、一九九八、一〇三頁

14 口入《くちいれ》（口米《くちまい》）とは、本途物成《ほんとものなり》に課せられた付加税で、米で納入されたものである。江戸時代当初は、年貢徴収にあたる代官の経費として代官に下付されていたが、享保一〇（一七二五）年以降は幕府に納入することになった。

15 大石慎三郎「近世」北島正元編『体系日本史叢書七・土地制度史』二、山川出版社、一九七五

16 先田光演「奄美宇検村生勝の検地帳」鹿児島短期大学附属南日本文化研究所「南日本文化」二六号

17 日本の米の需要が最盛期だった昭和四〇年頃の一人当たりの年間米の需要量は一二〇～一三〇キログラムであった。令和六年には約六五キログラムである。

18 大島代官記によれば、安永六（一七七七）年、大島・喜界島・徳之島三島共に砂糖総買入を達し、諸売買を差し止め、島民の用分の品は差し出すことにした。山川にて砂糖一斤につき米三合替えにて買い上げる法を定む、とある。沖永良部島と与論島はその弊害を被らなかったので幸いであった。

第12章　薩摩藩による奄美差別に関する一考察
—「大島御規模帳」を手掛かりとして—

箕輪　優

はじめに

薩摩藩（以後「藩」と記述）による一六〇九（慶長一四）年旧三月の琉球王国（以後「琉球」と記述）侵略以来、奄美諸島は琉球の版図《はんと》から割譲《かつじょう》され、藩直轄地として近世期二六〇年の長きにわたり事実上の植民地として呻吟《しんぎん》した。この間連綿《れんめん》として藩による奄美諸島民（以後「諸島民」と記述）への民族的差別および収奪は続いた。なお、支配中期に当たる一七二八（享保一三）年一二月一五日、藩庁より大島代官宛通達された「大島御規模帳」は、一五〇箇条から成る膨大《ぼうだい》かつ雑多な内容を含んだ奄美諸島統治法令集である（写真1、2）。その中には諸島民に対する差別的条文も少なからず存在している。たとえば、①日本人への同化の禁止（第二四条前段・第二五条前段）②鹿児島・琉球への出国制限（第二四条後段・第六三条）③民間宗教であるノロ・ユタに対する弾圧（第五八条・第五九条・第六九条・第七〇条・第一〇七条）④島役人に対する簪《かんざし》・服装の制限（第六二条）⑤諸島民への皆平百姓《ひらびゃくしょう》宣告（第六六条後段）⑥楷船[1]の建造禁止（第六八条）等である。

ちなみに、現今このような近世期中の藩による諸島民差別に言及した、重要な著書あるいは研究論文がいくつか存在する。たとえば、金久好《かねひさよしみ》「奄美大島に於ける家人《ヤンチュ》の研究」、昇曙夢《のぼりしょむ》『大奄美史　奄美諸島民俗誌』、山下欣一『奄美のシャーマニズム』、松下志朗『近世奄美の支配と社会』、先田光演《さきだみつのぶ》「奄美の差別の歴史」、『改訂名瀬市誌一巻歴史編』、弓削政己《ゆげまさみ》「奄美の一字姓と郷士格について—その歴史的背景—」等である。これらの著作群は史料に基づいた的確な論考がなされており参考とすべきところは極めて多い。

本稿では、これら先達《せんだつ》の研究に随《したが》いつつ、「大島御規模帳」に書かれた諸島民に対する差別的条文を取り上げながら、藩による奄美差別とは一体どのようなものであったのか、可能な限り関係史料と照らし合わせながら、個別具体的に分析・検討を行い、その実態を確認し記録することとしたい。

写真１　「大島御規模帳写」—表紙（出典「嘉永八乙卯歳正月大島御規模帳写與人前武仁」）

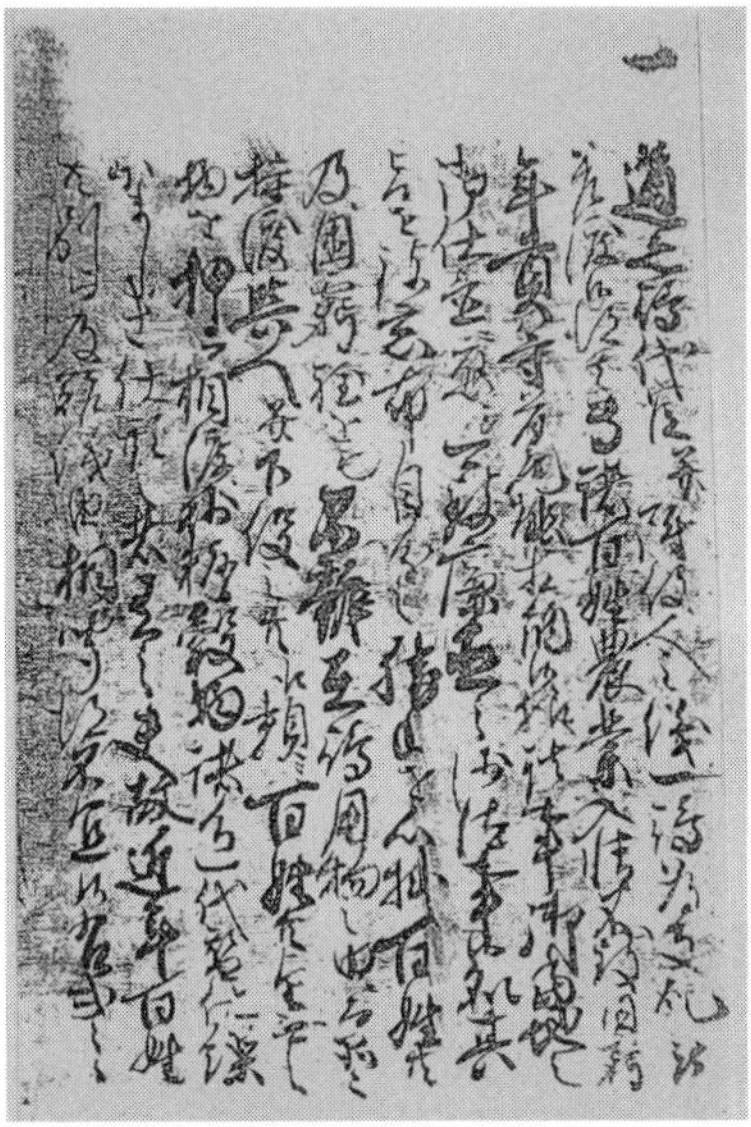
写真２　「大島御規模帳写」第一条前段（出典「嘉永八乙卯歳正月大島御規模帳写與人前武仁」）

なお、「大島置目之條々《おおしまおきめのじょうじょう》」及び「大島御規模帳」の条文について、いずれも原書は「一《ひと》つ書き」であるが、便宜上「箇条書き」とした。

一 「大島御規模帳」について

「大島御規模帳」は、奄美諸島が藩の支配を受けるようになってから約一二〇年後に、藩家老六人の連署によって、時の大島代官永井六左衛門宛に通達された。この法令集の最大の特徴は、末文に「右規模此節相改之条堅固ニ可相守候」とある通り、奄美諸島支配初期の一六二三（元和九）年閏八月二五日、大島奉行（後大島代官）宛通達された「大島置目之條々」発令以後、百有余年の間に達せられた「條々」「覚《おぼえ》」「達《たっし》」などを集成し改めて令達していることである。なお、「大島御規模帳」の宛先は大島代官となっているが、条文解釈から奄美諸島各島代官（大島・喜界島・徳之島・沖永良部島各代官）宛に達せられたことは明らかである。

頻出《ひんしゅつ》している条文内容としては、「代官・附役人《つけやくにん》ら詰役《つめやく》の汚職防止」「与人ら島役人の百姓に対する非道防止」「薩琉往還船の遭難・漂着時の対応策」「同往還船の抜荷《ぬけに》（密貿易）防止対策や船頭・水主《かこ》の心得」などである。また、「与人上国制」「諸島民が大和《やまと》めくことの禁止」「ノロ・ユタなどに対する弾圧」「家人（島役人や豪農らに身を売った経済奴隷）の取扱い」などがある。さらに、「諸島民に対する皆平百姓宣告」「遠島人の取扱い」「武器規制（刀狩り）」「芭蕉《ばしょう》や櫨《はぜ》などの上木の取扱い」「特産品の買上げや献上について」「年貢収納の徹底」「田畑の開墾・保全の徹底」等々が書かれている。[2] これらの内容を見ると、「大島御規模帳」には、藩による奄美諸島植民地支配に関する極めて広範かつ詳細な規制内容が書かれており、藩の近世中期における支配の実体を知るための手掛かりを、現代の我々に提供してくれる貴重な史料の一つとして捉えることができる。

ここで、「大島御規模帳」を現代の我々が知ることができるようになった経緯を少し書いておきたい。一九六四（昭和三九）年、当時鹿児島県立大島高等学校教諭であった山田尚二は、同僚の和眞《にぎ》一郎に案内されて、和の教え子である盛岡前武仁《まえぶに》の国直《くになお》（鹿児島県大島郡大和村国直）の実家を訪問した。山田らはそこで思いがけず、藩の奄美支配についての手がかりを知ることのできる「大島御規模帳」の「写本」や、当時「しゅうた（衆達・富農）」と呼ばれた奄美の上級島役人層の生活が伺える大量の古文書を確認した。特に「大島御規模帳写」は、藩の享保内検直後に大島代官宛に通達された「大島御規模帳」を、当時の屋喜内間切《やきうちまぎり》大和浜方《やまとはまほう》与人であった前武仁が幕末期に書写した「写本」であり、近世中期の奄美諸島を、藩がどのように統治・支配しようとしたのかがよく伺える法令集であった。

なお、与人前武仁は、書写した日付を嘉永八年正月と写本表紙に書いているが（添付写真参照）、実際の年月は一八五五（安政二）年正月である。

二　差別的条文の検討

1　日本人への同化の禁止

①第二四条（前段）

「島中の者共、日本人の如く髪を剃り、売買のため他出致す儀停止たるべし。附けたり、代官・附役並びに

運賃船に至る迄、島人鹿児島へ召し列れ候儀禁止せしめ候事」（傍線筆者）

②第二五条（前段）

「島人共の容体・名、有り来たり通りに仕るべく候。日本人の名を付け候儀、停止たるべく候。成人已後、刀を刺し仕る候儀、是又禁止せしめ候事」（傍線筆者）

右の二つの条文は、諸島民が日本人に同化することを明確に否定している。なお、これら条文の原典（初出）と考えられる三箇条から成る通達が、「大島御規模帳」通達のちょうど三〇年前の一六九九（元禄一二）年と思われる年に藩庁から喜界島代官宛出されており、[3]右の条文内容よりも、より厳しくかつ具体的に書かれている。ちなみにその内容を簡記すると、まず第一条には、「諸島民は、服装も名前も鹿児島人や七島人《しちとうじん》と紛らわしくないようにすること」と書かれており、第二条も「鹿児島人や七島人のように月代《さかやき》や、成人以後の剃髪《ていはつ》をしてはならない」としている。この二つの禁令は、ともに諸島民を鹿児島人および七島人と区別し、しかも身分的に下に見て書かれている。あからさまな諸島民に対する差別である。なお、藩の七島人への処遇の淵源《えんげん》は『琉球軍記　薩琉軍談』によれば、一六〇九（慶長一四）年旧三月、薩軍の琉球侵攻の際、七島物頭《ものがしら》（船頭）二四人が薩軍の水先案内人を勤めた功による。この功によって彼ら二四人は、薩摩国川辺《かわなべ》郡にそれぞれ知行地《ちぎょうち》三〇〇石が宛がわれたとされる。[4]さらに第三条には、「医道稽古や病気療養、その他のことで鹿児島に登ったとしても、島人は決して鹿児島人風の容姿をしてはならぬ」と書かれている。つまり、奄美にとっても医者は必要なものであるが、だからと言って、諸島民らしい服装から決して逸脱してはならないとしているのである。これも諸島民に対する明らかな差別であろう。島人のエリートとして、希望に燃え、医道稽古のため鹿児島に登った筈であるが、鹿児島から髪型や服装を区別され、島に居住していれば感じることのない、差別や軽蔑の目で見られた奄美の人たちは、自身の出身地が、薩摩の支配地（植民地）であるという現実を目の当たりにして愕然《がくぜん》としたことであろう。

２　鹿児島および琉球への出国制限

①第二四条（後段）

「島中の者共、日本人の如く髪を剃り、売買のため他出致す儀停止たるべし。附けたり、代官・附役並びに運賃船に至る迄、島人鹿児島へ召し列れ候儀禁止せしめ候事」（傍線筆者）

②第六三条

「島中の者、本琉球に至り、鉢巻の免し取る間敷事」

まず第二四条後段では、代官や附役人らの詰役、あるいは薩摩・奄美諸島往還船の船頭・水主らに対して、諸島民を鹿児島へ同道《どうどう》することを禁止している。このことは第二四条前段による差別に加えて、「大島御規模帳」通達に当たって、諸島民に対する差別のさらなる徹底を図るために後段の内容を付け加えたものと考えられる。しかし、このような禁令に反して、藩の下島役人の中には、島妻との間にできた子を帰藩の際に鹿児島へ連れ戻り、将来その子に家督を継がせたり、また、将来島に戻って優秀な島役人になれるよう種々の英才教育を施す場合もあった。[5]

また、「**大島御規模帳**」**第七六条**「**諸船頭・水主並びに地下人共、借物の形に百姓を下人に召し仕り置き候儀、堅く停止たるべき事**」の内容からは、薩摩・奄美諸島往還船の船頭・水主らの中には、貸金を副業として行う者もおり、貸し付けた借金の形《かた》に、島民を島から連れ去るような形態も想定される。
次の第六三条は、諸島民と琉球との紐帯《ちゅうたい》を断ち切ることを意図した条文であるが、この条文の原典と思《おぼ》しき条文が、一六二三（元和九）年閏八月廿五日、既に大島奉行宛の通達「大島置目之條々」（第一九条）に書かれているので、それを示す。[6]

「諸役人至琉球、ハチマキノユルシヲ取事可為停止ニ付、嶋中者共百姓已下ニイタルマテ、サウリハクヘキ事」

藩家老五人連署

（傍線筆者）

この条文の前段（傍線部分）がその該当部分であるが、当時の琉球には「帕制」[7]があり、奄美諸島の「那覇世《なはんゆ》」が終わり「大和世《やまとぅゆ》」となっても、琉球由来の島役人やノロたちが首里に上り、琉球王から帕や辞令書を求めて渡琉していたことが伺われる。しかし、それから一〇〇年も経過した享保の時代に令達された「大島御規模帳」の中に同様の条文が書かれて、改めて諸島民の渡琉禁止の徹底が求められていることは驚きである。いまだに諸島民の中では密かに琉球へ出国することが行われていたことの証左であろうか。

３ノロおよびユタへの弾圧

①第五八条

「田畠を荒らし、並びに作障り神之山、けんもんたまかり所之由候由、竹木を相立て候様、曽て仕間敷旨申渡すべき事」

②第五九条

「病人これ有る節祈念致し、牛馬其の外生類を殺し候儀、又は衣類・家財等を取り候儀共これ有る由、然るべからず候条禁止申し付くべく候。此の旨、島中のよた共へ残らず堅固に申し渡すべく候。若し、相背く者これ有るにおいては披露を遂げるべき事」

③第六九条

「島中、折目祭相済まず候得ば、刈取り納め致さず、仕登せ時分後れ成る候由其の聞得候。向後、初尾米残し置き、油断無く上納致させ、折目祭の儀は、追って吉日次第、右初尾米を以て例の如く申し付くべき事」

④第七〇条

「女共、神にかかりたる由にて奇怪なる儀を企て、米・雑穀を費し徒党を結び、島中の騒動なる儀これ有る由、自今以後堅く禁制せしむ事。

⑤第一〇七条

「作障りの竹木、附役人の内島中の田地仕付け前、相廻り見届け、歳〻これを伐取るべし。且又、島中において竹木伐り払い候儀、地下人嫌い候由にて、或いは神慮を引き、或いは風病抔と申し成す由候得共、先年作障りを伐り払い候故、出来前格別の由其の聞得候。地下人如何様に申し候共、見計らいを以て伐り取るべき事」

右条文のように、「大島御規模帳」にはノロ[8]やユタ[9]など民間信仰への弾圧（差別）条項が何箇条も存在する。しかし、このような諸島民の民間宗教弾圧（差別）は今に始まったのではなく、①および②については、一六九四（元禄七）年喜界島代官宛通達[10]に、③については、「大島置目之條々」に同内容を示唆する条文が掲げられている。[11]なお、④および⑤については、藩が、一七一三（正徳三）年から初めて黒糖の定式買入《じょうしきかいいれ》制を行うに当たり、いまだ諸島民に対して多大な影響力を維持していたノロを規制するために、「大島御規模帳」布達に際して改めてこの条文を設けたものと思われる。

右にそれぞれ例示した禁令のように、藩は徐々に奄美の民間信仰や習俗に対して弾圧（差別）を強めていった。勿論その理由は、ノロやユタが諸島民（農民）の生産活動に深くかかわっており、年貢取立てに支障を来たしたからである。

これらの禁令から分かることは、奄美における古来よりの伝統習俗や信仰を遅れたものとみなし、それらを徹底的に否定・排除・抹殺することによって、藩の植民地政策に服従せしめようとする支配者側の一方的論理である。藩の財政状況悪化と、藩の奄美への経済依存は比例しており、この後、砂糖の定式買入や惣買入《そうかいいれ》が強化されるに従ってノロ・ユタへの抑圧は厳しくなっていった。しかし、これらの禁令を読み解くと、ノロとユタに対する対処の仕方が若干違っていることに気が付く。つまり、ノロに対しては島民の不要な支出を減じるという側面が強いが、ユタに対してはそれに加えて、「披露を遂げるべき事」という罰則まで設けて存在そのものを否定している。実際、時代が下った一八六二（文久二）年一二月、徳之島のユタ二〇人が、「浮説《ふせつ》、流言《りゅうげん》、呪符《じゅふ》、祈禱《きとう》をし、医薬を妨げ、牛馬を屠殺《とさつ》した」という理由で徳之島代官所に捕らえられ、翌年七人が奄美大島と沖永良部島に遠島、残る一三人は将来を戒められ解放されるという宗教弾圧事件が発生した。[12]しかし、このような奄美諸島におけるユタやノロに対する弾圧の結果が、藩の意図通りになったかどうかははなはだ疑問である。というのは、藩庁からの一片の通達によって、諸島民の信仰・習俗を改変させることはできなかったからである。このことは、ノロ・ユタという民間信仰が、封建制終了後も長期間にわたって存在したことを見れば分かることである。そして、支配者として奄美の島々に下った藩吏たちは、望郷の念から、自分たちだけの鹿児島福昌寺末寺「観音寺」を赤木名《あかきな》に建立して精神的安らぎを求めた。[13]

4 島役人に対する簪・服装の制限

第六二条

「銀の髪差は、以前より指し来たり候役々の者、又は、役儀首尾克く代合い候者、其の身一代を差し免ずべく候。此の外の者は曽て無用に申し渡すべき事」

この第六二条の髪指（簪）・服装の規定については以下に掲げるようにそれまでの経緯があった。それらを踏まえて検討する。

①「徳之島前録帳」によれば、一七一一（正徳元）年の御祝儀上国与人（徳之島伊仙与人義間）に対し、藩庁より、与人やその外役々の金銀の簪・朝衣・大帯（広帯）着用に関して、書付を以て申し上げるべき旨が仰渡《おおせわた》されている。[14] それに対し奄美四島与人連名にて「由緒申上《ゆいしょ》」が次のようになされた。[15]

「由緒申上」（要旨）

一、与人役は本琉球支配の時代から世襲されている役職である。

二、与人の由緒については、元禄八（一六九五）年、大島代官伊地知五兵衛を通じて提出した書付類で明らかである。

三、上国与人が鹿児島へ上国した折に命じられたものである。

正徳元卯八月　日

沖永良部嶋与人　平永山
徳之嶋　右同　義　間
喜界嶋　右同　直佐知
大　嶋　右同　麻呂文仁

②一七二〇（享保五）年九月、藩主島津吉貴初入部《はつにゅうぶ》の祝儀のために上国した与人（徳之島伊仙与人前幸）に対して、再度の「由緒申上」が命じられ、翌一〇月に藩勝手方和田治兵衛から、各島代官宛て次の如く「金銀の簪と服装の制限」に関する仰渡があった[16]。

大島・喜界島・徳之島・沖永良部島

右四島の与人、横目、是迄は金の笄並びに朝衣、広帯を着用致し来り候えども、向後金銀の髪指は禁止せられ候。真鍮の髪指を用い申すべく候。朝衣、広帯は与人、横目、目指、掟まで免許せられ候、其の外は曽って用うまじく候。広帯の儀唐織用い候儀は禁止せしめ候。

一、右役々の者紬着用は免許せしめ候。絹布は禁止せしめ候間、曽って着用致すまじく候。

一、右役々の外は木綿着用致し、絹布並びに紬までも曽って着用致すまじく候。

右の通り申渡すべき旨、弾正殿御指図にて候　以上

享保五年子一〇月一三日

和田治兵衛

大島代官上村半左衛門殿

③右の禁令の結果、奄美諸島の島役人は金銀の簪を用いることを禁じられ、従来筆子《てっこ》・掟《うっち》の使用していた真鍮《しんちゅう》の簪を用いることとなった。また、与人・横目・目指《めざし》・筆子・掟までの役人は朝衣・広帯を許され、あわせて紬の着用をも許されたが、生地《きじ》に絹布《けんぷ》を使用することは許されなかった。それ以下の者は朝衣・広帯・紬着用は一切禁止され、衣類はすべて木綿地《もめんじ》を使用することとなった。

それに対し与人らは、「金簪の使用は古くからの慣例で、その制度は琉球服属時代に確立したものである。慶長以後藩に服属するようになってからも、与人役は金の髪指を用いることを許され、その他の諸役人は一様に銀の簪を用い、一般人は真鍮の簪を使用し、階級によってその区別を設けたのである。したがって役人の身にとっては、忠実にその職務を遂行していく上で、多大の権威と便宜を伴った金銀の簪を禁じられて一般百姓並みに真鍮に限られることになると、従来通りの威令《いれい》を行い、統治の成績を期待することは不可能である」として、与人一同連署して、

金銀の簪の使用を従来通り許可されるよう次の通り嘆願した。[17]

「口上覚《こうじょう》」（要約）

一、琉球王朝服属時代以来の由緒がある。
二、慶長一五年（一六一〇）薩摩藩支配に服してからの島役への処遇である。
三、宗門手札改めによって役目の者も百姓同前になり、従って従来通りの威令を行い、統治の成績を期待することは不可能である。
四、元禄八年（一六九五）代官を通じて役目の者の特別な処遇を願い出た。

享保六年（一七二一）月　日

大島　与人中

④この大島七間切与人らによる「口上」は却下された。しかし、大島七間切与人らは一七二三（享保八）年、「与人役をはじめ、諸役人中着用の笄《こうがい》の儀、前の通りご免許蒙るべき」と再度の陳情をおこなった。その理由として「道之島入港の船頭・水主らから軽く見られては役目が務まらない」などとして次のように訴えた。[18]

「口上覚」（要約）

一、簪着用の由来を述べて、金銀の簪の階級を示し。
二、島役人としての権威を保つ上で是非必要である所以を説き、もし真鍮の簪を用いるにおいては百姓と同輩に見なされ、道之島入港の船頭・水主らから役目を軽くみられては役目が勤まらないから、真鍮の簪の使用を廃して、従来通り金銀の簪を許可せられたい。

享保八年（一七二三）五月二六日

大島笠利間切与人佐渡知・佐富、名瀬間切右同寛悦・佐喜美、屋喜内間切右同國覇・稲里、西間切右同能武・豊嶺、東間切右同実統・摩文仁、住用間切右同浦世、古見間切右同前嶺・善秀

⑤しかし金の簪着用についてはついに許されず、銀の簪を用いる事だけが後に許された。それが「大島御規模帳」第六二条（島役人の銀簪着用基準）であった。

一七二〇（享保五）年に発令された「金銀簪使用禁止令」に対する島役人らの「口上」、つまり、「島役人としての権威を保つ上で是非必要である所以《ゆえん》を説き、もし真鍮の簪を用いるにおいては百姓と同輩に見なされ、道之島入港の船頭・水主らから役目を軽くみられては役目が勤まらないから、云々」との訴えからは、藩が諸島民を差別し、そして、島役人は藩に阿《おもね》ると同時に、同じ島人である一般百姓を差別するという「差別の二重構造」が垣間見える。

5 諸島民への皆平百姓宣告

第六六条（後段）

「与人役差し免じ候代役の者、筋目役儀の次第にも構い無く、其の身の器量を以て申し付くべく候間、平百姓の内にても代役相勤むべき程の者、三四人見合い申し越すべく候。惣て当時筋目の申し立て無用たるべく候。本琉球支配の節儀を今以て申し上げ候儀は、其の遠慮これ有るべき儀候。御蔵入に成り候ては皆平百姓にて候間、役儀しらべの節其の心得あるべき事」（傍線筆者）

藩は琉球征服以後、慶長一六年に奄美諸島の検地、慶長一八年には検地に基づく知行目録の宛行《あてがい》による旧琉球国間切役人層の再編成を行った。しかし、一六二三（元和九）年に「大島置目之條々」を通達して、先に知行宛行で暫定措置として継続させた琉球国統治時代の間切役人制度を新しい制度に改編した。たとえば、琉球時代の首長であった「大親《ふーや》（大屋子《おおやこ》・首里大屋子《しゅりおおやこ》とも）」を廃止して新たに「与人」とし、知行目録で与えられていた給地を取り上げて切米《きりまい》（手当）支給待遇とした。この給地から切米への変更は、与人という支配階級が被支配階級に転落したことを意味する。

笠利大屋子を元祖とする「嬉姓喜志統親方系譜《きせいきしとう》」には、「元禄六年同一〇年宝永四年御領国中一統系図改被仰渡古来之文書系図自家其外琉球以来之人々代官伊地知五兵衛取次差上之故古系図無之惣而大和御記録所江納置処也」とあり、奄美諸島旧家の古文書や古記録が三回にわたり藩により収集されていたことが分かる。[19] 松下志朗は、「道之島に対する支配は、宝永期に入ると一段と強化された。まず宝永三（一七〇六）年大島代官川上孫左衛門宛の達書によると、道之島の旧家より所蔵する系図・文書・旧記類を提出させた。もし持ち合わせながら提出を怠った場合、以後それらの系図・文書類を家の由緒の証拠として認めないという厳しい措置で臨み、また正文・写ともに徴収している。（中略）これらの系図提出の背景は、道之島の門閥《もんばつ》旧家の由緒を抹消し、島民として平均化した上で、薩摩藩に貢献する者を名家（衆多）として取り立てて、道之島の秩序を再編することは薩摩藩にとって不可欠であったろう」と指摘している。[20]

藩は、最後にして最大の藩内検地であった「享保内検」の終了直後に、諸島民に令達した「大島御規模帳」第六六条において、役職の如何《いかん》にかかわらず身分の序列を完全になくし、島民はすべて「平百姓」と定め、かつ、与人役人事についても旧来の門閥に限定せず広く登用する方針を示した。以後、島民の身分はすべて平百姓という位置づけが確定した。

藩としては、諸島内にこれまで隠然《いんぜん》とした力を持ち、琉球服属時以来の門閥家でもあった与人などの政治力を、この一条で完全に無力化し思うように支配することができるようになった。「大島置目之條々」以来、百年余という長い年月をかけて積み上げてきた奄美諸島植民地化政策の集大成が、この「大島御規模帳」第六六条であったといっても過言ではないだろう。一七二六（享保一一）年、奄美大島龍郷《たつごう》の「佐文仁」[21]が、奄美大島各地における新田開発の功によって、奄美で初めての「郷士格」に任ぜられて「田畑」の姓を与えられたが、一七八四（天明四）年一二月、藩主重豪《しげひで》の意向によって「龍《りゅう》」の一字姓に変えさせられている。たとえ「郷士格」に取り立てられようとも、一字名字で、帯刀は許されず、容姿も琉装を命じられた。これらのことは、島民すべてを「平百姓」身分と位置付けて、その上で藩への貢献をした者の中から、郷士格という郷士に準ずる新身分を設けて、島民支配を目論むという差別意識の表れだろう。また、竹島・黒島・硫黄島の三島では、庄屋・浦役・横目までが郷士格とされ、しかも奄美の郷士格と違い名字・帯刀が許されている。[22] この事実だけを見ても、奄美の郷士格が、藩の士族身分序列である城下士・郷士・郷士格というヒエラルキーでは最下辺に置かれていたことが分かる。そのことも藩の奄美差別を如実に物語るものであろう。

6 楷船の建造禁止

第六八条

「楷船作る間敷事」

藩の琉球侵略の目的は、奄美諸島を植民地化するとともに、琉球が中国（明・後清）との間で行っていた朝貢《ちょうこう》貿易（進貢《しんこう》貿易や接貢《せっこう》貿易）の権益を自らの手中に収めることであった。そのために藩は、琉球征服後、時を移さずして琉球や大島奉行に対して、南西諸島航路の覇権《はけん》を握るための各種統制令を矢継ぎ早に発令した。例えば次のような条文である。

①　一六一一（慶長一六）年九月一九日付「掟」、藩家老四名の連署をもって琉球国王尚寧及び三司官宛（抜粋）[23]

一　藩が命じた場合を除き、唐に品物を注文することを禁じる。

一　藩の渡航許可証を持たない商人による商売を決して許してはならない。
一　年貢等は、日本（藩）奉行が定めた法令に従って収納すること。
一　琉球より他国へ勝手に商船を派遣することは一切禁止する。
一　日本（藩）の京判桝のほかは用いてはならない。

②　一六二三（元和九）年閏八月二五日付「大嶋置目之條々」、藩家老六名の連著をもって大島奉行宛[24]

一　かいせん作ましき事。

①の「掟」からは、藩による琉球側の交易・通商権に対する強い統制が伝わってくる。つまり、藩が求めてやまない対琉球交易権の排他的独占が伺われる。また、琉球の年貢徴収権への藩の強い介入がある。これらのことから、琉球の対中国貿易や年貢徴収が藩によって完全にコントロールされていたことが分かる。なお、②については「楷船を作ってはならない」としているが、重要なことは、この大島奉行に対する通達から概ね一〇〇年後に発令された「大島御規模帳」においても、一字一句違わない条文が大島代官宛に発令されていることである。この意味は、やはり南西諸島航路における覇権維持のための藩の強い意志の表れと見るべきであろう。この条文は極めて短く端的に書かれているが、非常に重い内容を秘めていることに注意しなければならない。この条文こそが、かつて奄美が琉球の版図であった時代に、奄美大島及び徳之島が船材の一大供給地であったことを物語っている。この条文の意味するところは、奄美の造船力を削《そ》ぎ、藩が南西諸島航路における覇権を絶対的に確立しようと目論《もくろ》んだことであることは言うまでもない。

この「大島御規模帳」第六八条の短い禁令こそが、現今奄美の造船業や海運業さらには水産業の発展を妨げた主たる要因ではなかったか。奄美諸島は広大な沿岸海域を持ち、また多くの天然の良港をもちながら、藩によって下されたこの「楷船作る間敷事」という短い条文によって、海に背を向けて暮らさざるを得なくなった。そのことの意味は深くて重い。

おわりに

ここまで、「大島御規模帳」の差別的条文を手掛かりとして、近世中期における、藩の諸島民に対する様々な差別について検討・考察を行ってきた。そこから見えてきたものは、封建制下さらには事実上の植民地下という特殊な事情を鑑みても、諸島民の尊厳を全くないがしろにした差別、圧政、収奪であった。藩は諸島民に対して、鹿児島(支配者側)への同化を禁じ、狭い島社会のみでしか行動ができないように閉じ込め、ノロやユタなどを邪悪《じゃあく》なものとして迫害し、簪や着衣などの服制にも制限を加えた。また、すべての諸島民を平百姓身分に堕《お》とし、藩に多大な貢献をした者のみを、見せかけの士族階級である郷士格として処遇して自分たちの側に取り込んだ。そして、諸島民による大型船の建造を禁止してその諸活動を封じた。つまり藩は、諸島民を血の通った一個の人間として処遇するのではなく、徹底的に差別した上で収奪し、そして、愚民《ぐみん》政治(藩は、諸島民に対して文化向上のための政策を一切行っていない)・恐怖政治(藩は、藩政策に対する批判や越訴《おっそ》・直訴《じきそ》に対して死罪や流罪をもって臨んだ)に基づいた、疑いようのない奴隷制社会(時代が下り、藩の強引な砂糖政策が伸張するにしたがって、諸島内には住民の階層分化が発生し、ヤンチュが幕末期には島民の三割から四割にも達した[25])を作り上げた。

さらに特筆しておきたいことは、藩統治下における与人らをはじめとする島役人の特権意識である。彼らは、一七二〇（享保五）年に発令された「金銀簪及び絹布着用禁止令」に対して、「島役人としての権威を保つ上で是非共金銀の簪が必要である、もし真鍮の簪を用いた場合は百姓と同輩と見なされるから、従来通り金銀の簪を許可せられたい」と訴えた。この時期、島社会には島役人が同じ島人を差別するという「差別の二重構造」が出現していた。

郷土史家先田光演は、論文「奄美の差別の歴史」の中で、「一九五三年の本土復帰により日本国憲法が奄美にも適用されて、あらゆる差別が制度上は撤廃され、本土社会と一体となったのであるが、国民感情としては現在でもなお、奄美出身者に対する差別偏見《へんけん》は完全には払拭《ふっしょく》されてはいないのである」と説いた[26]。この論文は約四〇年前のものだが、現今、果たして「奄美差別」はなくなったのだろうか。疑念と期待を抱きつつ本稿を終える。

注

1 かいせん。楷船は中世期において当時の琉球王府から藩に遣わされていた「綾船」が、一六〇九（慶長一四）年の琉球の役後にその名称を改変し、「楷船」として以後琉球王府から鹿児島へ派遣した上国用の官船である。喜舎場一隆『近世薩琉関係史の研究』国書刊行会、一九九三、三六八-三七〇頁

2 箕輪優《みのわゆう》『大島御規模帳から見る奄美近世史』ブックコム、二〇一一、四五-四七頁

3 喜界島代官宛、卯（元禄一二年）九月二八日付文書。藩法研究会編『藩法集8鹿児島藩上』創文社、一九六九、史料番号八〇五

4 山下文武『薩琉軍記　薩琉軍談』南方新社、二〇〇七、二一頁

5 碇山国栄『郷土史　星の里』私家版、一九八四、一〇七頁

6　松下志朗編「大島要文集」『南西諸島史料集第三巻』南方新社、二〇〇九、一二頁
7　はちまきの制。王府時代の冠服制度の一つ。冠の制。位階に応じて帕（八巻）の色を規定したもの。沖縄大百科事典刊行事務局編『沖縄大百科事典下』沖縄タイムス社、一九八三、二二五頁
8　前掲書（7）、一八一-一八二頁
9　山下欣一『奄美のシャーマニズム』弘文堂、一九七七、二八-二九頁
10　前掲書（3）、史料番号八二四
11　前掲書（3）、史料番号八三六
12　吉満義志信《ぎしのぶ》編「徳之島事情」『奄美史談・徳之島事情』名瀬市、一九六四、八八頁
13　笠利町誌執筆委員会編『笠利町誌』笠利町、一九七三、四一七-四一八頁
14　前掲書（9）、二三六頁
15　前掲書（6）、三三-三五頁
16　昇曙夢『大奄美史』原書房、一九四九、一九七五再刊、二六九-二七〇頁。前掲書（9）、二三七-二三八頁
17　山下文武「松岡家文書」『奄美郷土研究会報』第一九号、一九七九、九一-九四頁
18　前掲書（19）、九四-九五頁
19　宇検村誌編纂委員会編『宇検村誌』宇検村、二〇一七、三七二頁。亀井勝信編『奄美大島諸家系譜集』国書刊行会、一九八〇、四一頁
20　松下志朗『近世奄美の支配と社会』第一書房、一九八三、六六-六七頁
21　さぶんじ（田畑佐文仁為辰）。一六七六（延宝四）年生。龍郷町教育委員会編『わたしたちの龍郷町』龍郷町、二〇一一、七六頁
22　大和村誌編纂委員会編『大和村誌』大和村、二〇一〇、二四六頁
23　上原兼善『島津氏の琉球侵略』榕樹書林、二〇〇九年、二一三-二一六頁
24　前掲書（3）、史料番号八三六
25　金久好「奄美大島における家人の研究」『奄美大島に於ける家人の研究（外二編）』名瀬市、一九六三、一一-一五頁

26　先田光演「奄美の差別の歴史」『奄美郷土研究会報』第二五号、一九八五、三三頁

本稿は、南海日日新聞文化面に、二〇二三年四月から二〇二四年三月まで連載した「大島御規模帳を読み解く」を、大幅に加筆・修正し、再構成したものです。なお、本稿執筆の基本史料とした『嘉永八乙卯歳正月大島御規模帳写與人前武仁』をご提供して頂いた、奄美市立奄美博物館元館長高梨修氏、並びに平成二三年度「奄美博物館古文書解読学習会」講師の本田冨男氏及び平瀬達郎氏並びに受講生有志一同の皆様方に心より謝意を申し上げます。

第13章　西郷隆盛の奄美観
―Islands that changed History AMAMI―

安田荘一郎

「奄美をみてしまったから、西郷は日本史を変えた」

この強いインパクトある記述を、NHK大河ドラマ『西郷どん』で時代考証を務めた歴史学者・磯田道史氏が、JAL機内誌にて掲載しました。幕末、大島・徳之島・沖永良部島と島での生活を余儀なくされた西郷隆盛は、この奄美の島々で「なにを見」「なにを感じ」「どう変わっていったのか」、奄美には日本の歴史を変えるほどのものがあったのか、その折々の心情を綴った西郷書簡を中心に、一緒に考察してみましょう。

一　西郷隆盛・大島へ潜居となる

一八五八年七月、天とも仰ぐ薩摩藩主・島津斉彬《なりあきら》の突然の逝去、失望の余り殉死しようとした西郷を「生きていればこそ」と慰め励ましてくれたのは僧・月照でした。江戸幕府の大老に就任した井伊直弼によって安政の大獄が始まり、尊攘派捕縛の命令が下されました。これによって、月照と共に幕府から追われる身となった二人です。薩摩まで辿り着けば何とかなると思っていましたが、藩命は城外で刺殺せよ、と「日向送り」でした。

一一月一六日未明、青白い月明かりが照らす冬の錦江湾、対岸へ向かうため小舟へ乗り込む月照と西郷、岸の灯りが遥か彼方となるころ、これまでいろいろと人の道を諭してくれた月照だけを死なすことはできないと二人抱き合い寒中の海へと身を投げました。直ぐ様二人は同船していた者たちによって海岸へと引き上げられました。西郷は息を吹き返し蘇生しましたが、月照上人は帰らぬ人となりました。薩摩藩は、幕府役人に僧・月照と西郷は入水自殺し、二人共水死したと報告します。

さぁ、問題は西郷の処遇。城内では生かすか殺すかの激しい論争です。地元薩摩では「二つビンタ（頭）」と頭脳明晰さが知れ渡っていた藩主・斉彬。西郷はそのような斉彬から格別な信頼と寵愛を受け、秘書の任務に当たる庭方役を拝命していました。日常は各地の藩士と交流して彼らから流れ漏れくる情報を報告し、また指示により当時最も優秀な学者と評判で水戸藩主斉昭《なりあき》の懐刀《ふところがたな》である藤田東湖《とうこ》や敬すべき友となる福井の橋本左内《さない》らとも親交を深め知識を習得していました。

急逝した斉彬の次の薩摩の新藩主は忠義《ただよし》、しかし実権を握るのは国父と呼ばれた父・久光《ひさみつ》です。その久光が斉彬の意志を継いで公武合体を唱え、江戸へ上がり行動を起こすには西郷が江戸詰め時代に培ってきた人脈、その力が是が非でも必要でした。その機が熟すまでの間、西郷には身を隠して貰うために「変名して大島に住まわせよ」、との藩命が下ります。


一八五八年一二月、肥後藩家老・長岡監物宛（大島行の船が出る山川港で風待ちをする間）

「（前略）私事土中《どちゅう》の死骨《しこつ》にて、忍ぶべからず儀を忍び罷《まか》り在り候次第、早御聞届け下され候わん。天地に恥ケ敷《はずかしき》儀に御座候え共、今更に罷り成り候ては皇国のために暫く生を貪り居り候事に御座候。（後略）」

（今の私は土の中の死骨のようなものです、と真情を吐露した後、今は亡き斉彬公の「天皇を中心として国が一つにまとまる国づくりを」という理念を思い起こし、祖先の生き方に微かながらも光明を見出そうと「**菊池源吾**」と名を変えます。）

「吾が源は菊池なり」。利を捨て義を貫き通した西郷家の祖となる菊池一族は、九州の中部に位置する肥後の国・菊池の地名をとって名乗り、特に南北朝時代には後醍醐天皇の八子・懐良《かねなが》親王を迎えて九州を統一したほどの皇国の士でした。

大島での西郷隆盛

一八五九年（安政六年）一月一二日、名瀬間切龍郷方龍郷村阿丹崎《なぜまぎりたつごうほう》（アザンザキ）に黒糖運搬船・福徳丸で着岸。丸に十の字の紋付を着て西郷は下船しました。

今度はどういう流人が来るのかと好奇心で海岸まで見に来ていた島人たち。背丈横幅ともガッチリとした体格、色浅黒く顔には笑み一点もなくその大きなギョロ目で睨まれた島人（シマッチュ）。「ハゲェ、今度の流人やウトゥルシムンド（怖い人よ）、チカユンナヨ」。最悪の男が来た。畑の作物を盗んだりするのは仕方ないが一番困るのが乱暴者、ましてや今回は大男、皆に近寄らないようにきつく言っておかねば。

さて問題は島で暮らし始めた西郷です。最初の住まいは、薩摩藩財源の一つである密貿易に従事していたと云われる美玉新行《みたましんぎょう》の海辺に近い一軒家を借りて自炊生活を始めます。二カ月程して、場所変え依頼（住むところを変えてほしい）など陳情の多い西郷に見かねた藩庁は、島内随一の名家で郷士格（城下士とは違い地方の侍格）を与え

写真1　西郷隆盛謫居跡（龍郷町）内にある記念碑。碑文は西郷と江戸城明け渡しを談合した勝海舟（安房）の揮毫、建立したのは大島郡島司の笹森儀助である（明治31年完成）
碑文
「天の此人に大任をくたさむとするや、先つ其心志を苦しめ其身を空乏すと、誠なる哉此言、唯人西郷氏に於て之を見る、今年君の謫居せられし旧所に碑石を設くるの挙あり、島民我が一元を需む、我卒然としてこれを誌し以てこれに応ず」
勝　安房（明治二十九年晩夏）

られていた龍家に面倒を見るよう指示します。

その龍家では、当主が幼少のため叔父の佐民《さたみ》が代わって管理していましたが、佐民は快く引き受け、西郷は小浜にある龍家本家敷地へと居を移します。ここで長子菊次郎が誕生し、龍郷白間へ居を構えるまでの二年八カ月、ほとんどをここで過ごしました（写真1）。

現在この場所は、西郷小浜公園として、長女・菊草を含めた親子四人の家族像が建立され、小高い屋敷跡からは、海の色の変化が素晴らしい龍郷湾が一望できます。ちなみに島妻となる愛加那の実家は直ぐ隣の集落・中浜で、二人の出会いも必然のようです。

二　当時の奄美の状況

ここからは西郷書簡を中心に西郷の心情と心の変化を紐解いていきますが、その手助けとなるために当時の島の政治・生活環境等や言葉の説明を記します。

一六〇九年、元琉球王国領であった奄美は、薩摩の琉球征伐により薩摩藩直轄地となり、徹底した島人による島人の支配体制が敷かれ植民地化へと向かいます。

島役人には、上から与人《よひと》（現在の村長）、横目《よこめ》（監察・警察を司る）、筆子《てっこ》（書き役）などの役人がおり、黒糖が藩の財源を潤すことを知った藩庁は黍《きび》横目という役を新設して、砂糖の生産を強制すると同時に取り締まりと罰則も強化していきます。特に藩庁では調所広郷《ずしょひろさと》が藩財政改革に乗り出すと、一八三〇（天保元）年三島方（喜界島・大島・徳之島）を設置し、第二次惣買入制を導入、黒糖の専売制を強化し、その結果「黒糖地獄」が現出します。

病気等の諸事情により年貢を納められない者は地主であるユカリッチュ（役人等の支配層）やシュウタ（新興地主）にその身を売り、最低限の生活を保障された債務奴隷となる家人（ヤンチュ）に身分を落としました。当時、島民の三割強の人がヤンチュに転落したといわれています。また家人同士の間で生まれた子供は「ヒダ」（膝素立《ひざすだち》）と呼ばれ地主のものとなり一生涯働き手となります。ヒダの言葉の由来は自分の子ながら富者《ふしゃ》所有のため、抱いて授乳することは許されず赤子を膝の上に座らせてしか母乳を与えられなかった故の呼び名です。

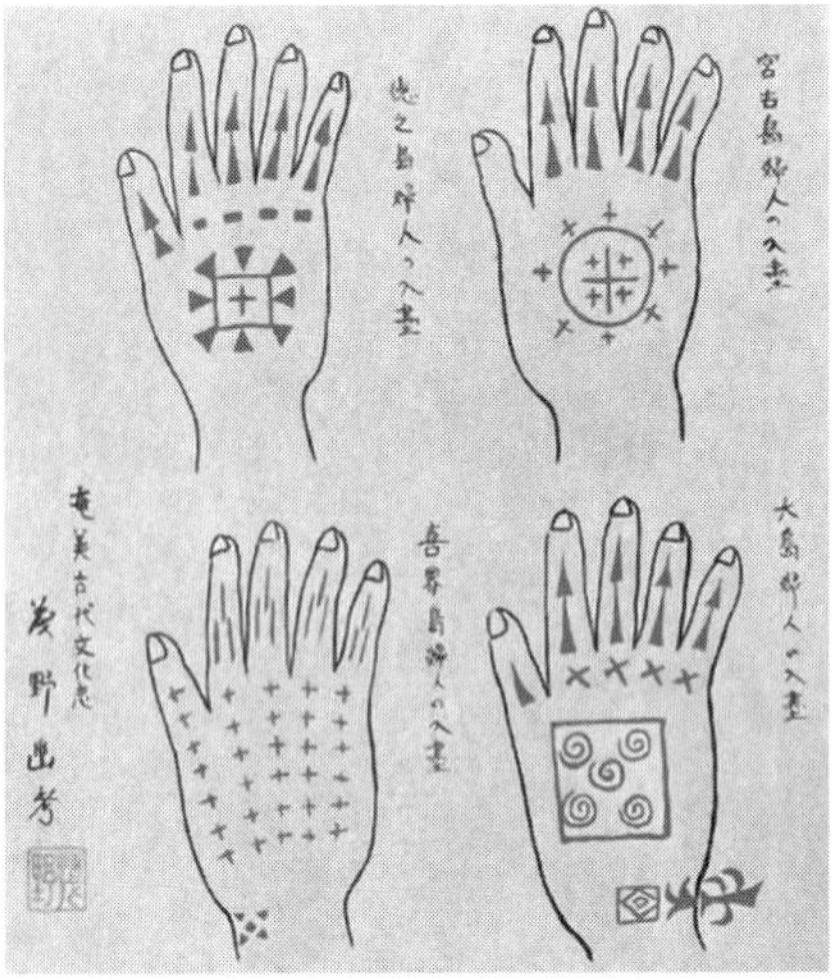

写真２　明治初期に禁止令が出るまで奄美沖縄の女性は手の甲に入墨（ハジチ）をしていた

西郷がビックリした女性の風習・針《は》突きは、手の甲や指の背にする入れ墨のことで、初潮を迎えたときに右手、結婚するときに嫁ぎ先での忍従に耐えられるようにと左手に墨を入れ、高貴な婦人になるほど細かい文様を施しました。薩摩では、入れ墨のことをグミと言ってたようです（写真2）。

けとう人（毛唐人）とは、白人のことを軽蔑した呼び方です。当時異国人は全て「唐人」と言い、もみ上げや鼻髭を生やした西洋人のことを毛唐人と呼びました。西郷が島人をけとう人呼ばわりしたのは最大の侮辱だ、との批判も多くあります。西郷の心情を探るため、その時々の書簡をみていきましょう。

一八五九年二月十三日、税所・大久保宛（着島後初の書簡、着島一カ月程）

「（前略）島のよめじょたちうつくしき事、垢《あか》のけしょ一寸計《ばかり》り、手の甲より先はぐみをつきあらよう。（中略）誠にけとう人には、込《こま》り入り申し候。矢張りはぶ性にて食い取ろうと申す念計《おもいばかり》り、（中略）苛政の行なわれ候儀、苦心の至りに御座候。松前の蝦夷《えぞ》人捌きよりはまだ甚《はなはだしく》敷御座候次第、苦中の苦、実に是程丈《これほどだ》けはこれある間敷と相考え居り候処驚き入る次第に御座候。（後略）」

（島の娘達は埃まみれで、手の甲には入墨をしているぞ、本当に島人には困って、垣根越しに覗き込みまるでハブのような性格だ。だが此処では苛政（血も涙もない惨たらしい政治）が行われ見るに耐えられない。北海道でのアイヌ人に対する政治よりも酷い、心苦しい限りだ。）

島の女性たちは垢まみれで汚い、「美しきこと」とあざ笑い、島人をけとう人と見下しています。ただ政治・生活環境については心を痛め、北海道のアイヌ人に対する政治を引き合いに出す当たり殿様直属の諜報員の片鱗が伺えると同時に、我が国で最も人権が否定されていたのが奄美人と言えましょう。

六月七日、大久保正助外三人宛（着島後、約五カ月程）

「（前略）此のけとう人の交わり如何にも難儀至極《なんぎしごく》、気持ちも悪敷《あしく》、唯、残生恨むべき儀に御座候。何卒《なにとぞ》天定まり候期仰ぎ居り候。…（後略）」

（島人との生活は本当に大変なことだ。気持ちも悪く残った人生を恨みたいものだ。）

島に住んで早五カ月、西郷の心情をこの一通の手紙から読み取ってみましょう。島人をけとう人と呼び代官への住む場所を変えてほしいとの依頼も度々、不平不満の毎日。鹿児島での同僚の働きに比べることもなく、話相手さえもいない島生活、心に大きな傷を負い、自暴自棄になり生きる目的を失った精神状態だったのでしょう。

この投げやりな生き方はこの頃までです。この後、西郷に変化が起こっていきます。

島人の悲惨な生活を見た西郷は、子供たちに米を与えます。時には自分が食べる分まで持たして空腹で動けないことも。日頃は蘇鉄の実や茎で作ったナリ粥しか食べれない島人。米を貰った親は西郷にお礼を言いにきます。「ありがとう」に言葉は要らないのでしょう。気持ちは自ずと通じます。これまで搾取しかしない大和人《やまとチュ》。「ハゲエ、あれは大和のフリムンど」。村人皆が噂し、瞬く間に近隣の村々までヤマトのフリムンの話は広がります。「フリムン」は奄美では愚者を指す言葉ですが、ここでは織田信長を「大ウツケ者」と表現したように普通の人間では考えられないような行動をする人のことで尊敬の念を含みます。ちなみに鹿児島では「ボッケモン」に当たりましょうか。親しみを込めてフリムンと呼んだことでお互いの信頼関係が生まれ、西郷からもこれ以降は毛唐人の表現はなくなります。一一月には、佐民夫婦の仲人によって、島娘・愛加那（龍家一男家の娘）と奄美風の「三献」の儀式で結婚しました。

唐通事《とうつうじ》・岡程進儀《おかていしんぎ》、重野安繹《しげのやすつぐ》との出会い

情報の重要性を藩主・斉彬から徹底して鍛え上げられた庭方役時代の西郷。江戸詰め時代の感性を取り戻しつつある頃、唐通事・岡程進儀と出会います。程進儀は、密貿易に必須の唐人との通訳でした。薩摩まで行き研鑽を積み帰島後は島役人と同じ身分となります。オランダ人との通訳人・訳官《やっかん》から外国の情報を取り入れていた斉彬公を回想して、西郷の頭の回転が早まります。

さて、西郷と程進儀の間にもう一人加わります。西郷より二年ほど前に流刑となっていた重野安繹《やすつぐ》（我が国最初の国文学博士）です。昌平坂学問所では秀才と謳われていましたが、仲間の嫉妬心から罪を着せられ危うく死刑になるところを西郷らの嘆願により島流しとなり、大島の瀬戸内・阿木名に居を構えていました。西郷の住む龍郷までは八〇キロ隔たっています。三日がかりの山坂道にもかかわらず、西郷着島後に直ぐに会いに来て島暮らしの先輩として島での生活のイロハを伝授しました。一八四〇年、約二〇年前のアヘン戦争、その後の中国での政治や社会の状況、英国を筆頭に西洋列強の戦争の仕掛け方など、重野と西郷が議論したいことは山ほどあります。表向きは漢詩の勉強会、内実は、諸外国の侵略・支配のあり方を学ぶ勉強会だったと思います。

重野は学者肌、書物を中心に学びます。一方西郷は諜報員、人からの学びが主です。同じ書物を読んでも人によって心に響く箇所が違うように、人から学ぶということは、より一層学びの窓口を広くし深みを帯びてきます。知識を学ぶ力は重野が勝っていても、知識を活かす力においては格段の差があったでしょう。この学びが、後述する帰藩して直ぐ薩摩藩の命運を賭けた薩英戦争後の談判（戦後処理）主任に大抜擢され、見事に大役を果たすのに役立ったのではないかと思われます。世界の最強国・英国との「ならば再戦やむなし」と、相手の度胆を抜く一歩も

引かない交渉力、交渉術では群を抜いていたといわれる薩摩武士、それを代表する交渉だったと推測します。また、重野が江戸に戻り「島流しで学問を仕上げた」と豪語したのは、この学びの場の故だったのではないでしょうか。

一八六一年一月二日、島で二度目の正月を迎える最中、長男が誕生し島での変名・菊池源吾を継いでほしいと菊次郎と命名、内にあっては菊次郎を中心に一家団欒があり外にあっては島人からの信望を集めます。

帰藩命令来たる

子供も生まれ手狭になったため龍郷村白間に家を建てます。西郷隆盛、人生最高の至福の時です。新家屋落成の日の夕刻には近隣の村々からも人々が集まり、祝いの宴は盛り上がっていました。その時、波静かな龍郷湾に一隻の飛脚船が入ってきます。翌日、「直ちに姓名を改め帰藩すべし」と告げる藩主・忠義直筆の召喚状が届きます。

西郷は召喚状を持って名瀬の見聞役・木場《こば》伝内《でんない》を訪れ、改名のことで打合せをしました。大島に三年いたから「大島三右衛門」と名を変え、今度生まれてくる子のことも含めて家族のことを頼みました。迎え船として枕崎の鰹船が入港、当時最高の御礼としてお供を付ける習わしのため宮登喜《みやとき》をお供役にしています。別れの日には村中総出で、時ならぬ八月踊りをして別れを惜しみ航海の安全を祈りました。

三　徳之島への再遠島

帰藩後、大島で政治の矛盾を知った西郷は久光と衝突します。藩内では斉彬公の意志を継いで公武合体を推し進めるため、大久保利通の進言により久光が率兵して上京する計画を立てていました。この実現には、斉彬の腹心であり公卿や諸藩の大名に知人の多い西郷の召還が是非とも必要だとの結論に達します。これには久光も同意せざるを得ませんでした。しかし、西郷はこの計画に頭から反対、別に二策を建言しますが受け入れられません。元々西郷は久光とは馬が合わなかったようで、久光はヂゴロ（田舎者）だ、斉彬公の踵《かかと》にも及ばないと放言。これが後々久光の耳に入ることになります。

西郷は、九州諸藩の形勢及び諸有志の挙動を視察し上京する久光の来るのを下関で待てとの命を受けて村田新八を伴って出発しました。しかし下関に着くや、「京、阪地方に決死の志士が続々結集している」と聞かされ、すぐに夜の船で大坂へ急行し激派の慰撫に努めました。下関に着いた久光は「下関で待て」との命に背いた西郷に激怒し、「西郷の奴俺を侮ってやがる。捕縛しろ」と指令を出します。「西郷は徳之島へ、村田新八は喜界島へ遠島とす」との藩命が下ります。久光は西郷の親友・桂久武《ひさたけ》や妻子のいる大島へは流さぬようにと指示を出しました。

徳之島での西郷隆盛

一八六二年、七月初旬（五日頃）湾仁屋湊に到着。徳之島・湾仁屋の住民・直道宅に投宿した西郷の名は大島三右衛門です。遠島人の管理監督の任もある惣横目寄（代理）・琉仲為《なかため》は、遠島人で大島という者が来ているという報告を受け、出向いてみると、「藩主殿のお叱りを受けて遠島となりました。今後何年いるかは分からないが宜しくお願い致します」と西郷。

仲為はその大きな身体に似合わず丁寧な言葉遣いや態度から、並大抵な人間じゃないと感じ取り、自分の住居の岡前村に移って子供らの教育をして欲しいとお願いしました。西郷は仲為の真摯な態度に喜んで承知します。仲為の養子で長男の仲裕《なかゆう》に学問を教え、次男・五郎には水汲みや雑役などを頼みます。また住まいとなった岡前は、小高い丘の上で、眼下には大島では見ることが出来ないほどの「岡前たぶくろ」と呼ばれる田園風景が広がっています。右に流れる太平洋、左には東シナ海、雄大な眺めで世の中が俯瞰してみえるようです。西郷にも心広々となる壮大な景色が体中に染み入ります。

大島で世話になった藩役人宛手紙に「生きる」ことについて記しています。

一八六二年、八月二〇日・大島勤務の藩役人見聞役・木場伝内宛

「（前略）三〇日も我家に在《あ》らずして、又遠島と申すは、誠に稀《まれ》なるものに御座候。此の場に相成り、憤激して変死共いたし候ては残恨の次第にて、（中略）変事に当り、色々了簡《りょうけん》も変るものに御座候。また命もおしかると申す人もこれある筈に御座候得共《えども》、惜しむは何ケ度《かど》でも惜しむ考えに御座候。（後略）」

（大島より帰藩して三〇日も我家におらず、また遠島というのはなかなかないことです。……自分のように変事に当たっては色々考えも変わるものです。また命が惜しいからと言う人も居るでしょうが、惜しむべき命は何度でも惜しむ考えですからお笑い下さい。）

雄大な自然とその自然に育まれた豪快さを併せ持つ徳之島人との触れ合いが、「如何なる場合でも平然と生きる」という人生観を身につけた主因ではと思います。大島同様に住民からの信頼を集め、島での生活を楽しむ西郷。唯一気が晴れないのは目と鼻の先に居る妻や子のことで、時折深いため息をついたことでしょう。

禍福は糾える縄の如し

「来た来た、豚ン子が来た」と大喜びをする西郷。愛加那が子供二人と一緒に徳之島へやってきたのです。菊次郎は一年七カ月ぶり、首がやっと座ったばかりの長女・菊草《きくそう》とは初対面です。西郷の喜びは如何ばかりだったでしょう。二人の子を頬ずりしたり高く持ち上げたり。夢のような親子再会と島暮らしに望みを抱く西郷でした。しかし、大きなドラマが。同じ船で久光から西郷に対して厳しい命令書が届いていたのです。

「大島三右衛門事、此節沖永良部島ニ遠島申付候。着島の上は囲入り、昼夜開かざるよう番人を付けおくよう」と。話を聞いた愛加那は、茫然自失。しばらくして気を取り戻し泣き崩れました。「君命」です。武士とはこんなにも厳しい世界であろうか、と。西郷は船の出る井之川へ、愛加那親子は龍郷へと、南と北への別れです。仲為は仲裕を供の者として同伴させました。

四　沖永良部島での入牢生活と厚情

一八六二年閏年八月一四日、西郷を乗せた船は徳之島の井之川を出帆、夕刻沖永良部島の西海岸・伊延《いのべ》港に着きましたが、牢舎がまだ出来ていないとのことで、船牢で二泊して西郷は牢舎のある和泊まで一里程の道を、これが最後の道行きと思い馬を断わり歩きました。

当時、鹿児島から南端の沖永良部島へ流されるのは、死刑に次ぐ重罪とされ、ここでの入牢とは「死」を意味していました。元来遠島の刑（島流し）は、その島では自由に動けるものでしたが、西郷の場合は例外中の例外です。牢舎は壁のない格子作りで、昼は金バエと悪臭、夜は蚊が襲い、風のある日は波しぶきや砂が容赦なく牢に叩きつける。西郷の身体は見る見るうちに衰弱していきました。

監視役・土持政照の厚情と牢舎の改築

一〇月始め、見兼ねた間切横目の土持政照（当時二八歳）が動き、代官に直談判して屋外格子牢の雨風から守るために座敷牢に作り変えようと、自費で牢舎を改築しました。その際、政照は改築工事を故意に遅らせて、その間西郷を自宅でくつろがせながら健康を回復させます。政照宅には二〇日間程滞在しました。

座敷牢ができてから、西郷は二〇人余の子供を集め座敷牢で塾を開きます。操《みさお》姓を名乗る担勁《たんけい》の家には漢書が数多くあり、西郷はその本を借り終日読書に励みました。藤長宛の手紙に「今通りにては、学者になりそうな塩梅《あんばい》にござ候」と綴ってます。

特筆すべきは、学者流人・川口雪篷《せっぽう》との出会いです。雪篷は、名は量次郎、西郷より十余歳年上、陽明学を修めた書道の達人です。雪篷はしばしば牢を訪れ西郷に詩作や書を教えました。これを境にして、西郷書簡は行間を広く取り、流れるような美しい文字となり、素晴らしい漢詩が数多く創作されました。帰藩後西郷家に寄寓、墓標「西郷隆盛の墓」は雪篷による書です。

薩英戦争の報が伝わる

一八六二年八月、薩摩藩士がイギリス人に斬りつけた生麦事件に端を発して、一八六三年七月二日、英艦七隻錦江湾において薩英戦争が勃発。薩摩藩は英国側に死傷者五十余人の犠牲を与えますが、汽船と陸上砲台陣地を破壊され敗れます。

牢の中ではありますが、心を磨く生活を送る中、この国難の噂が流れてきます。英国との戦い、それも我が薩摩と。程進儀の情報を元に学んだアヘン戦争は、西洋人が自由貿易を掲げて戦争を仕掛け、資源を搾取しようとする巧妙なやり口でした。いても立ってもおれなくなり、あらゆる方法で情報を得ようとし、遂には「島抜け」まで考えました。それに資金面を含めて協力しようとする政照。やがて、徳之島の仲為と禎用喜から薩英戦争の詳報が届き安堵します。

土持政照の父は沖永良部島代官土持綱政《つなまさ》で、母のツルは島娘でした。政照は義侠心と好学心が強く、西郷の獄中の態度と人格に偉大さを感じ兄のように慕いました。「政照がいなかったら自分は死んでいたであろう」と、西郷は義兄弟の関係を結びます。

一八六四年（元治元）の正月を獄中で迎えた西郷に、赦免の情報が伝わってきたので、義兄弟の契りを交わした政照にお礼として斉彬公から拝領した小袖を与え、「与人・間切横目大体」、「社倉趣意書」の文書を残します。

（一）与人役大体　人の長になるには、人民の心を得るのが第一。人民の心を得るには、わが身を努めて私欲を去ること。

（二）横目役大体　監察という役目は、犯人を探し出すことでなく、咎人の生じないようにするのが横目役の本位。

（三）社倉趣意書　貧困・飢饉を乗り切るための共済制度の設立の提案。

国難への憂い

西洋列強からの威圧は今後益々激しくなるであろうが今の幕藩体制で対処し得るのか。列強に屈した国では国民は奴隷状態に置かれるという。奄美では血も涙もない政治が行われ、ヤンチュという奴隷身分の人がいる。愛加那と共にヤンチュ解放に取り組んではみたものの力及ばずであった。もっと下をみる政治が必要で、奄美のような苦しむ人々をつくってはならない。国家や社会、経済は全ての人々が幸せに生きるためにあるのであり、そのためには新しい国づくりが必要だ。そう決意します。「倒幕」です。

二月二一日、迎え船の胡蝶丸が和泊沖に停泊、吉井友実《ともざね》や弟の信吾が上陸しました。翌二二日、別れの酒宴が開かれましたが、子供会いたさに皆を急ぎ乗船させます。二二日夜、龍郷着。家族との惜別の日が延び、西郷は四泊しました。

二六日昼、龍郷発。愛加那との今生の別れとなります。胡蝶丸は喜界島の湾に立ち寄り、信吾が村田新八に赦免を知らせて同船させます。二八日、鹿児島に到着。薩摩や京都には、彼らの活躍する大舞台が準備されていました。

明治維新まであと四年、奄美の島々で蓄積した熱い思いを、一気に爆発させます。

五　西郷隆盛が奄美の島々から受けたもの

斉彬から受け継ぐ「民富めば国富む」の命題。奄美に来て知る隠された藩の暗部。しかし、どん底の生活ながら逞しくも心優しく生きる人々。南洲翁遺訓にみられる「天は人も我も同一に愛し給うゆえ、我を愛する心を以て人を愛する也」を当然のように生きている奄美の人々です。西郷が奄美の島々から受けたものはその「奄美人《アマミチュ》の真心《こころ》」と言えましょうか。

奄美の島々は、北から喜界島・奄美大島（加計呂麻《かけろま》・請《うけ》・与路《よろ》島含む）・徳之島・沖永良部島・与論島から成り、またそこに住む人々の気風も含め、日本を凝縮したような感がします。各島々、否、各集落ごとに伝統や文化などが違い、アクセントで出身集落が分かることもあります。これから見ますと独自性が強すぎて統一性がないように

写真３　奄美市芦花部にある南洲神社と芦花部教会

思えますが、日本本土復帰運動にみられたようにいざ大事となると「全島一致団結する」という特長があるようです。

さらに、各島々の文化を大事にしつつ協力し合うという奄美の島々の関係は、平和構築のあり方そのものだ、という見方もあります。その島人の持つ人間性は一体何処からくるのでしょう。それは「自然からの学び」ではないでしょうか。自然は美しく豊かなものと美点ばかりが称えられがちですが、反面一瞬にして人の生命や財産までも奪ってしまうのも自然です。そういう厳しい自然の中で育まれてきたのが、シマッチュ気質ではと。奄美人の持つこの気質は、世界的にみても他に類がなく、一万年以上も続いたといわれる自然と共に生きた縄文人、その気質と同じ源泉ではと思われます。ちなみにその後の水田稲作や金属器が入ってきた弥生時代には「争い」「支配」「格差」が生じ、まるで現代社会そのもののようです。

縄文文化を彷彿とさせるのがヲナリ神の精神です。ヲナリは姉妹を指し、上に位置する女神ではなく下坐《げざ》に在り、下から支える神のようです。ヲナリ神を別の言葉で言い換えますと「陰徳の心」では。陰徳とは、地が万物を育てる徳、転じて「婦人の徳」とのことです。

今日世界に目を向けますと、資源や領土略奪という欲望にかられた戦争が各地で起っています。インターネットが発達し情報戦が過熱する中、事の真偽を判断する能力が問われる時代になっています。争うことよりも欲を抑え、共存を優先する縄文人気質。我が国でも微かに残っているこの奄美人（アマミッチュ）の心を世界へと伝える時が来たようです。

共存へのモデルは、奄美市芦花部《あしけぶ》にある南洲神社と芦花部教会。神社の鳥居と教会の十字架が一枚のフレームに収まる構図（写真3）。正に「共存」そのものです。冒頭の磯田史観での英語版タイトル、History の後に of Japan が抜けているのは、奄美人よこれからは世界に目を向けよと、示唆しているようにも思えます。

参考資料

荘内南洲会『南洲翁遺訓』
西郷南洲顕彰会『敬天愛人』
『西郷隆盛全集』西郷隆盛全集編集委員会
磯田道史『素顔の西郷隆盛』
東郷實晴『西郷隆盛　その生涯』
神渡良平『下坐に生きる』
天城町教育委員会『西郷南洲翁と徳之島』
和泊西郷南洲顕彰会『西郷隆盛と沖永良部島』
龍郷町誌歴史編編纂委員会『龍郷町誌・歴史編』
岡登美江『岡程進儀に学ぶ』

第14章　奄美のサトウキビと黒糖

東　美佐夫

一　サトウキビ（甘蔗）は、いつ奄美に伝来した？

時は一六〇五（慶長一〇）年、大和村の直川智《すなおかわち》が琉球に渡航中、台風に遭遇、中国の福建省に漂着。翌年、川智はサトウキビの栽培と製糖法を習得、カバンの二重底に苗を隠して持ち帰り大和村で栽培した。

これが、一般に奄美で伝わるサトウキビ伝来説である。子供の頃、手作業で収穫を手伝い黍（方言でウギ・ウーギ）をかじっていた奄美の方々は、この話を学校や年長者から聞かされている。

一方、琉球では、一四〇〇年頃から砂糖が作られ、琉球王国の貴重な財源であったことが、朝鮮の正史「李朝実録」や日本の古い書物に記されている。沖縄県の公式ＨＰでは、諸説あると断りつつ「砂糖」製造は一六二三（元和九）年と紹介している。

さて、近年の研究では、奄美が薩摩藩に服属した後の元禄（一六八八年）以降との説が有力である。ただし、直川智がサトウキビ振興に関わった功績は、称えるべき歴史的事実であると指摘している。

それでは、先ずは「サトウキビ」と「砂糖」の定義を確認した上で話を進めよう。

「砂糖」の原料となる植物には、サトウキビの他に甜菜《てんさい》などがある。サトウキビは「砂糖黍《きび》」だが、一般には「甘蔗《カンシャ》」と書く。砂糖には含蜜糖と分蜜糖がある。黍汁を搾って、煮つめ酸度調整のために石灰を加えると固まり、糖蜜を含んだ砂糖が含蜜糖となる。その代表が黒糖である。固形化する前の流動状態を白下糖《しろしたとう》と言い、讃岐・阿波などの和三盆《わさんぼん》は、この白下糖から作る。また、黍汁を搾って煮つめ、遠心分離器にかけて糖から蜜を分離したものが分蜜糖で、黒い糖蜜が除かれているので白砂糖となる。「砂糖」は黒糖と白砂糖全般を指す言葉となる。

このように、サトウキビから砂糖になるまで製造技術と一定の時間が必要ということになる。まずは奄美伝来について、慶長説ではなく元禄説を支持する理由を列記してみよう。

①藩政期の代官や島役人等の文書に中国から慶長年間に大島に伝わった記録が見当たらない。

②一六二三（元和九）年、藩が制定した大島置目之条々（法令集）に記載がない。

③一七二八（享保一三）年制定の大島御規模帳（法令集）の第一条に砂糖が掲載されている。

④一六八三（天和三）年、江戸幕府は銀・銅等の国内財の流出を抑制するため、四つの口（中国・オランダの通商窓口：幕府管理「長崎口」、朝鮮との貿易窓口：対馬藩「対馬口」、琉球王国との交易：薩摩藩「薩摩口」、アイヌ交易：松前藩「松前口」）で砂糖などの貿易制限を行う。

⑤砂糖の輸入統制で薩摩藩は琉球交易による収益の低下を余儀なくされる。そこで、一六八八（元禄元）年頃、薩摩藩は道の島（奄美）に製糖を導入するため琉球に研修生を派遣する。

このことから、元禄年間に奄美にサトウキビ製糖が導入されたと考えられる。ただし、栽培が始まった時期はそれ以前と改訂名瀬市誌（以下「市誌」という）では検証している。その後編纂された奄美の各町村誌は、この説を紹介している。

サトウキビの世界史と日本史

イネ科の植物サトウキビの歴史は非常に古い。ニューギニア島が発祥の地で、中国やインド、中東などに伝わり、その後、コロンブスの第二回航海時にカナリア諸島から南米へ持ち込まれプランテーション栽培へ発展したことが知られている。

古代インドの書物には、BC六世紀、サトウキビの汁を土鍋に入れ直火で煮詰め、放熱すると汁が固まり貯蔵性が良くなることを発見したとの記述がある。BC四世紀には、アレキサンダー大王がインドで砂糖を入手し、製造技術は地中海沿岸へと伝播、欧州貴族の嗜好品になったとある。

日本では、「正倉院」献納目録の「種々薬帳《しゅじゅやくちょう》」(八二五年)の中に「蔗糖」の記録が残されている。当時は大変貴重で、上流階級の薬用として用いたそうだ。鎌倉時代末頃から大陸貿易が盛んになり、生糸、絹・綿織物に次ぐ重要な輸入品が砂糖であった。

二　奄美のサトウキビ栽培、そして薩摩藩の黒糖政策

薩摩藩島津氏は、江戸幕府創立の年(一六〇三年)に将軍家康に砂糖を献上している。注目すべきは、琉球侵攻(〇九年)以前に島津氏が「砂糖」を献上品として重要視したことだ。

折しも、八三年に幕府が実施した砂糖の輸入統制は、薩摩が砂糖の領内生産によって、利益を得るチャンスを得

たことになる。通常であれば、支配下に置いた琉球産砂糖の活用（年貢糖を含め）を考えるが、琉球王国への配慮と中国貿易の関係を損ねたくない思いがあったのであろう。そこで、奄美の登場ということになる。すなわち、薩摩藩黒糖政策のスタートの瞬間でもある。

さて、琉球へ派遣した研修生は、帰島後、作付栽培し製糖を試みたところ砂糖の出来は大変良く褒められたと、大和村の和家《にぎ》古文書に残されている。その後、、サトウキビの生育と製糖が順調に進展したからだろうか、一〇年後の九八（元禄一一）年、栽培・製糖等を取り締まる黍《きび》横目、砂糖樽用竹木を担当する竹木横目、船舶出入り等を取り締まる津口横目などの島役人を配置し、奄美の砂糖生産に力をいれることになる。この元禄中に大島・喜界島、一七一一（正徳元）年に徳之島、沖永良部島・与論島では遅れて一七二〇（享保五）年頃に買い入れが始まったようだ。

二〇年頃、琉球王府から薩摩藩内の琉球貿易の取引所・琉球館（現在の鹿児島市小川町周辺）に届けられた砂糖は、八七万斤との記録があるが、一三年の大島産は一一三万斤で琉球産を大きく上回っている。この頃、田畑佐文《さぶん》仁《に》が牛車から水車製糖を発明し、製造能率を約二倍半まで高めている。ある意味、琉球より奄美の栽培意欲や生産技術が優れていたということかもしれない。

それでは、薩摩藩が黒糖政策へ大きく転換した買入方式を見てみよう。

（ア）定式買入《じょうしき》（定式糖＋買重《かいかさみ》糖）

藩が黒糖の買入額をあらかじめ定め、それを島民（作用夫《さくいぶ》）に割り当て、その額だけ強制買上すること。

また、臨時に額を定め、それを島民に割り当てる買重糖がある。二つの違いは、買重糖が若干高めに買取っていること。※作用夫とは、男性一五歳～六〇歳、女子一三歳～五〇歳の島民のこと。ただし、定式買入や買重は、金額は少しであっても代価は支払われるので年貢ではない。〝ここがポイント1〟

（イ）惣《そう》買入

藩が作付面積を決めて島民に割り当て（「定地」という）、生産された砂糖を全部差し出させ買い入れること。

藩は、この「定式買入」と「惣買入」の二つの方式を、次のとおり一定期間繰り返しながら実施している。

▽一七二〇年代～（五七年間）……第一次定式買入、▽七七年～（一一年間）……第一次惣買入

▽八七年～（四四年間）……第二次定式買入、▽一八三〇年～（四三年間）……第二次惣買入

（ウ）「代糖（年貢糖）」、米から砂糖へ

一方、この第一次定式買入方式の期間中、年貢米をすべて黒糖で上納させている。これが「換糖《かんとう》上納」である。

いわば、藩は黒糖政策を一歩一歩前進させ、島民は一層過酷な生活を強いられた、ということだ。

「腰を下して足洗ふべき家もなく、民の有様は朝夕の食に悩み、磯の藻屑《もくず》を食し、渇《かわき》さへ湿《しめ》し難《かた》き程なり……。この島の民は砂糖作り貢《みつぐ》して、米は公の御蔵より給う掟なりけるが、何時頃よりなりしか悪しき法起り、……今年より古政を改めければ……」

これは、当時、藩の勧農使として奄美大島を視察した役人（得能通昭）の報告である。砂糖政策を〝悪しき法〟と真正面から言ってのけたところからも島の実態がうかがい知れる。この時代、忖度《そんたく》気にせず、公平性を判断する役人が存在したということだ。しかも藩の内側に勤める官僚の目を通してである、非常に面白い。

薩摩藩の財政難を救った黒糖

奄美にとって黒糖の持つ意味が、大きく変わる転換点があった。それが、藩家老・調所《ずしょ》広郷《ひろさと》が始めた「天保の財

政改革」（一八二八年～四八年）である。積み重なった藩借金は、二七（文政一〇）年には、五〇〇万両まで膨らんでいる。これは、現在換算すると七〇〇〇億円～一兆円に相当する。

なぜ、これほどの借金を抱えることになったのか興味あるところだが、主に参勤交代の負担や幕府の工事代行（木曽川治水工事）、街づくり（天文館建設など）、武士と農民の階級格差による産業の脆弱性など様々な要因が重なっている。

この財政危機を救ったのが調所である。彼は改革を進めるにあたり、次の四つの柱を立てる。

①藩債の整理

②大島・喜界島・徳之島三島における砂糖の専売

③藩産品の増加奨励

④琉球貿易

四本の柱で、特に力を入れたのが②の項目である。一般にこのことは「御改革第一の根本」と呼ばれ、これが第二次砂糖惣買入である。債務を減らすための最善策は、収益を上げることだから当然のことだろう。米沢藩上杉鷹山の「入《い》りを量《はか》りて出《いず》るを制す」が有名だが、幕府事業が中心であれば、担当者としては無理からぬ選択だったのかもしれない。ただ、調所は、それまでの奄美の黒糖施策を「緩ガセ過ギ候」（甘やかしすぎ）として、一層厳しさを強化する。

その結果、改革期間中の砂糖産額は、約二倍の増産となる。藩の視点で評価するなら、〝よくぞやったり〟である。一方、奄美側から見ると、かなり過酷な条件で島民が酷使されたことは容易に理解できる。これにより、四〇（天保一一）年頃には五〇〇万両の藩債を整理した上、営繕用途金二〇〇万両、藩庫に五〇万両を蓄財している。

三　それでは、「第二次砂糖惣買入」とは、どんな内容だったのだろうか

前述の惣買入方式を補足すると、栽培面積を定めた後、これを各間切（町村）、各方各村（集落）の土地、人口に応じて割り当て、さらに集落では農家の作用夫に割り当てる。

天保年間の各島々における黍栽培面積は、群島耕地面積の三五％、そのうち大島が約五割を占めている。（表1）。また、割り当て面積で推計すると、大島南部の場合、農家一戸当りの作付面積は約九反、砂糖産出高は一八〇〇斤（約一トン）となる（表2）。

これは、昭和元年〇・四トンの二倍以上の収量である（昭和六〇年七・九トン）。

また、大島、喜界、徳之島に三島方《さんとうほう》という役所を置き、次の手順で買取りを決めている。

①役所で割り当て面積から産糖額を予想し、予定量から諸税額控除後の「余計糖」（年貢糖以外で残った黒糖のこと）を計算。

②余計糖は、農家の日用必需品の購入代へ充当。農家は希望品目を申し出て代官所は全体を取りまとめ藩庁に提出。

③実質は金銭でなく物品と交換する「羽書《はがき》」という斤量（「余計糖〇斤也」）を示した証券を発行。

④藩が取り決めた交換比率により物品と交換。交換期間は三カ月有効、以降は停止。

従って、藩は「砂糖」と「物品販売」を独占することになる。ただ、この「交換比率」が問題だ。市誌は、「砂糖は途方もない安価で買い上げ、大坂で途方もない高価で売り、諸物品は大坂できわめて安く仕入れて、それを大

表１　薩摩藩が定めたサトウキビ栽培面積（1850 年頃）

（単位：町）

項目＼島名	大島	喜界島	徳之島	沖永良部島	与論島	定地計	耕地面積（推計）
定地栽培面積	2,420	800	1,080	846	130	5,276	15,220
定地割合	16%	5%	7%	6%	1%	35%	100%

出典：「改定名瀬市誌１巻」107 頁をもとに作成。
※耕地面積は「琉球国郷帳」をもとに推計。従って、サトウキビは耕地の 35%に栽培するように定められたことになる。

表２　農家１戸当たりの割当栽培面積と砂糖収量

（単位：反）

	大島住用	大島古仁屋	左記平均	農家1戸（5名）	農家1戸栽培面積	砂糖収量（反収）
男	2.5	2.0	2.25	3	6.75	上畑～中～下～山畑平均202斤
女	1.25	0.80	1.03	2	2.05	
合計	3.75	2.80	3.28	5	8.80	約1800斤

注１）大島住用・古仁屋の男女割当面積は、「改定名瀬市誌１巻」90 頁から。
注２）農家１戸の作用夫を男３名、女２名の５人として試算した。
注３）砂糖収量は「改定名瀬市誌１巻」368 頁から。畑の生育条件の良し悪しで上中下山野の５段階で区分している。

島でとてつもない高価で売りつけ、その差額のあまりに莫大なことは驚くべきものがある」、原口虎雄は「交換の比率が大変なペテン」と指摘しているほどだ。[1]

ただし、奄美だけかというと、そうでもない。改革前後には、種子島、大隅、垂水、桜島、頴娃・指宿など、藩内の各地で栽培されている。四八年の産糖量は、垂水四六万斤、桜島二三万斤、種子島二六万斤、この年の奄美大島は五五八万斤である。気象条件や土壌環境などの要因もあってか、生産量は格段の差がある。こうした生産状況を背景に奄美への栽培強化に特化したと思われる。

では、どのくらいの莫大な利益があったのか。

天保年間の約一〇年の奄美の砂糖生産量は、推計で一億二〇〇〇万斤となる。そのうち代糖が四六〇〇万斤（当時の年度代糖

表３　天保の財政改革における藩の黒糖による利益

（単位：匁、万両）

	産糖量（万斤）A	黒糖１斤価格　B	販売額（A×B）	米１升価格C	交換米量（万石）D	仕入額（C×D）	薩摩藩利益
代糖(年貢)	4,600	1.175	90	0.964	9.1	15	75
余計糖	7,400		145	－	－	－	145

砂糖価格上昇分	（1818年～）（1830年～） 文政（惣買入前）136万両－天保（惣買入後）235万両	100

薩摩藩利益	（ⅰ）余計糖利益＋上昇分	（ⅱ）代糖含む	（ⅲ）仕入額含む
	145+100=245	245+75=320	320+15=335

注）「余計糖及び代糖」の産糖量は、図１、２で記載するとおり推計値である。砂糖及び交換米の大坂市場価格は「鹿児島県の歴史」（原口虎雄著）等を参考にした。なお、諸経費（運送費、人件費等）及び日用必需品購入費は反映していない。

四六〇〇万斤で試算）[2]、余計糖（羽書）が七四〇〇万斤、この砂糖を藩が定めた諸品交換比率と大坂市場での交換率から、藩の利益を推計すると表３のとおりかなりの額となる。

それでは、ペテンとも揶揄された「からくり」を見てみよう。

①奄美↕薩摩藩

この時期、藩の諸品交換率は、米一升（一〇合）＝黒糖五・〇七斤である。従って、逆算すると黒糖一斤の米量は、約二合となる。すなわち、薩摩藩は、米二合で黒糖一斤を奄美の島民から仕入れることになる。

②薩摩藩↕大坂市場

天保一〇年間の平均取引相場は、黒糖一斤＝一・一七五匁、米一升＝〇・九六四匁となっている。黒糖五・〇七斤の大坂市場価格は、五・九五七匁となる。従って、黒糖一斤で買える米量は、約一二合である

つまり、奄美から「米二合」で「黒糖一斤」を買い、大坂でその「黒糖一斤」を売れば「米一二合」を購入できることになる。奄美の島民は、本土の約六倍の価格で米を買ったことになる。

これが、いわゆる〝**不等価交換**〟と言われる「からくりの仕組み」である。

〝ここがポイント２〟

表３を概略すると、交換米の仕入額を差し引いた余計糖利益と天保年間の

価格上昇分を加えた藩の利益は、約二四五万両（i）となる。さらに、代糖の利益を加えると、約三二〇万両（ii）となる。

なお、前述したように、薩摩藩が大坂市場で仕入れた生活必需品のうち、奄美の交換米が藩内生産の赤米若しくは古米で支給されたとあれば、砂糖による実質収益は、三三五万両（iii）となる。

ただし、輸送費や人件費等の諸経費及び日用必需品の購入費を差し引く必要があるが、仮に諸経費二〇％、余計糖の五〇％を日用品購入費に充てたとして試算すると、約二六〇万両（年二六万両）が純益となる。

この額は、藩の年度租米収入一五万石（約二四万両）[3]以上の収入となり、調所が高く評価されるのも納得できる。が、しかし、である。この評価は、後段で紹介することとしたい。

四 「黒糖」と「昆布」は歴史を変えた？

一方で、奄美の黒糖が北海道の昆布と密接に関係し中国交易に発展したという。しかも、薩摩や琉球においては、昆布は中国貿易を進める上で重要な役割を果たしている。

〝明治維新の原動力は黒糖にあり〟は、良く知られた言葉だが、意外や昆布も第二の主役だったのである。

それでは、薩摩藩天保の改革の「からくり」を黒糖と昆布を絡めて見てみよう。これは、黒糖と昆布の関係を奄美市職員が雑談で語った会話である。ちょっと面白い展開だったので紹介しよう。

職員A「四つの柱の四番目、琉球貿易は面白い。薩摩藩は、大坂で黒糖を売って儲けたお金で富山藩から昆布を仕入れている。その昆布を中国（清）に輸出して相当な利益を得ていたらしい」

職員Ｂ「中国は、甲状腺の患者が増加して困っていたそうだ。そこで、病気に効くヨードが含まれる昆布が必要だった。そこに目を付けたのが薩摩藩だ。その輸送経路（北海道～富山・北前船～大坂～薩摩～奄美～琉球～中国）が有名な〝昆布ロード〟ということか」

職員Ａ「富山の薬売りの販売を薩摩藩で許可する、その代わり琉球まで昆布を搬送させたのか。沖縄研修中に調べたけど、当時、清・琉球交易積荷の七〇～九〇％が昆布だったそうだ」

職員Ｂ「中国から生糸や漢方薬材を仕入れて、富山の薬売り商人に売ったらしい。だけど、江戸時代は、海外と交易できたのは長崎だけだったはずだけど？」

職員Ａ「だから、密貿易。唯一琉球だけは一四世紀頃から中国との交易が認められていた。薩摩藩は、それを利用したということだ」

昆布の利益

ところで、薩摩藩は昆布の貿易でどれほどの利益を得たのだろうか。

当時の対中国貿易は、統計データが不十分の上、しかも密貿易が背景にあって解明できていない点が多いそうだ。その点を踏まえ検証すると、まず、「長崎口」での藩利潤は、天保改革後の四七（弘化四）から三年間の年平均約一万六〇〇〇両（うち輸出利潤は約六〇〇〇両）、輸出取り扱い九品目のうち利潤の高いのは、琉球米（三四％）、昆布（二六％）、茶（一一％）の順となっている。[4]この時、昆布の利益は約二〇〇〇両である。次に、琉球を直接窓口にした中琉貿易の利潤が加算される。この期間の進貢《しんこう》船・接貢《せっこう》船（琉球王国の官船）による昆布の輸出量は、長崎口の四割程度[5]となっているので、利潤は約八〇〇両と推計される。

ただし、中国貿易は、非公式の民間船による貿易額がかなりの規模と言われている。真栄平は、「一八六四（元治元）年、薩摩藩は、長崎、下関、岩国、備後鞆（びんごとも）、大阪などで多量の綿や宇治茶、蝦夷地の三石昆布などを買い入れ、これらの国産品を長崎交易とリンクさせることにより、約二八万九〇〇〇両の利潤を得た」と指摘している。[6]

中国貿易の利点は、仕入れ額ゼロの黒糖から昆布等を仕入れ中国へ販売、さらに、中国から生糸や絹、漢方薬材を仕入れ、国内で販売し利潤を得ることだ。いわば、空の財布が黒糖と昆布の取引で厚みのある財布に変身することである。〝ここがポイント3〟

この財布が、いわゆる西洋武器を購入し、結果として「砂糖が軍艦に変わり明治維新を創《つく》った」と謂われる所以《ゆえん》だろう。

五　黒糖政策に苦しんだ天保改革を「砂糖（黒糖）地獄」と表現

ここまで、「黒糖」で利潤を得る薩摩藩の政策過程を概観してきた。それでは、黒糖は、奄美の人々の生活史にどのような影響を与えたのだろう。奄美では、藩の支配・収奪政策が強まると、島役人や郷士格《ごうし》（武士階級の下層に属した人々）に取り立てられた島独自の特権階級が増えることになる。一方で、税金滞納や借金の返済ができず、村の有力者たちに身売りする農民が増え、全人口の約三割が、奄美特有の家人《やんちゅ》（半奉公人・半奴隷的人）になったとの試算もある。島民の産業活動が砂糖生産に拘束・制限されるこの藩政期を「砂糖地獄」と呼び、この間、奄美社会内部での階級分化、生産の停滞、島民生活の貧困が必然化したと言われている。奄美の人々が薩摩に苦しめられた思いを託した歌が、当時の暮らしの実態を如実に物語っている。

島民の苦しみの声（唄）

一 「かしゅてしゅんてん　誰がためなりゅり、大和いしゅぎりゃが　ためどなりゅる」

（訳）これほどまでに難儀し苦労して働いたとて誰のためになるのだ。大和の丁髷（ちょんまげ）のためにしかならないとの意。

二 「しわじゃしわじゃ　ウギ刈りしわじゃ　ウギの高刈りゃ　罰板穿きゅり」

（訳）心配だ、心配だ。サトウキビを高く刈ると首枷の罰だ。

二の「罰」の様子を名越左源太が描いている（第5章参照）。注目したいのは、薩摩藩士でありながら記録を残していることだろう。いかに藩の圧政がひどかったかということか。〝ここがポイント4〟

藩の黒糖政策は、明治以降も継続されている。それが七二（明治五）年、黒糖の買取りと消費物資の売り渡しを独占的に扱う県の保護会社「大島商社」の設立である。この商社設立に当たって、当時政府の役職にあった西郷隆盛の手紙が興味深い。

「……商社を設立してこの商社が一手に砂糖商売をしその利益で窮乏士族の救助をはかりたい趣旨を、伊集院直右ヱ門から貴殿に手紙で申し上げたよしでございます。右の方法は私も大賛成です。（中略）全国的に売り広めますと、必ず大蔵省から取りあげられることは疑いなく、（以下略）」

前鹿児島藩知政所権大参事（現在の副知事職）桂久武への手紙（明治四年一二月一一日付）

ただし、政府大蔵省は、七三年に砂糖の自由売買を許可する通達を公布している。

「別紙のとおり鹿児島県へ相達し候間、各地方において砂糖買いうけたき望みの者は勝手次第渡島交易致すべきむね、心得のため人民へ触れ示すべき事。（別紙）其県管下大島・喜界島・徳之島・沖永良部島・与論島等島々出産の砂糖従前勝手売買さしとめこれる趣きのところ、自今貢納定額のほか島民所得分勝手売買さし許し、（略）」

しかし、県は、この通達を群島民に知らせず、「大島商社」が一手に黒糖の専売権を独占する。

若き青年「丸田南里」の登場

こうした大島商社の商法に異を唱えたのが、イギリスや上海などを見聞し帰島した二六歳の丸田南里である。彼は、江戸末期に白糖工場を整備した長崎のトーマス・グラバーとの交流もあり、その関係から砂糖に造詣があったと思われる。南里は、帰島早々から独占商法を改めるべく島民を巻き込み運動を起こしている。島民は、県へ陳情団を派遣するほど機運は盛り上がるが、陳情団は投獄、大島では南里も投獄されることになる。こうした県の対応に、島民は一層団結を強め抵抗することになる。これが、いわゆる「勝手世騒動《かってゆ》」と言われる奄美の住民抵抗運動（奄美大島中心）である。その結果、七八（明治一一）年、大島商社の解体へとつながる。しかし、その後も専売体制は続くのである。それが、八七年鹿児島の商工会議所が中心になり組織された「南島興産商社」の登場である。

江戸期から明治の黒糖圧政に対し、それを如実に表現したのが、東洋のルソーこと中江兆民の〝君知るや、東洋のアイルランドとは何処なりや〟である。中江は、八八年の「大阪東雲《しののめ》新聞」に、砂糖に過度に依存した経済の中、膨大な負債に苦しむ奄美大島の惨状を「大島糖業事件」のタイトルで連載している。その内容は、群島民の生活実態を紹介した上で「アタカモ英国政府ガ印度《インド》ノ人民ヲ待ツガ如ク、愛蘭《アイルランド》ノ小作人に接スルガ如し」と、鹿児島商人の金権体制の告発、あと押しをする官権の姿を描いたものである。

アイルランドは、英国の植民地となり苦しみ、一九世紀に主要作物ジャガイモの疫病で食料不足となり多数の死者がでた。いわゆる「ジャガイモ飢饉」である。その状況（植民地支配、農業によるモノカルチャー経済、反権力闘争）が、奄美と大変似ていると指摘した。振り返ると、南里はイギリス渡航中に、この惨状を見聞していたのかもしれない。

この南島興産商社の経営方針に対する抵抗運動が、勝手世騒動に続く、法廷闘争を手段の一つとした「三方法運動」と言われる群島民運動（奄美群島へ拡大）である。これにより、商社の独占的な運営は沈静化に向かう。その後、奄美の砂糖取引やサトウキビ農業が順風満帆かというと、そうでもない。一九〇一（明治三四）年制定した「砂糖消費税」は、基幹産業である黒糖に大きな影響を及ぼすこととなる。〝ここがポイント5〟

当時の制度は、①消費税の割合は、第一種　百斤につき金一円（第三条）、②製造した黒糖を自由に売ること禁ず（第六条）、③違反者は五倍の消費税を罰金とする（第一二条）と大変厳しい内容であった。

しかも、消費税分は生産者に負担（商社が消費税分を差し引いて買取る）させている。[7]さらに、明治四三年には、三円に引き上げられている。これは、薩摩藩の手法と似ているが、当時の鹿児島県知事は、「国税の負担大きく……」と議会で述べている。

同年の群島の砂糖生産額、一八〇〇万斤をもとに現在換算すると、農家一戸の砂糖消費税は、平均反収で単純試算すると約四万円、群島で約三・三億円となる。しかるに、二五（大正一四）年、沖縄と奄美合同で国に嘆願書を提出し、二八（昭和三）年、減税と糖業改良奨励費が予算化されるほどであった。

住民運動の特徴は、奄美大島から群島へ、そして琉球列島へと拡大したことである。その昔、琉球王国として〝一つの治世圏〟であった時代を、サトウキビによって復活したかのようだ。

六　日本史と世界史を変えた砂糖

それでは、こうした影響を受けながら、栽培面積や砂糖生産はどのように変化したのか見てみよう。そして、海外の砂糖の影響は……。

図1、2は、砂糖の産出高と栽培面積の推移である。この図1から、製造技術の進歩（牛車～水車～小型～大型製糖工場）とともに、砂糖の増産が図られていることが把握できる。米軍統治下八年間の落ち込みは、空襲による農業施設等の影響が大きいが、前期は食糧増産が優先され、糖業が抑制されたことが要因ともなっている。一方、国内では深刻な砂糖不足にあり、砂糖の需要は高く含蜜糖ブームが起きている。当然、本土では価格は高騰する。そこで、本土輸出のメリットが大きいと判断した米軍政府は、サトウキビ生産へと方針転換する。

統治下の四五（昭和二〇）年代、牛車と水車での黒糖製造だった頃、こんなエピソードがある。

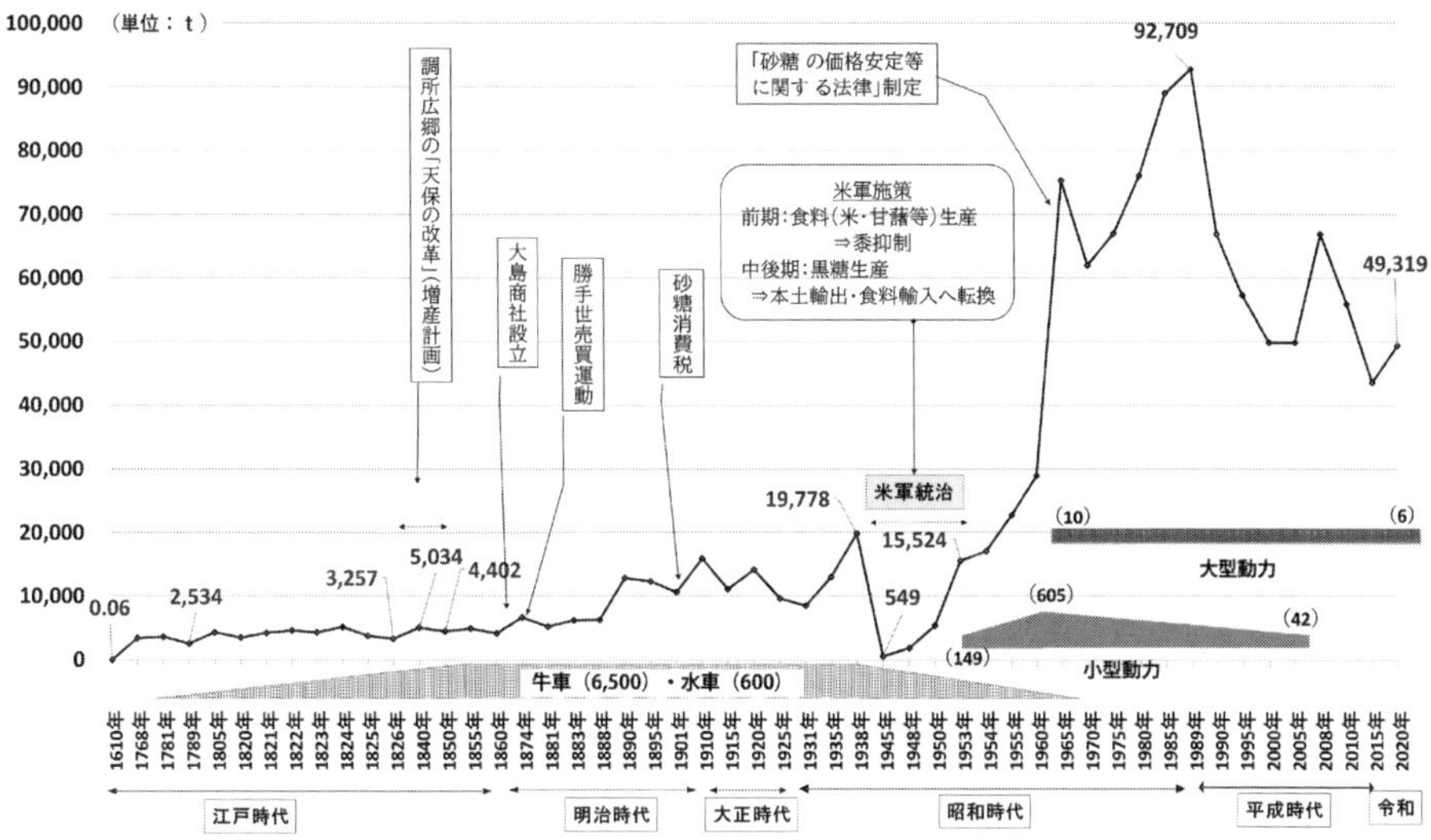

図１　奄美群島の砂糖生産推移と各種施策

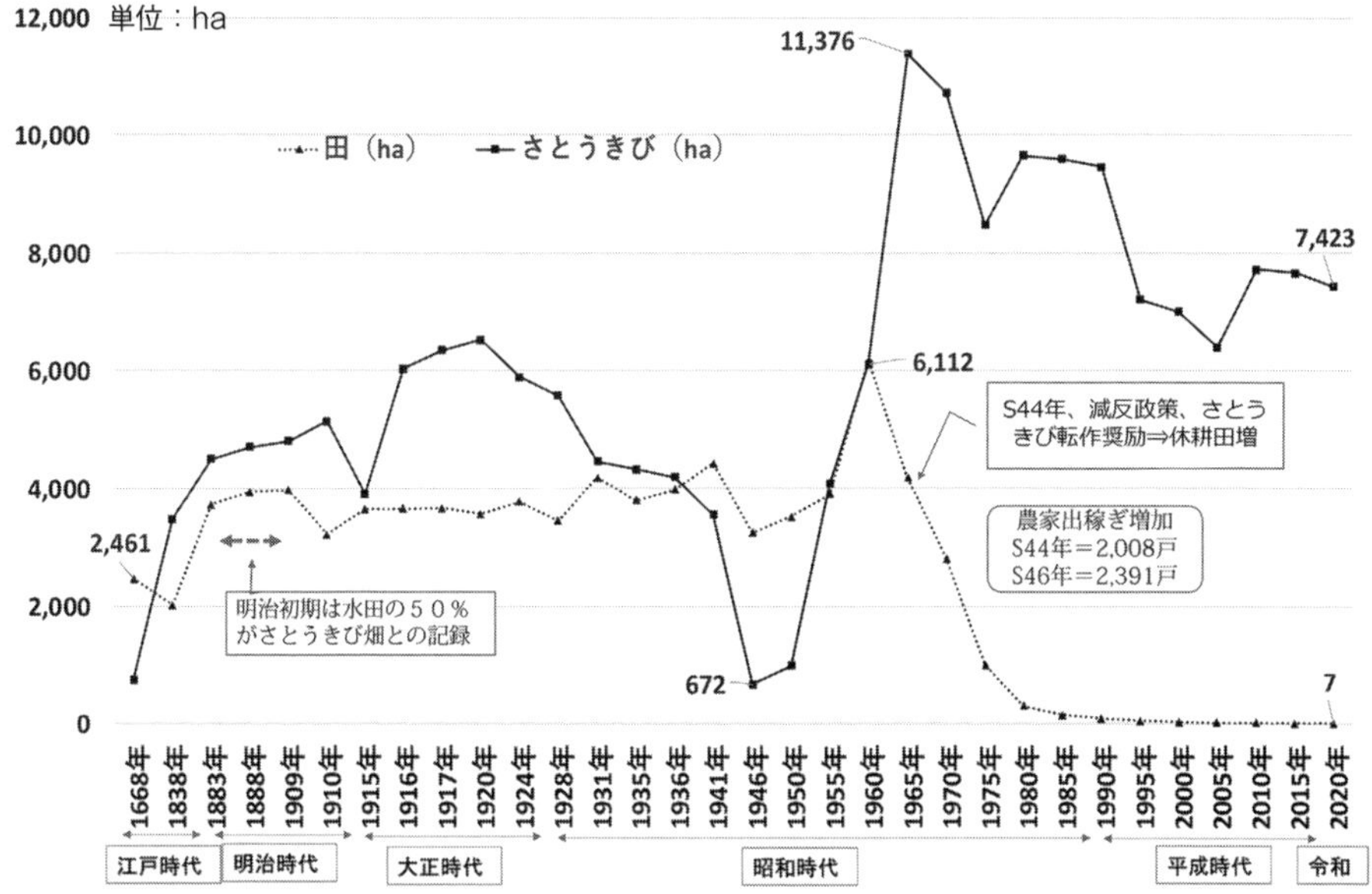

図２　サトウキビと水田面積推移

出典：図１、２は『改訂名瀬市誌　一巻歴史編』、『奄美群島の概況の各年度版』（鹿児島県大島支庁）、『奄美大島糖業の記録』（鹿児島県大島支庁 1938）を参考に作成。

ただし、図１の 1610 年は「奄美大島糖業の記録」、1768 年～ 1895 年は「改訂名瀬市誌　一巻歴史編」588 頁及び『奄美大島糖業の記録』を参考に群島産量を推計している。図２の 1668 年は「琉球国郷帳」松田清『古代中世奄美史料』JCA 出版、1981、1838 年は『奄美地域糖業の記録』の奄美大島栽培面積から推計、1883 年以降は『奄美地域糖業の記録』の群島栽培面積である。

「水車利用の地区では二四時間稼働だったため、くじ引きで順番を決めていた。そのため夜中に黒糖を製造する農家もあった。当時、黒糖は名瀬の市場で高値で取引され黒糖は生活の貴重な現金収入になっていた。子供のころ水車の見張り番をしたことが懐かしい」

表4　「主要28カ国のサトウキビ栽培面積と単収比較（2023/24）」

国名	栽培面積（千ha）	面積順位	単収（t /ha）	単収順位
ペルー	83	18	122	1
米国	360	10	89	5
ブラジル	8,408	1	85	8
日本	**21**	**27**	**56**	**23**
キューバ	91	17	46	28

出典：GlobalData UK Ltd.「Quarterly Statistics Updates, September2024」をもとに作成。

本土復帰後、サトウキビの「砂糖」は世界の砂糖との競合の中で注目されることになる。「世界史を動かした砂糖」、「砂糖のあるところに奴隷あり」、「食生活に欠かせない甘みの砂糖」と表現される砂糖だが、世界各国で生産されており貿易史や人類史に大きな影響を与えている。いわば、「世界商品」の地位を獲得している農産加工品である。そんな世界の砂糖が海外から輸入されると、貿易収支、国内の自給率の低下は必然であった。その結果、国は砂糖の自国確保に向けて動き出すことになる。それが、六四年の甘味資源特別措置法、六五年の砂糖価格安定法の制定である。昭和の右肩上がりが、その成果を示している。当然、水田からサトウキビへの転作奨励や品種改良、機械化なども後押しとなっている。

最近の主要農産物の生産額割合（二〇二〇年）を見ると、サトウキビ二八%、畜産三〇%、野菜二九%、その他（果樹・花き等）一四%、米〇%となっている。今や奄美農業は、稲作が姿を消しつつサトウキビを基軸にしたモノカルチャー的な農業形態から野菜、畜産を主要産物に島々の特性を生かした馬鈴薯や花きなどを組み合わせた複合農業が展開されている。

今後のサトウキビ農業の課題は、栽培面積に限りがある島の土地利用条件下で、如何に単収を増やすかであろう。海外と比較するとかなり低く改善の余地があることを示唆している（表4）。興味深いのは、世界の砂糖生産の八割弱がサトウキビであり、そのうち中南米産が四割を占めていることだ。これらの国々の砂糖の歴史を辿ると、奄美と同じ境遇にあったことだ（もっと過酷な労働環境だったのだが）。見方を変えれば、過去の逆境をバネに新たな技術を開発したのかもしれない。参考にすべき事例である。

七　おわりに

サトウキビ伝来から現在までの砂糖を取り巻く奄美の姿を概観してきた。奄美の歴史は、良くも悪くもサトウキビに翻弄されながら時代を刻んできている。一方で、現在の奄美経済を支える主要作物として大きな恩恵を受けていることも否定できない。歴史上の縁とは不思議なものである。サトウキビとの出会いがなければ、奄美の今はどう変化したのだろう。琉球王国、薩摩藩、道の島、温暖気候……様々な複合要素が絡まり、今を築いてきた。奄美の人たちにとってサトウキビの果たす価値と意義は決して小さくない。それは、逆境に負けず時代を生き抜いてきた先人の努力の賜物でもある。不思議かな、地球儀を眺めると南北緯度二八度周辺に位置する砂糖生産の国々でも同様の歴史的経緯を辿っていることだ。

一方、産業振興の観点から論ずるなら、他県より優位性の高い作物を重要品目において各種施策を展開する。収益性が高ければ、なおさらである。その点では薩摩藩が財政立て直しを図る最優先作物にサトウキビを置いた方針は正しかった、という見方もあるかもしれない。

ただ、現在であれば、まずは市町村民の所得向上を目指し、その結果、県民・国民所得の底上げにつなげる施策を推進する。薩摩の圧政が際立つが、各種条件を改善しながら住民の労働意欲を高め産業振興を図り住民の幸福度の向上につなげた政策をとったかである。それが、歴史で評価されることになる。

しかし、これまで紹介した通り「**第二次惣買入**」以降の藩の砂糖政策は、民（島民）利益より藩の利益を最優先している。というより、「**天保の財政改革**」時は植民地的な様相が強い。それは、首枷罰則、貧困、離散、徳之島餓死三〇〇〇人、潰《つぶ》れ村、農村分解、犬田布一揆が如実に物語っている。藩の圧政は、奄美だけでなく本土の領地内でも厳しかったようだ。

原口は、「百姓の抵抗は、不断につづく離散であるが、いつしか他領に逃亡した数は膨大になり、潰《つぶ》れ門《かど》があちこちに出てくる」と指摘している。[8] 鹿児島本土の米やさつまいもが主力の生産農家においてさえこの状況だとすれば、収益性の高いサトウキビの栽培地奄美の惨状が計り知れる。

薩摩の武士階級の割合（二五％）が、他藩の約五倍というから領主の視点は農民より武士だということかもしれない。

薩摩の黒糖政策は、これからの地域の産業・経済とは、そして自治体行政とはどうあるべきかを考える上で大いに参考になる事例だ。まさに、歴史に学である。このことを踏まえ、未来の奄美が光り輝くためにも、「民《たみ》信《しん》無《な》くんば立たず」、孔子の言葉を改めてかみしめたいものだ。

注

1　原口虎雄『鹿児島県の歴史』山川出版社、一九七三、一九七頁
2　昇曙夢『大奄美史』奄美社、一九四九、二五四頁
3　皆村武一『奄美近代経済社会論』晃洋書房、一九八八、六頁
4　上原謙善『鎖国と藩貿易』八重岳書房、一九八一、二六七頁
5　上原謙善『鎖国と藩貿易』八重岳書房、一九八一、二六七・二七一頁
6　真栄平房昭『琉球海域史論（上）』榕樹書林、二〇二〇、一五四頁
7　西村富明『奄美群島の近現代史』海風社、一九九三、七〇頁
8　『鹿児島県の歴史』一九七頁

※その他の主な参考文献

『改定名瀬市誌　一、二巻』名瀬市、一九九六
『奄美大島糖業の記録』鹿児島県大島支庁、一九三八
上原謙善『近代琉球貿易史の研究』岩田書院、二〇一六、九八頁
『奄美群島の概況』『鹿児島県統計書』鹿児島県　各年
松原治郎他編『奄美農村の構造と変動』御茶の水書房、一九八一
ウルベ・ボスマ、吉嶺英美訳『砂糖と人類』河出書房新社、二〇二四

第三部　奄美魅力のイッピン

第15章　司馬遼太郎が心寄せた〝島人《しまんちゅ》と奄美文化〟

酒井正弘

一　「天国からきた人」は伊藤捗《いたる》さん

一九八六（昭和六一）年五月から一九九六（平成八）年二月まで、産経新聞に、「風塵抄」という司馬遼太郎が連載する、エッセー欄があった。欄題と署名は作家の手書きである。毎月初めの月曜日、朝刊一面の三〇行、七段スペース。作家の顔写真もついており、読者の目を引くように構成されている。

一九九三（平成五）年二月二日付は、「一貫さん」という題になっている。「一貫さん（仮名）は近所の友である」と、親しみが込もった書き出しで始まる。以下、私の心に強く刻まれた個所を書き写す。

タクシーの仕事仲間がひどい肩凝りを訴えると、非番の日、家まで連れてきて、整体法を施してやる。礼はとらず、それどころか、ついでに金まで借りて、返さないものもいる。

「人間以外のひとかな」、そんなことを言いながら、もう七、八年も一貫さんの厄介になっている人が何人もいる。

四十をすぎて独身である。

一貫さんは遠い南の島でうまれた。大阪にきて、商店の小僧をしながら定時制高校を出、自衛隊に入った。島にいる母堂も、似たような人のようである。

さらに、本稿でとくに紹介したいのは、エッセーの次の三節である。

一貫さんは読書家である。それに耳で聞く言語能力もすぐれているが、極端な訥弁《とつべん》だから、人交わりがしにくい。会社員や商人になることは、むりである。

感情の量が人の倍ほどもある。それも、厄介なことに感情の種類が他者への憐れみという一種類だけだから、損得稼業ができない。

第一、妻子がもてない。妻子をもつと想像しただけで、憐みがあふれ、耐えられなくなってしまうらしい。

「一生で、いきたいところがある」

と、一貫さんは家内に例の訥弁でいったことがある。あとはだまっている。

「パリ?」と、家内はたまりかねてきいた。

「うんにゃ」、一問一答のあげくでなければ、一貫さんの話は、出来のわるいあぶりだしの絵みたいになかなか出て来ない。

結局、行きたい所は、自分がうまれた島の、それも生家の裏山の谷であることがわかった。島では、いまは家庭の燃料はプロパンガスを使っている。しかし、一貫さんの中学生時代までの燃料は、薪《たきぎ》で、薪とりは子供のしごとだった。

木の芽どきの日曜日、言いつけられて山へゆき、いくつかの谷でしごとをし、ある谷にさしかかったとき、そこだけに光がいっぱい射していて、赤、黄、青のきれいな鳥が無数に群れ、音楽を聞いているようだったという。

「あの日のあんなきれいな鳥、島でも見たことがない」と、家内につぶやいた。

こどもの一貫さんは天国を見たのではないか。

かねがね、私はこの人について、天国からまぎれこんできたのだろうと疑ってきたのだが、この一件をきき、当人がどう抗弁するにせよ、本当だとおもっておくことにしている。

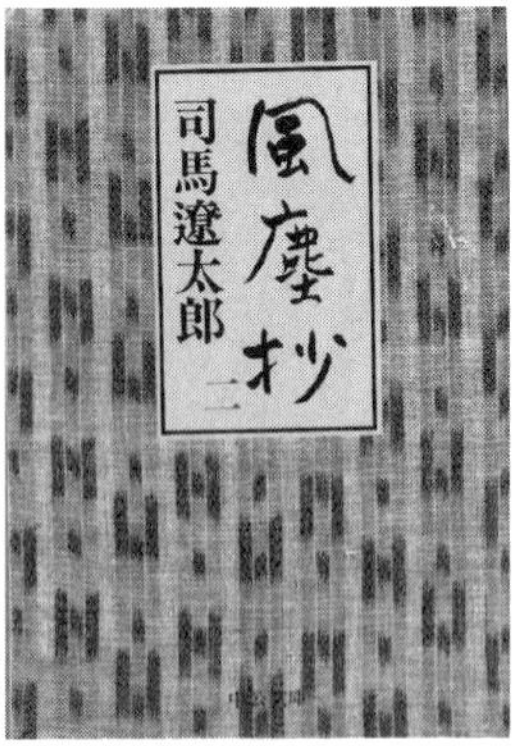

写真１『風塵抄　二』

本稿筆者が、この「一貫さん」という『風塵抄』のなかの一文が存在すること、書かれている「遠い南の島でうまれた」一貫さんが、誰で、どういう人かを知るようになるのは、二〇〇八（平成二〇）年一一月、故司馬遼太郎の夫人、福田みどりさんが山梨県明野町の、私が勤めるワイン会社に訪ねて来てくださったことが契機である。ワイン会社の私の同僚に大阪出身の者がおり、彼の伯母上と福田さんが大学時代に親しくお付き合いがあったという

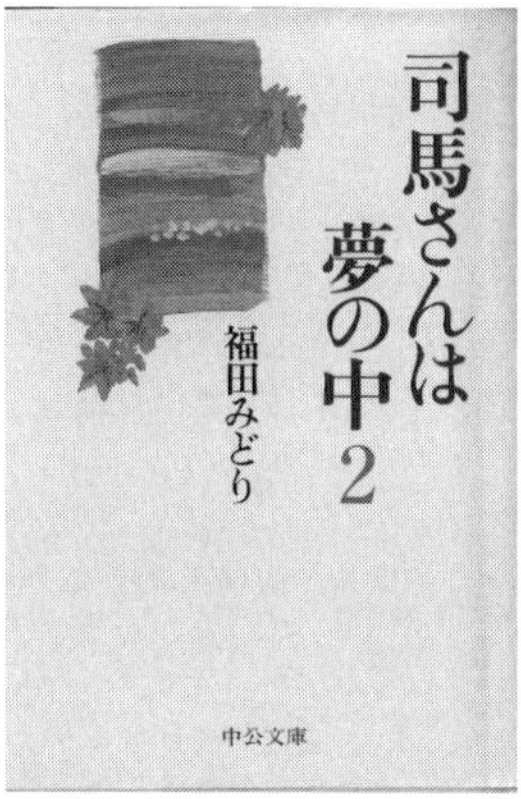

写真２　『司馬さんは夢の中２』

縁で来られた。福田みどりさんとの会話で、私が奄美出身者であることがわかって「大阪で、私たちが親しくしている人にも、奄美から来ている人がいる」と、話が及び、新聞連載後に本にまとめられた『風塵抄　二』（中公文庫）（写真１）と、福田みどりさんの著書『司馬さんは夢の中　２』（中公文庫）（写真２）を読んでからである。

『司馬さんは夢の中　２』で、福田みどりさんも「天国を覗いた少年」という題で、「一貫さん」のことを、具体的に書かれている。「一貫さんは伊藤捗《いたる》さんである」と。

私は週に一回か二回、伊藤捗さんの整体療法を受けている。

伊藤さんは、もともと、近くの「新東宝タクシー」に勤めていたが、司馬さんが亡くなった平成八年の春に独立して、個人タクシーのドライヴァーになった。司馬さんは伊藤さんの独立を喜んで、楽しみにしていたが、「伊藤タクシー」の車に乗ることができないままに去ってしまった。

伊藤さんの郷里は、奄美諸島の加計呂麻《かけろま》島である。本島から大島海峡を隔ててフェリーで二〇分ぐらいだろうか、面積七七・一五平方キロメートルの小さい島である。

この南の島の自然の中で伊藤さんは、中学を卒業するまで、決して裕福ではないけれど、充実した日々を過ごした。

伊藤さんが独り言のように呟いていたことがある。

秋ナンカ、ナカッタラエエノニ。

たまたま、大阪で暮らし始めた頃、季節は秋だった。御堂筋の銀杏並木の美しさには感動したけれど、秋が深まって枯葉が、ぱらぱら散るのを見た伊藤さんは、寂寥感で胸が震えた。南の島では目にしたことのない光景だった。

秋という季節のうらがなしさを、これほど、象徴している言葉を、私は聞いたことがない。

イッタイ、ドノヨウニ生キルベキナノカ。人の世での自らの位置を定めかねて、伊藤さんの模索は今も続いている。


「一貫さん」は、伊藤捗さんで、加計呂麻出身の方。いまは個人タクシーをやっていて、整体の技も持っている。司馬遼太郎記念館という大きな建物ができる前は、自然樹形の剪定を好んだ作家私邸の、庭木の手入れも担っていた人。細やかな心配りの人として筆者にも記憶されたのである。

二 「天国」という言葉は、島で生まれ育った者の琴線に触れる

文豪、司馬遼太郎（一九二三〜一九九六）に「友」としてエッセーに取り上げられた奄美人のことは、奄美に生まれ育った者として、只事ではないとの思いが募った。

思春期、我々（という複数にすることばが許されると思う）には、孤島苦に由来する劣等感が、脳裏に焼き付いていた。離島という海に遮蔽された条件が経済活動の制約となり、暮らしの貧しさをもたらしていた結果であった、と今は捉え返している。他方で、海に閉ざされた島の暮らしについて、島唄や島口などの島文化、大島紬などの固有の産物、亜熱帯性気候、群青の海色、深緑の樹木相、ハブの棲息、親・兄弟姉妹や友人たちへの思いなど、特異な環境であることへの愛おしみもある。それだから、たとえ島の一角であろうと、文豪の筆によって、「天国」という言葉で奄美が表現されていることには、唇に力がこもる、深い頷きがあったのである。

一九六〇（昭和三五）年ころは、まだ島のほとんどの部落で、中学生は山へ薪をとりに行っていた。「一貫さん」に出てくる、作業の手を止め、ひと休みして山に腰を降ろし、四囲を眺めるようすは、当時の大方の島の中学生の経験ごとでもある。

二〇〇八（平成二〇）年と二〇二四（令和六）年の二度、筆者は伊藤さんに大阪に会いに行った。新聞に書かれたときの印象を聞くと、「私のような者を、このように書いてくれて、と、体が震え、号泣した」と当時を思い出して、話してくれた。

「風塵抄」の新聞掲載後、司馬遼太郎は自ら、産経新聞の担当記者、福島靖夫さん宛の手紙に書いている。

「この間の〝天国から来た人〟は小生の身辺では大評判でした。〝一貫さん〟と自衛隊が同期だった人が、レントゲン技師の資格をとって中尉（二尉）になっていて、姫路の部隊にいます。その人とその夫人が読み、「一貫さん」を姫路に招待して、ガクブチ（記事を入れるガクブチ）を贈りました。小生はその額のうらに、「一貫さんは伊藤捗さんのことです」と書きました」（司馬遼太郎・福島靖夫往復手紙『もうひとつの「風塵抄」』、中公文庫）。

写真３　司馬遼太郎が「人ハ伊藤捗氏ノ事也、島ハ加計呂麻島ノ事也」と書いた額

伊藤さんは、その実物のコピーを持ってきてくれた（写真3）。

また、本稿筆者は奄美の名瀬で、捗さんの弟、伊藤良三さんにも会うことができた。良三さんの結婚式のときに、司馬遼太郎は祝賀の色紙を贈っている。

「ひと足ごとのながき旅　歩くよろこびに　笑み　まされかし　司馬遼太郎」と。（写真4）

さらに、司馬は伊藤さんのご母堂のお葬式の時には、生花を贈呈している。

筆者は、二〇一四年の一〇月、加計呂麻の秋徳《あきとく》を訪ねた。伊藤捗さんが薪とりに入った山は、どの辺りであろうかと探してみた。旧秋徳小・中学校は高台にある。校庭は奄美の学校の中でも狭い方だ。建物は残っているが、別の学校と統合されて、現在は廃校になっている。その裏山のあたりの谷は、もはや容易《たやす》く入ることはできない繁りであった。

けれど、深く濃い緑を越えて、美しい海も望めた。その日は、照射する光や多彩な鳥の飛び交い、音楽のような

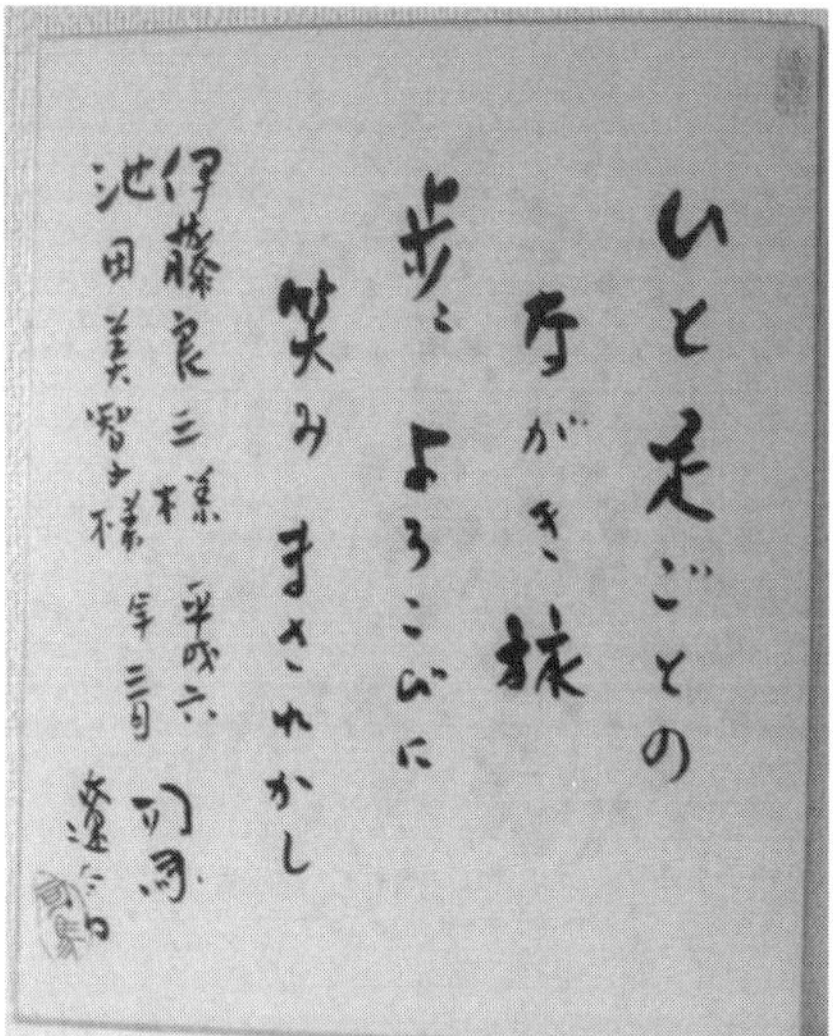

写真４　司馬遼太郎が伊藤良三氏に贈った色紙

写真５　加計呂麻島・秋徳の写真（撮影：稲光政）

さえずりこそはなかったものの、想像を膨らませることはできた。ゆったりと、時計の要らない島の生活空間を思い出すこともできた。奄美は「天国」に近いのではないか、車道から森を見下ろしながら、筆者は同行する数人と確かめ合った。

伊藤さんは他者への憐みを貫く人生を歩む、優れた個性の人で、手本となる方だ。いまも、「先生ご夫妻からのご恩を思いながらの、これからも貫きたい恩送りです」、と四囲の人々へ優しく心砕く日々を送っている。

そのうえで、筆者は、同郷の人々で、伊藤さんに近似する多くの顔が思い浮ぶのである。島の人は、海に囲まれて生まれ育っている。わが身を忘れて、人の苦しみに寄り添い、手を差しのべることを、暮らしの慣らいとして、自然に身につけざるを得なかったのではないか。つまり、人への憐みは、奄美人の遺伝子の中に染みこんでいる、掛け替えのない特性ではないだろうか、と考えるのである。

三　司馬遼太郎が心を寄せる人間像

伊藤拶さんへの眼差しを読みながら、司馬遼太郎の期待する人間像をとらえたいと願った。学ぶにぴったりの書物が、『二十一世紀に生きる君たちへ』（司馬遼太郎記念館発行）である。大阪書籍『小学国語』六年下用の国語教科書に書かれた「二十一世紀に生きる君たちへ」と、大阪書籍『小学国語』五年下用の教科書に書かれた「洪庵のたいまつ」が内容になっている。

司馬遼太郎は『風塵抄　二』の「〝独学〟のすすめ」（一九八七年五月）のところで、書いている。「こどもむけの本は、たいていは当代一流の学者が書いている。それに、こどもむけの本は文章が明快で、大人のための本にありがちなあいまいさがない」

「二十一世紀に生きる君たちへ」も、高い内容をめざして書かれている。

司馬遼太郎は、この文章を、人間の「荘厳さを感じつつ」、「こればかりは時世時節《ときよじせつ》を超越して不変のものだということを書きました」。さらに、「日本だけでなく、アフリカのムラや、ニューヨークの街にいるこどもにも通じるか、おそらく通じる、と何度も自分に念を押しつつ書きました」と同書所載「人間の荘厳さ」にある。

「私は、歴史小説を書いてきた」と教科書は始まる。

「歴史とは」、「かつて存在した何億という人生がそこにつめこまれている世界なのです」と、説いている。

「私の人生は、すでに持ち時間が少ない」、「君たちは、ちがう、二十一世紀をたっぷり見ることができるばかりか、そのかがやかしいにない手でもある」

「むかしも今も、また未来においても変わらないことがある。そこに空気と水、それに土などという自然があって、人間や他の動植物、さらには微生物《びせいぶつ》にいたるまでが、それに依存《いぞん》しつつ生きているということである」

「人間は、自分で生きているのではなく、大きな存在によって生かされている」

「この自然へのすなおな態度こそ、二十一世紀への希望であり、君たちへの期待でもある」

「自己を確立せねばならない――自分にきびしく、相手にはやさしくという自己を。そして、すなおで、かしこい自己を」

「二十一世紀にあっては、科学と技術がもっと発達するだろう。科学・技術が、こう水のように人間をのみこんでしまってはならない。川の水を正しく流すように、君たちのしっかりした自己が、科学と技術を支配し、良い方向に持っていってほしいのである」

「助け合うということが、人間にとって、大きな道徳になっている」

「いたわり」、「他人の痛みを感じること」、「やさしさ」、「この三つの言葉」。「私たちは訓練をしてそれを身につけねばならないのである」

「その訓練とは、簡単なことである。例えば、友達がころぶ。ああ痛かったろうな、と感じる気持ちを、そのつど自分の中でつくりあげていきさえすればよい」

「以上のことは、いつの時代になっても、人間が生きていくうえで、欠かすことができない心がまえというものである」

「私は、君たちの心の中の最も美しいものを見つづけながら、以上のことを書いた。書き終わって、君たちの未来が、真夏の太陽のようにかがやいているように感じた」

「洪庵のたいまつ」の緒方洪庵《おがたこうあん》は、適塾を創立し、わか者にオランダ語を学ばせ、医学を教えている。さらに、大村益次郎や福沢諭吉など、明治維新後の日本社会を導く指導者を育てている。

「洪庵は、自分自身と弟子《でし》たちへのいましめとして、十二か条よりなる訓かいを書いた。その第一条の意味は、次のようで、まことに厳しい」

「医者がこの世で生活しているのは、人のためであって自分のためではない。決して有名になろうと思うな。また利益を追おうとするな。ただただ自分をすてよ。そして人を救うことだけを考えよ」と。

「適塾の建物は、今でも残っている。場所は、大阪市中央区北浜三丁目である」

ＡＩ技術が進展し、ＤＸが事業体の中でどしどし取り入れられている。気候変動への対応が世界的な課題になっている。遺伝子組み換えの農水産技術も開発が進む。科学技術の洪水にのみ込まれてはならない、自己の確立を、という司馬遼太郎の人の生き方への方向付けには、時代に対峙する普遍性があると思う。

司馬遼太郎の徳目への眼差しが、「一貫さん」を書かせたのであろう。因みに、一貫さんという題は、人への憐みをひたすらに貫いている人、という意味が込められているのだと、本稿筆者は理解している。

四　司馬遼太郎の奄美観

一九八六（昭和六一）年七月、司馬遼太郎は「奄美大島と日本の文化」の演題で、名瀬市（当時）で講演を行っている。新聞記事には、主催は名瀬市と名瀬市文化協会、協力が奄美大島青年会議所となっているが、主力は青年会議所であったようだ。鹿児島からも多くの参加者があった。

内容も、青年会議所会員を主対象にしており、地域おこしや事業活動をいかに進めていくのが望ましいのか、に焦点が当てられている。講演の内容は、『司馬遼太郎全講演　三』（朝日文庫）に収められている。

〝奄美に初めて来ることができた。昔から来たかった。なぜか、奄美は苦労したから〟と、司馬は孤島苦の話から口火を切っている。

鹿児島の島差別についても語っている。全国に離島はあるが、島差別は、鹿児島が一番根強い。

膨大な資料を駆使しながら、幕末、明治維新、坂本龍馬、西郷隆盛、大久保利通、大村益次郎などを書いた作家は、〝西郷にとって奄美大島は、いわば大学だった〟と語っている。〝奄美への島流し前の西郷は、いまの中学卒業程度の教養しかなかった。それが薩摩藩の政策であった。島に流されれば、本でも読むしかありません。西郷はここで『春秋左氏伝』や『資治通鑑』を読んだ〟。〝土地の人に読み方を教わり、文字も学んだ〟、〝ここに来ることで西郷は、教養を身に着けた〟。

〝薩摩藩は琉球貿易を行って、奄美大島のサトウキビ栽培に目をつけ、搾取を重ねて財政を太らせ、明治維新の経済的なエネルギーにした〟とも。

つまりは、日本社会の封建制から資本制への大きな変革となった明治維新、その変革を推進した頭、胆《はら》、資金などの決定的な力を産み出した源泉になったところとして、奄美大島を語っている。

「地域おこし」や「モノづくりのため」にも焦点を当て、印象強い話を展開している。

〝奄美は、大島紬のような世界の宝を産み出した土地〟。同時にかつて隆盛を続けていた〝大島紬が圧迫されたように、日本の製造業はやがて衰えていく〟と、経済波動の循環の不可避性についても触れ、時代を見据える。

〝進む道を見出すために、〝人は、自分だけが、あるいは少数がもっているものを持ちたがる。それが文化だ〟、〝そういう文化を探し、つくる必要がある〟と、説く。

この際展開されている、「文明と文化についての話」も興味深い。〝標準語を文明に、方言を文化として仮定し、文明だけで人間の暮らしは成り立たず、文化だけでは土俗的に過ぎる、両方とも必要だ〟と語る。さらに、〝文明は大事だが、自分の文化を忘れたところは、滅びていく〟、〝ステレオタイプの文明は、やがて飽きられる〟とも警告する。

〝物真似でないもの〟、〝奄美にしかないもの〟、〝鹿児島でつくれないもの〟などの言葉が続く。

〝名瀬なら名瀬の文化をおこすのは、たった一人でいい〟と陶芸家、浜田庄司の例を挙げる。浜田庄司は、益子焼や沖縄の陶芸の再興を成している。東工大で焼き物を学び、先輩の河井寛二郎、柳宗悦、バーナード・リーチ等と民芸運動を共にする。土地固有の素材を用い、伝統技術を作品に生かす。生活の中の美しさを求めて磨く。ロンドンで初の個展を成功させる。柳の没後、民芸記念館の館長に就いた人である。

〝奄美が滅びないためには、存在理由が要る。ちゃんとした文化を起こしてほしい。誰かいい人を呼び、その人を中心にやっていくといいのではないか〟と講演を結んでいる。

五　司馬遼太郎と島尾敏雄の対談

司馬遼太郎は、『風塵抄』に書いた「一貫さん」の著者校正紙に付けた担当記者、福島靖夫宛一月二五日付け手紙の最後に、「一貫さんの生地は加計呂麻島。／島尾敏雄が水上特攻隊員をしていた島です。／一貫さんの名は伊藤捗／新東宝タクシーの永年勤続の人」と明かしている。

司馬遼太郎は沖縄で、その島尾敏雄と対談をしていた。「潮」（一九七四年六月号）に掲載されている。そこでは、ヤポネシア論、琉球弧、東北や近畿と南島の対比、日本とは、明治維新とは、文化とは、侏儒、卑弥呼、源平藤橘、アジア論、などの根源的な諸問題が論じられている。

片や、膨大な資料収集と丹念な読み込みを重ねた作家、他方は図書館長が仕事の作家、お二方とも資料に囲まれている人たちであるだけに、論点はどれも広く、深い。二、三だけ関心の強いところを取り上げる。

一九七二年の沖縄本土復帰、すなわち激しい復帰運動から間もない時だけに、鋭角的な視点での切り口も出ている。

そのひとつが、「沖縄は共和国になってほしかった」の見出しの部分である。

司馬は、岩手県をみて、「東北の大きさ、東北の大らかさ、ひょっとすると琉球弧にもない明るさ」という感をもつ。ふつう、多くの人に、東北は暗い、というイメージがある。東北は明るいというと、否定される。おなじように、「琉球処分」ということばをキイワードにした、観念的な感情への反発もある。明治維新では会津も処分され た、大阪も、岡山も処分された。士族はみなクビになって、百姓は地租という、生活を破壊されるような苦を背負わされた。「近代というのは、ひじょうに明るいように見えて、庶民にとっては、ほんとうは税金とか、徴兵とかいう面では陰惨ですわね」と指摘する。

司馬は、「私は、元通りの沖縄県になるという前に、本土復帰を望むのか、あるいは別の方向を望むのか、なぜ住民投票をしなかったのかと思うんです」。

「ぼくはこの日本の島の一つに住んでいまして、そのぼくの恣意的な感覚でいいますと、沖縄は共和国になってほしかった、国というものは細分化されていた方がいい、と思うものですから」、「日本に攻めて来られても、中国に攻めてこられても、朝鮮から攻めて来られても困るものですから、いろいろな複雑な外交を結んで、複雑な貿易をやって、複雑な生き方をしていけば、沖縄というのは、世界の新しい希望になる……」

さらに、続けている。「別に、そうなっても、われわれが恋い慕っている沖縄の元の文化というものは、やはりなくなっていくと思うのですけれども」

「沖縄県民というのは、いわゆる日本人の中でも、もっとも純粋な日本人ですわね」

「沖縄共和国論」は、対談者二方とも意見が一致している。「琉球弧」や「ヤポネシア」という視座に立ってのことである。

また、次のような点も議論されている。「〝奄美のルネサンス〟と島の宿命」という見出しだ。

島尾が「奄美の場合は、敗戦後八年間、行政が本土から分離されて、琉球政府といっしょになりましたね。そのときを、島の人たちは〝奄美のルネサンス〟とまでいっていますが、ひじょうに島の地生《ば》えのものが出てきたわけです。それが復帰と同時にサッと消えちゃった。それは沖縄でも言えるし、日本全体でも言えるのではないでしょうか。鎖国のようにした方が、島のにおいが高くなってきて——それが幸福かどうか、別の問題かもわかりませんが——外との行き来が自由になってくると、そういうものがサッときえてしまう」。

これに対して、司馬は、「それを見てしまった島尾さんは羨ましいなあ」、「えらいものを見たですねえ」と述べている。

「倭人と蝦夷と南島人」という見出しの箇所も興味深い。

島尾は、「私は『琉球弧』といっています。むしろ『琉球』がそのままズバリでいいとおもうんですけれども、『琉球』ということばは、奄美の人はかなり抵抗を感ずるし、沖縄の人も沖縄県になれば、『沖縄』ということばを使いたがる人もいるようです」。

司馬は、「原日本人というのは——『日本』ということばをあまり好きでないから『倭人』です。原倭人というのは、毛人のグループがいたろう。つまり、毛深いやつが。よく『古事記』、『日本書紀』に書かれている毛人ですね。それが弥生式農耕をもって、九州にやってきて、九州がすっかり弥生式農耕になってしまう。やがて非常に速いスピードで、東へ、東へ行きますね」。

島尾「倭人ということばが出ましたが、日本は倭人と蝦夷と南島からなりたっている、なんかそんなふうにしてつかみたい気持ちが、今あるのです」。

六　対談後の奄美にかかわる記録、二点

司馬は、「『街道をゆく　八』「熊野・古座街道」（朝日文庫）の中で書いている。

「その後、熊野へゆくたびに、島尾敏雄氏の造語であるヤポネシアということばを思いだすのである。島尾氏は奄美大島に視点をすえ、その視点を琉球弧（氏の造語）の視野へ広げ、さらにそれを拡大して日本列島の社会の基層をなしている文化性を考えようというのが氏の態度であるようにわたしは想像するのだが、たしかに日本の民族文化の基層を為す南方的要素は、――ネシアという感覚的角度からとらえると、より鮮明になるように思える」

島尾敏雄との対談の翌朝、司馬遼太郎によると、

「朝、この新築のホテルの明るい食堂で、島尾氏とパンを食べた。あと一時間で別れねばならないのに、ついにどちらも戦争のころの話題に触れなかった」

対談した場所は、沖縄。対談者は互いに戦争の経験者。島尾敏雄は奄美加計呂麻の呑ノ浦で、出撃命令をまつ特攻隊員指揮官であった。司馬遼太郎も、栃木県佐野で、戦車隊の小隊長として終戦を迎えた。

凄惨な戦争傷跡がいまなお、深く残っているところ。「軍隊というものは本来、つまり本質としても、機能としても、自国民を守るものではない。軍隊は、軍隊そのものを守る」、「軍隊行動の相手は単一、敵の軍隊でしかない」、「軍隊が住民に対して凄惨な加害者であった」という現実を、沖縄の地で見つめている。（「沖縄・先島への道」『街道をゆく　六』朝日文庫）

現今、沖縄・奄美には、対中国、対北朝鮮を睨《にら》んだ軍備増強が進められている。奄美、沖縄という琉球弧の未来を照らすためにも、司馬遼太郎研究は大きな力になると確信する。

第16章　田中一村が見た奄美

久保井博彦

一　はじめに「運命の画家」

奄美の自然に挑み〝孤高〟へと向かった画家・田中一村は、千葉を離れ、奄美で何を見たのか、何を描き、絵がどの様に変わったのか。また、どの様な生き方をしたのか。

オランダの画家・ファン・ゴッホは、南フランス・アルルへ、ポール・ゴーギャンは、タヒチへと、南国の光を求めて移住、独自の世界を生み出した。そのことは日本の美術界でも南下を目指すブームのきっかけとなった。

一村も失意の中、九州、四国を旅し、後に南国奄美への移住を決意した。亜熱帯の風土の中で生活し、珍しい独特な植物、鳥、蝶と出会い、鋭い眼差しで観察、繊細な画力で独自の花鳥画の世界を生み出した。一村は〝孤高〟ではなく〝孤高へ〟と向かったのであった。

写真１　東京都美術館主催、東京上野で 2024 年９月～ 12 月１日、「奄美の光 魂の絵画　田中一村展」が開催された。会場は観客であふれ、会期中の観客数は 28 万人に達した。写真は同展のパンフレット

初めての遺作展

昭和五四（一九七九）年一一月三〇日から三日間、「田中一村遺作展」が旧名瀬市中央公民館の二階ホールで開かれた。昭和五二（一九七七）年九月一一日夜、同市有屋の借家で独り逝った一村の三回忌に。名瀬市の市民が手

作りで準備した初めての遺作展だった。会場には静謐な雰囲気が漂い、用意した一〇〇〇部のパンフレットは初日になくなった。人口五万人の名瀬市民のうち約三〇〇〇人が一村の作品と人生に触れた。やがて会場は静かな興奮に包まれた。人口五万人の名瀬市には打てば響く文化的な感性があった。「あの一村さんが、こんな素晴らしい絵を描いていた」と驚きの声が瞬く間に広がり、「その感動の声はこだまとなって伝わり、やがてＮＨＫの電波に乗って全国に広がっていった」。当時南日本新聞大島支社に赴任していた記者中野惇夫さんがこの様に語った。

中野さんは昭和五三（一九七八）年に赴任、翌年奄美焼き窯元の宮崎鐵太郎さん夫妻と知り合った。窯場に立ち寄るうちに、一人の絵かきさんの話を聞き、絵を見せてもらった。かつて見たこともない緑色の強い迫力に圧倒された。あとでわかったことで、一村の代表作《不喰芋と蘇鉄》だった。宮崎さん夫妻は「一村さんの三回忌にぜひ遺作展を開いてあげたい」と熱をこめた。段ボール箱に残された多くの色紙と手紙もあり、中野さんも千葉の情報をつなぎ合わせて、ようやく一村の画業と人生が浮かび上がってきた。いつの間にか「この人の息遣いが聴こえるところまで知りたい」と、のめり込んでいった。

田中一村

田中一村（本名・孝）は明治四一年栃木県下都賀《つが》郡《ぐん》栃木町（現栃木市）に生まれる。五歳で東京へ移り、彫刻師の父稲村《いなむら》から「米邨《べいそん》」の号を受ける。「神童」と呼ばれた七歳の頃の書画が残されている。若くして南画家として知られる。大正一五年四月（一八歳）に東京美術学校（現・東京藝術大学）日本画科に入学したが、わずか二カ月後の六月に「家事都合」で退学する。その後も多くの作品を描き、財界人など多くの発起人が画会（頒布会）「田中米邨画伯賛奨会」を開き、南画家として活動する。昭和一〇年、一村が二七歳、父を亡くし三年後、母方の親戚、川村幾三氏を頼り、千葉市千葉寺町に家を建て、姉、妹、祖母とともに移った。以後戦時をはさんで約二〇年間、畑で野菜を育て、鳥を飼い、内職もこなしながら南画家として絵を描いていた。

残された作品の多くは、千葉を中心とした関係者、支援者に向けて描かれたものであり、実にていねいに描かれていたとある。

昭和二二年、一村は数え四〇歳で「柳一村」と画号を改め、川端龍子《かわばたりゅうし》主宰の青龍展に「白い花」を出品、入選する。その後、精力的に公募展の日展や院展に応募するが落選となる。画家としての誇りと努力は止むことはなく、良き理解者に屋敷の障壁画を任され、花鳥画にのめりこんでいく。軍鶏《しゃも》師の元に通い、徹底的に軍鶏のことを学び写生をしていく。写真への関心も深めて長い模索の時期だった。

千葉での一村は姉と二人の、貧しい暮らしを営みながら、絵の探求の苦闘が始まった。一村は三日間、喀血が止まらず、岡田藤助医師から厳重に警告されたこともあった。一村は六年間にわたる苦闘の末、「私は二三歳のとき、自分の将来行くべき画道をはっきり自覚し、その本道と信ずる絵をかいて支持する皆様に見せましたところ、一人の賛成者もなく、その当時の支持者と全部絶縁し、アルバイトによって家族、病人を養うことになりました。そのときの作品の一つが、水辺にメダカと枯れハスとフキノトウの図です。今はこの絵をほめる人もだいぶありますが、そのときせっかく芽生えた真実の絵の芽を涙を飲んで自ら踏みにじりました」「その後、真実の芽はついに出ず、それが最近六カ年の苦闘によって再び芽ぶき、昨年の秋ごろから、私の軌道もはっきりしてきました。その苦しい生活に、姉でなくて誰がついてこられるでしょうか。私は絵かきとして一つの大成功をしているのです。この軌道を進むことは絶対に素人の趣味なんかに妥協せず、自分の良心が満足するまで、練り抜くことです」(昭和三〇年三月、中島義貞氏あての手紙)。

芸術性の高い、自分の良心を完全に納得させるためには、素人の目に迎合する習性を削ぎ落とし、二三歳のときつかんだ、内なる魂と響きあう絵の水準に帰ることが先決だった。

二　九州、四国、南紀の旅、そして奄美へ移住

昭和三〇年、四六歳の頃、石川県羽咋《はくつ》に開苑した「やわらぎの郷」の聖徳太子殿の天井画を、現地で制作して完成させた。同年六月、九州、四国、南紀を旅してスケッチを行い、高揚感や開放感に満ちた色紙画が残されている。しかし四〇歳半ば過ぎての公募展出品すべて落選はこたえたのだろう。家も売り払い、苦汗を共にした姉で理解者の喜美子に、奄美移住の決意を励まされた。

一村は奄美に旅立つとき、漠然とした旅ではなく、絵かきとして生涯最後を飾る立派な絵を描くためだと支援者に語っていた。一村から奄美行きを相談された一村の理解者、川村幾三は人徳のある方で、おなじく支援者の岡田藤助医師に相談し、友永得郎医師（長崎大学名誉教授）に一村の国立療養所奄美和光園への紹介状をお願いした。一村は長崎で紹介状を受け取り、昭和三三年一二月一二日奄美に到着、旅館梅乃屋で落ち着いた。

和光園を訪れる

一村は、梅乃屋で休息を取った四日後、天気のよい日に国立療養所奄美和光園を訪ねる。途中の道のりでは左手に名瀬湾を見おろし、親子カエル形の奇岩やアダン群、右山手にシイ木や亜熱帯植物のガジュマル、クワズイモ、ソテツなどの自然に一村は圧倒されながら目的地へ向かったのだ。三方の山に囲まれた静かな環境の奄美和光園に

は、三〇〇人ほどのハンセン病患者が療養していた。一村は半袖シャツに半ズボン、ゴムぞうりという軽装で現れた。年末といっても、南島の気候にまだ順応していない一村には、千葉の温感からいえば、初夏のような気温に感じられたかもしれない。応対に出たのは事務長の松原若安氏であった。一村は芳名録に筆をとって、心に刻んでいた名瀬港の初印象をサラサラと墨で描いた。そして「一三日未明、船上より初めて黒き奄美の姿を見る　遙けくも来つる哉《かな》の思ひあり　昭和三三年一二月一七日　和光園にて　田中孝」と署名した。名瀬港を取りまく黒い山々に、なお黒く点在するのは、ソテツの古木だった。一村到着の連絡を受けていた小笠原医師とは初めて会ったのに、旧知のような親しみを覚えた。談笑を重ねるうちに、すっかり意気投合して愉快な一日を過ごした。

奄美群島の風土

亜熱帯北部域に位置する奄美群島は鹿児島から四〇〇キロメートル地点にある。本土より一足早い梅雨と、台風の通り道で雨の日が多いのも特徴だ。梅雨前線は日本の約一〇〇〇キロメートルも西に位置する「ヒマラヤ山脈」が影響して、偏西風がこの山脈で南北に別れた後に日本の北で合流することで発生する「オホーツク海気圧」の間で形成される。一方台風は、太陽により暖められた海面から発生する水蒸気がエネルギー源となる。水蒸気は上昇気流となり雲へ、そして積乱雲へ成長する過程で大量の熱を大気中に放出、このとき周りの空気も暖めることで、上昇気流が強まり、積乱雲がさらに発達し台風となる。その様な気候の亜熱帯北部域に位置づけられる琉球弧の中で、さらに北部域に位置する奄美群島は、大島、加計呂麻島、請島、与路島、喜界島、徳之島、沖永良部島、与論島の有人八島からなる。大島本島は大部分が古代層の化石によって構成されており、希少生物のアマミノクロウサギ、ルリカケス、アカヒゲなどが生息し、天然記念物として指定、保護されている。特産品には黒糖焼酎や本場奄美大島紬がある。

与論島視察旅行

身辺を整えると、一村はすぐに与論島の視察旅行を計画、年内に最南端まで下検分をした。つまり、絵のモチーフを求めての旅だったのだ。与論島は、「東洋の真珠」と呼ばれ、黒潮に浮かぶサンゴ礁に囲まれた島だ。冬の海はニシカゼが吹くと荒れて船も揺れ、船内の人もゴロゴロと転げる。船酔いも続出する。波は静まっても、港に着岸できず、沖にいかりを下ろし、ハシケ（渡し船）渡しとなる。

一村は、のどかな雰囲気の中を歩くと、珊瑚の石垣に、からみついた巨大なガジュマル（シメ木）に出会う。家はカヤブキ集落が多い。穀物を収納する高倉も、ネズミ等の被害から守る目的と台風に備えて堅固に造られていた。一村は海辺で、珊瑚の白砂、浜ヒルガオ、アダンの群生、海からの風に新鮮な感動を覚えた。与論の暮らしを肌で感じ取ったのだ。本土では見られないガジュマル、アダン、ダチュラ、パパイヤ、ビロウ樹、デイゴなどが珍しく、すぐスケッチしたのだろう。魚売りの女性が、魚を運ぶ大きな桶を頭に乗せて歩く姿も面白く、珍しい魚も写生した。円錐型のカヤブキ家からバッタンバッタンと音が聞こえる機織りの様子や、農家の庭先に、ソテツの赤い実が干してあった。その実を乾燥し毒性を抜いた後に味噌を仕込み臼の中に大豆と実を入れ杵でつくのだが、島唄を歌いながら作業をするとはかどり上手に出来上がるのだと、その様な労苦の様子も絵に織り込んだ、《与論島初冬》《漁樵封問》《日暮れ道遠し》等の色紙が残っている。

与論の宿で転任の人の送別会があり、蛇皮線と島唄が聞こえてきた。一村は物珍しさも手伝って板戸を少し開けて隙見した。夜の一二時迄、みんなが歌い、老若男女、代わる代わる踊り、にぎやかな六調のリズムでお開きとなった。「夜は一二時、ところは南海の孤島。夜風の身に沁むルも忘れて、隙見するは流浪の画家の私。さながら泉鏡花の小説の一章のようです」（昭和三三年一二月三〇日、川村幾三氏あての手紙）と、一村は与論島第一日の印象を書きつづった。一村は、翌日も朝早くから、茶花港に入る漁船など見て回ると、漁から帰ってきた板付き船の船底に、原色で紋様も鮮やかな熱帯魚が転がっていた。画心をそそられ、写生に追いまくられた。熱帯魚の紋様は絵心を満足させ、写生と写真撮影で与論三日間は、充実した日々だった様だ。

ネリヤカナイ―笠利町あやまる岬

昭和三三年の一二月二五日は、奄美の祖国復帰五周年記念を祝う日で、一村はその翌日帰った。年が明けて早々から一村は島内を写生して回った。北部の笠利町にも足を運んだ。島の北端のあやまる岬から望む雄大な海の眺めは心に深く焼きつき、太平洋から東シナ海にわたる広角度の水平線は、一村の絵にかかせないモチーフになった。

砂白く潮は青く千鳥啼く

一村の句である。奄美大島の北、笠利町あやまる岬の高台から太平洋と東シナ海の境を望む場所に一村のこの句碑が風に吹かれてひっそりと建っている。その高台から眼下を見下ろすとソテツ群生地が広がり、珊瑚礁のリーフ（頭）で白波が立ち、ゆるやかに陸地へ向かう。エメラルド色や紺色の七色に輝くといわれる海。澄み切った空、立ち上がった雲に目をうばわれる。恋人の船出を見送る娘の切ない気持ちをうたった島唄「行きゅんにゃ加那節」や、女姉妹がウナリ神となり、航海の安全を見守る、「ヨイスラ節」にも見られるように、島の人たちは、島社会と海のかなた、この世とあの世の境界である水平線に、さまざまな思いを託してきた。

海のかなたにあるニライカナイからの来福を願い、海のかなたから稲霊を招いて豊作を請い、祖霊たちも海のかなたからきて海のかなたに帰る。「平瀬マンカイ」と「シチョガマ」の祭事がとりおこなわれる。海辺に寄せる物はニライカナイからの贈り物だと、島の人たちは信じていた。

奮い立つ心

幼少期からの絵心の絵は、できていない。絵のため、姉まで巻き込んで、苦労し、人にも迷惑をかけてきた。このままでは、絵かき人生を終えるわけはいかないと。「今、私の全神経は、絵に向いています。さわられても、叩かれたように響きます。実に楽しくなると正反対に、私の言動は狂人に近くなります。オランダのゴッホも、フランスのセザンヌも、執筆中の夏目漱石も、画室に於ける横山大観先生も、狂人同様であったことを想起して下さい」「今、私が、この南の島へきているのは、歓呼の声に送られてきているのでなければ、人生修行や絵の勉強にきているのではありません。私の絵かきとしての、生涯の最後を飾る絵をかくためにきていることが、はっきりしました」（昭和三四年三月、中島義貞氏あて）

奄美にきて、新たなモチーフに出会って、一村の画心はさらに奮い立った。絵の確信が高まるにつけ、奄美での暮らしをどう支えていくか、不安はつのり、生活の糧を確保しなければならなかった。酒、たばこ、外食はしない一村の生活費は削りようがなかった。「貧乏でないと、いい絵はかけません」といい続け、「絵かきは、筆一本、飄然と旅に出るようでないといけません」といって千葉を出た一村は、放浪の第一歩である奄美からの手紙で「小隠は山に隠れ、大隠は市に隠ると。私も大隠になった様です」と名瀬市の間借り生活を千葉に報告している。仙人になれないとしても中国の隠者たちの生き方を範とした理想の人生観が、これらのことばからうかがえる。

奄美和光園での生活

昭和三四年、一村は当初間借りしていた屋仁川の梅乃屋を出て、奄美和光園の官舎に移り住んだ。庭にはルリカケスやオーストンアカゲラ、あるいはアカショウビンなどの珍鳥も姿を見せていた。庭には大きなビロウの木やパパイヤ、ゴムの木などもあり、一村は写生帖を広げて、早速スケッチをはじめた。単身赴任の小笠原医師との共同生活が始まり、変わり者同士の二人暮らしは、周囲の人たちの好奇の目を誘った。食事は一村式の生野菜を中心とした菜食だった。一村は山鍬で畑を耕しては、種子や苗を植えて野菜を育てた。園内の人たちは「似た者同士」の生活を敬愛の念をこめておもしろおかしく語り合い笑いこけていたという。そこに東本願寺の福田恵照住職が加わり生花談義に花が咲いたという。「生け花は、自然の姿を自然に生けるのがよい。山野に自生する植物はすべて花材になる。奄美の生け花は、奄美の自然を生かしたものであるべきだ」というのである。奄美に来たばかりの一村は、梅乃屋の玄関に飾られた生け花に注目した。「これは誰が生けたのか」とナオさんに訪ねて、一村は福田さんと知り合った。

一村は熱砂の浜に群生する野性味あるアダンが好きで、よく観察し、写生をしていた。日ごろ研究しているアダンの葉がみごとに生かされた生け花を見て、関心をそそられたという。

自然を見つめる一村は、周囲の人たちが生ける生け花にも関心を向けていた。明治末年ごろ盛んに行われた文人生けの流派で、自然のままのすなおな植物の姿を愛し、定型を持たない自然な作風を重んじる「南宗瓶華」の影響のせいか、一村はあまりにも人工的に走りすぎた造りは好まなかった。「田中さんは、自然に対する感覚が、じつに鋭い方でした。生け花を教えてくれといわれるので、多少の手ほどきめいたことをしましたが、教えるといっても、すでに感覚の備わった方でした。その代わりというか、私は一村さんから絵を習いました」と福田さんは語った。一村は、福田さんから奄美の薬草や植生を教えてもらって、多くの植生を描いていた。一村は園内の患者たちとも知り合いができた。患者が、肌身離さず持っている写真から肉親の肖像画を頼まれ描いて喜ばれた。

パパイヤとゴムの木

和光園を長年に渡って勤務し退職された、同園の松原事務長にもお世話になったと、一村はお礼に一幅の絵を描いて新築祝いに贈った。松原さんの住んでいた官舎の庭にあった「パパイヤとゴムの木」を墨絵風に描いた軸物だった。この絵は、田中一村記念美術館が出来る前、学芸員となり作品の収集で走り回っていた西村氏に同行して訪ねた際、岬氏も私も見させてもらった。くるくると新聞紙につつまれて保管されていて、色も描いたままの状態を保っていた。見事なモノクロ調の色合いで構図も高倉と海をバックに入れ立派なパパイヤが描かれていた。「この絵は家が、四、五軒は建つ。私が死んでからでしょうね」と一村が絵の値段を聞いた松原さんをからかいながら答えたなどのエピソードを、御本人から笑いながら聞かせてもらった。このパパイヤとゴムの木の絵は、後に美術館に収められた。

借家

一村は生涯最後の絵を描くために、借家を探した。和光園職員の泉武次さんの有屋の借家が借りられた。家賃も高く働かなければならない。引っ越しの荷物は柳ごおり二、三個と、絵の道具を入れた段ボール箱数個といった程度で、近所の人たちは、変わった流れ者が住みついたという目で見ていた。狭い家だが、「好きなように使っていい」とのことで、絵仕事が出来る様に、全部自分で改造した。大工、左官の手仕事はお手のものだった。材料費は家賃から差し引いてもらった。この借家が気に入ったのは、豊かな自然が身近に感じられる環境にあったからだ。背後には、本茶峠から連なる亜熱帯樹林の山が迫り、珍らしい小鳥や蝶も庭先にやってきた。アトリエ改造が終わると、庭先の開墾に取りかかり、雑草を切り払い、赤土を耕し菜園をつくり上げた。絵を描きながら「食糧の自給体勢」を整えるつもりだった。

紬工場

一村は生活費を稼ぐために、機織りを始めた。家主の泉さんの妻が快く織機から絹糸の世話までしてくれた。家の中で拘束されずに、しかも体力のいらない紬織りなら、生活を支えるのに最適の賃仕事だと思った。まず手はじめに最もやさしい男物の横織りをすすめられ挑戦したが、相当の熟練を必要とした。私も一疋挑戦したことがある。アゼ通しや絣合わせて前びきを起こすと鎖骨と胸の痛みが起こるのだ。一村は、驚くほどの根気と器用さと賢明な努力で二疋ほど織り上げた。出来上がりは素人の手に余ることは歴然としていた。小さな柄模様が所々ずれていて、定価で買い上げてもらえず糸代を差し引くと手間賃は少ないものだった。紬工場に出入りするうちに、染色の工程が自分に向いていることに気づいた。まもなく一村は紬工場に職工として働きに出ることを決意する。五四歳になって初めて体験する賃金取りであった。

摺り込み

仕事は、絹糸を締機でムシロ状に織って、泥染めで染めた後、柄の入った場所に目破りし、抜染、白くなったところに異なる色を乗せていく「摺り込み」と称する工程であった。東京や京都の問屋から、図案と色が指定されてきており、その指定通りに染料を調合して作り、ヘラで色づけしていく作業である。

一村にとっては単純な作業であった。色の調合にしても、一村はまるで熟練工のように、いとも的確な色合いを出していった。時には「この柄には、この色は合わないのだがなぁ」などとつぶやきながら、指定どおりの作業を進めていった。定められた時間中は、目いっぱい精を出し働いた。同僚たちが「あまり根をつめない方がいいよ」と心配するほどの働き者だった。

「私は紬工場に染色工として働いています。有数の熟練工として日給四五〇円也。まことに零細ですが、それでも昭和四二年の夏まで（五年間）働けば、三年間の生活費と絵具代が捻出できると思われます。そして私の絵かきとしての最後を飾る立派な絵をかきたいと考えています」

一村が通う紬工場までは、借家から一・五キロメートルあり、近くの大熊港はカツオ漁船の基地である。仕事帰りにいつもの魚屋に立ち寄り、海老や魚を魚屋に借りて、鱗《うろこ》も一枚一枚数えて観察して緻密な描写を行った。親切な魚屋に「鱗が何枚あると思う？」などと会話も愉快だ。描いた後魚を返すが商売にならない。魚屋の息子が喜んで食べたなど、息子さん御本人から中学生の頃のエピソードを聞かせてもらった。

魚屋の主人がどうぞ描いて下さいと伝えると、「一村さんは『ご主人は人が良すぎて商売に向いていない』と笑って言った。良い人だったよ」と。しかし、魚屋の縁側で正座して絵を描き始めたら怖くて近寄れなかったとも語った。

三　奄美での作品

一村は白い砂浜でアダンなどを写生しながら、望郷の思いと、強烈で豊かな自然を日本画のモチーフとしてどう描いていこうかと葛藤があったと思う。写生帖には、次々と奄美の自然がスケッチされていった。

昭和三四年に色紙に描いたソテツやアダンを大胆な構図で取り、背景に海と立神を入れ空間が広がる好奇な視点で捉え描いている。亜熱帯の植物のグロテスクな面白さを感じたのだろう。それが、昭和三五年頃の作品《奄美の海に蘇鉄とアダン》に結実した。この作品をお土産に一度千葉に持ち帰り、知人に珍しい植生の絵だと語っている。しかし、しばらく千葉に滞在していた一村を見た姉・喜美子は、「あなたは家を売って奄美に旅立ったのに、どうしてここに居るのか」と一村をたしなめ、はっとした一村は、川村氏に新作を贈り、千葉時代に描いた失意の絵画を取り戻し焼き払った。その様子を見ていた川村氏の娘、不昧《ふまい》さんはとても悲しかったと語った。

一村は、昭和四二年に紬工場をやめ、制作に入る。四〇年代前半のこの時期に奄美作品の大半は描かれた。素材として高価なデリケートな絹本である。また岩絵具は、上野の画材店に発注して取り寄せており、制作にかける熱意をうかがうことができる。昭和四五年から再び紬工場で働き、二年後の同四七年から制作に専念するが、この頃から体調が悪化して思うように筆が進まなかったようである。それでも、世話になった人々には律儀に色紙を描いて返礼とし、小品ながら《熱帯魚三種》など、濃淡による密度の高い作品を残している。

《初夏の海に赤翡翠《あかしょうびん》》

昭和三六年、姉が亡くなり、悲痛な思いの中、少しずつ描いたのではと思われる《初夏の海に赤翡翠》は、昭和三七年の作品。画面バックの黄土色の上に多色ではないがメリハリのある華やかな構図のビロウの葉が鳥の羽に見え、浜辺の三角構図の岩の上にとまる赤翡翠をつつみこむ。左横下手前から植物のアカミヅキがグッと鳥にせまる。

《奄美の郷に褄紅蝶《つまべにちょう》》

孔雀椰子と枇榔の重ね合いが隅々まで行き届く緻密な描写、その右後ろのパパイヤの幹が上に画面をはみ出し、見上げるように描いている。パパイヤの黄色の実を大きく描き、徐々に青緑の実を小さく上に描いていく、それもリアルだ。

赤いヒシバディゴが右から枇榔の葉の間を抜けて顔を出し褄紅蝶《つまべにちょう》がとまる。一つの花の如く同化し、葉も蝶の様に浮遊し踊っているようだ。下から竜舌蘭《りゅうぜつらん》とクロトンが顔を出す。左からはブーゲンビリアが伸びて会話がはずむ。理想郷の姿だ。左の高倉と奥の高倉が並ぶ先に海と対岸の島なみ、明るい空に白い雲が印象的で、洋画の趣も感じられる。

《枇榔《びろう》と浜木綿《はまゆう》》

一村が良く描くビロウ樹で、画面下のハマユウの白い花と重ね合わせ、ダイナミックな構成となっている。海と空がビロウ樹の葉の隙間から見える背景の描き方は、墨彩の味わいもかもしだし、印象的で見事である。

《枇榔樹《びろうじゅ》の森》

大きなビロウ樹と流れる様な葉と葉、一枚一枚の重なりを観察し、丁寧に葉の先端までシャープに描ききっている。モノクロの色調も臨場感があり、空間の処理も見事な作品となっている。大変な根気と情熱が溢れだしている。

《アダンの海辺》「閻魔大王への土産物」

「この絵だけは誰にも譲れない、閻魔大王へのお土産なのですから……」と一村が述べた昭和四四年の作で、「閻魔大王への土産物」をやりきったと知人に譲った添状に、砂礫と雲の表現に注目を促すとある。アダンの独特な構図、垂れ下がる緑の下葉、中間の徐々に垂れていく緑葉、上部のピーンと天に向かって伸びる青色の葉、質感に加え、緊張感を促す。人の呼吸のように繰り返し押し寄せる、ゆったりとした波間、水際の砂浜から手前に砂礫が徐々に大きく描かれる。薄グレーの水平線が空の黄色と溶け合い、黄色のアダンの実が引き立つ。象徴的なアダンの実の下の薄朱色がグレーの雲に鼓動を響かせ全体がシンフォニーになる。

《不喰芋と蘇鉄》

《不喰芋と蘇鉄》も「閻魔大王への土産物」と記されている。一村の大作で、徹底した構図を基に顔料も厚く重ねられ、植物と奥に水平線の海と浜、三角の岩山（立神）を描く。手前のソテツ雄株が右端、真ん中から上へ雌株が、左下から太陽が上がる様な配置。濃緑の葉と細い茎が放射状に伸びる。巨大なクワズイモの葉と太い茎、花芽の黄色から朽ちるまでの赤い実、隙間から見える岩山（立神）の周りが光を帯びて明るく、そこに右下に薄緑の鳥の形をした豆葉が飛び立とうとしている様に見える。

《海老と熱帯魚》

昭和五一年以前の作品。強烈な鮮やかさを感じられる。重ね合った構図の面白さ、それぞれの特徴が見事に表現されている。海老のトゲ、ソウシハギの表情、皮膚の滑り、クロトンの葉、全体が触角的あふれる作品で《不喰芋と蘇鉄》同様、現代絵画とも思える。一村晩年頃の作品だといわれる。

未完の大作三点が心を打つ。《枇榔樹《びろうじゅ》の森に赤翡翠《あかしょうびん》》《白花と瑠璃懸巣《るりかけす》》と、鉛筆による下描き図だ。

一点は、枇榔樹の葉が右上から重なり合い（薄墨と淡彩を併用）、その周囲に小中の植物の葉をうす明るく分けて描き、右上枝に止まる赤翡翠、左下に羽を広げて止まるアサギマダラを同化させ、幻想の世界へ誘う。

もう一点は明るい色の下塗りで各色を用いて塗り分け、ダチュラや白い花は線で描く。ルリカケス二羽が描かれ、侵入者に向かって威嚇するような勢いだ。近くに巣があるからだろう。

三点目は鉛筆で描いて絶筆の作品となっている。迫力ある鳥と植物を描き、この先どの様になっていくのか興味が沸く。

新発見の作品《岩上の磯鵯《いそひよどり》》昭和三四、三五年の作品

新聞にて最近報道があった。奄美大島商工会議所で買い上げて、美術館に寄贈したのだ。

磯鵯は人なつこい。かなり近づいても逃げようとはしない。岩は珊瑚礁が隆起した様な岩肌に見える。重なった岩と岩の間の黒が深みを帯びて重厚さを増す。植物のグリーンと白がマッチし、南国を醸し出す。

モノクロの自撮写真を駆使して構図を決め、スケッチ、着彩、それを基に大作を描いていたと思われる。一村は写真も随分撮り、焼き増しが残っている。また、鳥をあらゆる角度から何枚も鉛筆で素描、デッサンしている。家の近くの木に止まるのを待ち、素早く描き、それを繰り返した。

四　宮崎さんと一村の出会い

宮崎さん夫妻との出会いは、結果として運命的であった。一村が大熊の紬工場に通っていたころ、腰を痛めて歩行に難渋している姿を見かけて、奥さんが窯場に招き、お茶を一杯さしあげたのがきっかけだったという。それから宮崎夫妻と晩年の一村との間に親しい付き合いが始まった。

一村の見事な清貧ぶりを見て、よほど生活に困っているのだろうと宮崎さん夫妻は思いこんでいた。「一度も作品展を開いていない」という一村さんのために、ホテルで作品展を開いてあげたいと思い、一村に申し出てみた。一村はなぜか快諾して「妹、(房子さん)に預けてある作品を全部持って参りましょう」といい、千葉に帰り、筒巻きにした作品を抱えてきた。このとき一村は千葉の房子さんに「名瀬に私を芸術家として遇してくださる方がいて、私の個展を開いて下さるそうな」と伝えている。

ホテルの広間で、まだ表装していない作品を一点ずつ広げ、壁に並べて掲げていった。そして正座して自分の作品を確かめるように凝視する。一村の姿は、宮崎さん夫妻の印象に強く残った。全身に鳥肌が立ち、血管が浮き上がり、目は一段と鋭くなって、物を言うのも怖いぐらいな雰囲気だった。宮崎さんは、絵を買ってあげる機会はこの時をおいてないと思い、一村に申し出てみた。一村は宮崎さんの目をじっと見て、「宮崎様、無理をなさらなくてもいいですよ」という。引っこみのつかなくなった宮崎さんは、結局、大作《不喰芋と蘇鉄》を所望。一村はこの代表作を宮崎さんに託すことになった。

ホテルでの作品展の計画は、表装の問題などで結局実現せずに終わった。一村は「当地に腕のいい指物師はいますかね」と宮崎さんに尋ねている。そうでないと作品が死んでしまうと一村は考えていたらしい。

一村は「五〇年後、一〇〇年後に私の絵を認めて下さる人がいればいいのです。その人たちのために描いているのです」とも語っている。

名瀬市で一九年間も暮らしてきた一村だが、自らを語らず、一紬職人として質素な生活を続けた。一村は目立つ存在ではなかった。しかし市民たちは何らかの縁で一村に触れていった。紬工場に通う一村は自ら「歩行訓練」と称した。

一村は昭和五〇年(一九七五)九月一一日、名瀬市有屋の一〇日間の住まいだった家で独りひっそりと、誰にも看取られず亡くなった。享年六九歳だった。

宮崎さんの悲願

生前に作品展を企画しながら、開いてあげられなかった宮崎さんは、このことが心残りだった。宮崎さんの熱意を受けて、千葉の新山房子さんは、遺作展のために、所蔵する奄美時代の作品八点を送ってきた。

難問は作品管理だった。当時沖永良部高校に赴任中の日本画家・関好明さんと、名瀬市の洋画家・久保剛さんに相談したところ、お二人は西村康博さんを紹介された。西村さんは東京藝術大学で日本画を専攻。大学院を終えて美術教師として初任地の奄美に赴任していた。西村さんは以前、奄美焼きの窯場に立ち寄った際、入り口の壁に飾ってあった一枚の色紙が気になっていた。アダンの木と水平線が描かれていた。こんなきれいな線を描ける画家が奄美にいるだろうかと漠然と思っていた。宮崎さんは、まず一村の絵を西村さんに見てもらった。

西村さんは山羊島のホテルの一室で、部屋の壁に無造作に押しピンで留められていた《不喰芋と蘇鉄》を見た。アンリ・ルソーや若冲を思わせる構成、本格的な日本画であった。しかも技量は卓越したものに見える。この亜熱帯の島を日本画で表現した人がいたことに信じられない思いだった。段ボール箱に残された多くのスケッチは、妥協を許さない潔癖さをもって絵に打ち込む姿勢を感じさせた。《不喰芋と蘇鉄》の代表作とデッサン、色紙類を長時間丹念に見た西村さんは多くを語らなかった。

作品は裏打ちもされない絹地のままで、くるくると丸めておさめられていた。「本表装はいずれしっかりした本職の手でやってほしいという思いがあったので絵の部分には触れぬよう心がけ、パネル仕立ての額装とした」と西村さんは語る。作品設営には若い岬真晃さんや里山和穂さん他、多くの人が手伝いに駆けつけた。筆者もその一人である。西村さんに誘われて、初めて作品を目にした時、鉛筆画のエビ、闘鶏、魚、植物の素描に圧倒された。種から育てて描いたレオナルド・ダビンチの素描を思い浮かべ、《不喰芋と蘇鉄》はゴーギャンとマチスを思い浮かべた。作品を、額装から絵に触れないで外す時の緊張感は感動と共に忘れられない。遺作展は当時の宮山教育委員長を実行委員長として立ち上げ、市民へ基金を募り、多くの浄財を得て前進した。会場は初日からにぎわった。会場展示は遺作展にふさわしいものになり、無料で開放された。

一村は生前、知人宛の手紙の中に、「五年働いて三年絵に注ぎ込み、二年働いて個展の費用を準備して千葉で個展を開く」と記していた。そして「作品は運搬に便利なように全部巻いてありますから……私が全作品を提げて、たとえ、大雪の日であろうともお伺いして、御覧に入れますから」とも書かれてあり、宮崎さんは一村の生前に叶わなかった奄美での個展を三回忌に遺作展という形で行うことが出来、安堵された様だった。

NHKの放送と全国巡回展

翌年、奄美の海を採録する仕事で名瀬を訪れたNHK鹿児島放送局の松元邦輝ディレクターは、取材先の家で見た一枚のデッサンが気に掛かり尋ね、一村の画業を知った。前年、名瀬で遺作展があったことを知り、早速取材に取りかかった。

『話題の窓』で「幻の放浪画家―田中一村」を鹿児島放送局から放映。次いで秋に「九州80」で九州全域に紹介して反響を呼び、昭和五〇年一二月一六日NHK教育テレビの「日曜美術館」の「美と風土」シリーズで、「黒潮の画譜―異端の画家・田中一村―」と題して、全国に紹介された。反響は大きく、その後四回にわたってアンコール放送された。昭和六〇年、中野さんの執筆された「アダンの画帖」は、南日本新聞に週三回のペースで連載され、多くの読者から感動のことばが寄せられた。翌年二月、道之島社から出版された。現在は小学館から再刊されている。

田中一村展全国巡回展

日本放送出版協会の大矢鞆音さんは、放映された「日曜美術館」の一村を見て強い印象を受け、さっそく作品展を企画。昭和六〇（一九八五）年九月、「田中一村展―黒潮の画譜・異端の画家―」を大阪高島屋を皮切りに鹿児島などの全国各地で開催。同時に一村の初めての画集『「NHK日曜美術館」黒潮の画譜・田中一村作品集』（NHK出版）を刊行。全国のファンの期待に応えた。この一村作品展は前後四次に渡って、全国で開催され、約一〇〇万人の観客がその画業と人生に触れた。一画家の個展としては希有な観客数と紹介されている。田中一村記念美術館建設と「奄美日本画大賞展」の創設に全力をあげて貢献された。

奄美パークと美術館開館に向けて

平成八（一九九六）年一一月二六日「奄美から魅力ある情報発信として田中一村作品を収集したい。一村の絵が奄美に帰ることは意義深い」と須賀龍郎県知事（当時）は記者会見で作品収集への意気込みを語った。日本放送協会主催の「田中一村の世界」全国巡回展終了と「奄美パーク」計画の進行のタイミングが一致し、田中一村記念美術館は実現に向けて前進した。さらに翌年の平成九年、終焉の地である奄美市は、国土庁、鹿児島県の後援で「田中一村記念　奄美日本画大賞展」を創設、全国公募展を発進した。そして平成一三年「奄美パーク」は「田中一村記念美術館」を中核にオープンした。

終焉の家

奄美では昭和六一年夏、旧笠利町歴史民俗資料館で「一村展」が開かれたのを契機に、残された旧名瀬市（現奄美市名瀬）有屋《ありや》の最後一〇日間住んだ家で、毎年命日の九月一一日に「一村忌」を開くようになり、今も続けられている。なお、一村終焉の家は、旧名瀬市都市計画事業で解体される予定だったが、保存を望む声が多く、一村会が管理する条件で、市の保有地への移転となった。本場奄美大島紬協同組合の泥田が隣接する家の周囲は、記念碑や植樹した植物が伸び、人々の癒しの空間となっている。

新たなる田中一村の発見

二〇二四年二月、一村の二三歳頃の作品《雁来紅図》が寄託された。作品を拝見したところ、傷みもなく、全体に淡い赤紫の色で統一され、すっきりとした線で描かれていた。学芸員は、「一村の過渡期の作品の一点であり、その動向を知る上でも貴重である。極端な縦長画面に、淡彩で細い線を駆使して、一株の植物を細長く描くのは、この頃に試みた作風であることが分かる」と評価した。この《雁来紅図》は米邨の時代、一村の若々しい息吹が伝わってくる。

遺作展から四七年、東京都美術館主催企画展で、「不屈の情熱の軌跡　奄美の光、魂の絵画　田中一村展」が開催された。会期は令和六（二〇二四）年九月一九日〜一二月一日までで、ＮＨＫでは特別番組が組まれ、以前の田中一村に関する番組が再放送され、会場は観客で溢れた。作品は、田中一村記念美術館と、特別協力の千葉市美術館と合わせて三〇〇点、最大出展の素晴らしい企画展となった。前千葉市美術館学芸員で、現在美術館副館長の松尾知子さんの並々ならぬ努力の賜物であったと伺った。

五　おわりに

フランスの彫刻家であるブルーデルは、師であるロダンのもとを離れ、独自の彫刻の世界を確立したことは有名である。一村は、幼い頃すでに描写力が高度であった。一〇代の頃から戦後に至るまで、一村は中国黒水画家・呉昌碩の絵画の模写や、日本の富岡鉄斎の絵の模写を多く描き、江戸時代の文人画にも学びを広げた。以下の様に美術館担当者は述べている。

「一村は、奄美へ出立前に、気に入らない絵を燃やし処分して、それまでの画蕙を振り払い、『筆一本で飄然と』出発しようということだったのだろう。長年蓄積した画蕙とそれを肥やし、利用する方法自体は以上のように変わらなかった。

奄美の作品の基本構造は、これらの中から生み出された。例えば近景と遠景の強烈な対比。特に遠景に尊いものを配置する縦長構造の山水画の構造、あるいは植物の生長の諸想を同一画面で描き、最も望ましい姿のパーツを組み上げる発想、スケッチや下絵を原寸大に描き、構想した配置図の各位置に落とし込み組み合わせていく手法、本展（田中一村展）では、一村の奄美の作品の構想画を初めて提示するが、まず掛軸の形の長方形の界線を切ってモチーフの固まりの配置、上下左右の組み合わせを固めていくそれらの方法は、色紙の千葉風景構想と変わらない」

一村は絵画修行で得た高度の技術を持って師の元を離れた。奄美では、生活の困窮の中で、自然を師として絵をコツコツと描き続けた。溢れ出た「奄美の光　魂の絵画　田中一村展」の会場を私は訪れた。

没後、今では燃えさかる光芒となって押し寄せる波濤となって、一村は私達の眼前にある。「画家はどのように生きるか」と突きつける。

参考文献

南日本新聞社編『新版　アダンの画帖　田中一村伝』小学館、一九九五

大矢鞆音監修解説『田中一村作品集　増補改訂版』ＮＨＫ出版、二〇一三
千葉市美術館『田中一村　新たなる全貌』求龍堂、二〇一〇
東京都美術館・田中一村記念美術館・ＮＨＫ・ＮＨＫプロモーション・日本経済新聞社企画、松尾知子監修（千葉市美術館副館長）『田中一村展　奄美の光　魂の絵画』求龍堂、二〇二四
田中一村記念　第一回奄美日本画大賞展実行委員会『田中一村記念　第一回奄美日本画大賞展　一九九七』広報社、一九九七年
田中一村記念美術館資料

第17章　奄美島唄考

指宿邦彦

一　序節

島唄が聴こえたらそこは「奄美」になる

試験には出題されませんので無理をして覚える必要はありません。学校の校歌と一緒でいつの間にか身についていたというのが望ましいと思っています。この項を執筆する私も、実は四〇歳まで島唄と直接の関わりがなく、家業の島唄レコード制作のために突然招聘（しょうへい）されたのでした。どの唄を聴いても同じにしか感じられなかった私がそのようなポジションに就いたのです。みなさんご存じの元ちとせさんたち多くの録音を体験し、年配の唄者（島唄に精通した歌い手）からアドバイスを頂き、島唄の面白さに気付いていった「お裾分け」をここで致しましょう。

島唄と漢字表記しましたが、島とは「アイランド」ではなく「集落・縄張り」を指します。奄美群島一二市町村が共通の島唄を歌っている訳ではありません。なぜなら、「ありがとう」という言葉一つをとっても、奄美大島本島では「ありがっさま」、喜界島では「うふくんでーた」、徳之島では「おぼらだれん」、沖永良部島では「みへでぃろ」、与論島では「とーとぅがなし」とバラエティーに富んでいます。大まかに紹介しましたが、みんなご当地の言葉で歌いたいでしょうから、島唄も必然的に細分化されてゆきます。隣り合う集落でも言葉が違うことがありますので、当然歌詞も違ってきます。

「○○小学校の校歌の一、二番を続けて歌いましょう！」と言ったら見事に合唱できるでしょう。しかし、島唄には固定歌詞という概念がありません。楽譜もありません。ですから、同じ歌詞を準備しないと合唱は出来ないのです。お祝いの場ではそれに相応しい歌詞をチョイスしますし、アドリブで歌う場合もあり、一言でいうと島唄とは即興の替え歌なのです。思うままに好きに歌っても問題ありません。それはあなただけの唄なのです。

楽譜が存在しないことにも意味があります。これが存在しないということは「この通りに歌ってください」というルールがないことを意味します。つまり、「編曲」が認められているのです。島唄のコンクールで同じ唄がエントリーされても、比較すると違って聴こえることがあるのはそのためです。カレーライスのように、各家庭でそれぞれに味があって美味しい、それが島唄なのです。

若い人たちの中にこういった意見がありました。

「大昔からの唄を懐メロのように延々と歌い継いで飽きが来ないのかな」

「先祖代々受け継いでいる特別な人たちの取り組みなんじゃないのか？」

民謡とは民（一般大衆）の謡（うた）と定義されます。選ばれた特別な人達が歌うなんて、そんなことはありません。唄は荷物にならない皆さんひとりひとりの財産なのです。ご当地ソングとは、その土地で暮らした人だけに与えられた思い出深い文化遺産なのです。

奄美島唄、奄美新民謡、校歌などのメロディーを異郷の地で聴いたときの嬉しさ、懐かしさ、高揚感は得難く、この奄美群島に生まれ育った者に共通の感性です。全国に郷友会が多数ありますが、規模の大きなもので「東京奄美会」「関西奄美会」「中部奄美会」などあり、郷土出身者の親善、親睦を図っています。この郷友会も学校でいう「全校同窓会」的なものとは別に「部活動」のように細分化されたものもあります。例えば奄美市笠利町佐仁の郷友会とか瀬戸内町芝の郷友会といった風にです。

懇親会の締めに歌や踊りを行いますが、定番になっているのが「ワイド節」「六調」「島のブルース」「花の徳之島」などです。会場の参加者たちは唄や踊りや指笛（ハト）や三味線、囃子、太鼓（チヂン）で参加します。歌えなくとも踊りならとか、指笛なら任せておきなさいと、皆さん得意なもので参加しています。

将来、地球のどこに根を張ろうと、唄は生涯、あなたたちの心に住みつきます。

「島唄が聴こえたらそこは「奄美」になる」のです。

二　島唄

島唄入門としての唄

行きゅんにゃ加那

行きゅんにゃ加那（かな）

吾（わ）きゃ事（くとぅ）忘れて
行きゅんにゃ加那
うっ立ちやう立ちゃが
行き苦しゃ
ソラ行き苦しゃ

「意訳」行ってしまうのですか、愛しい人よ。私のことを忘れて行ってしまうのですか。発つのだけれども行き辛いのです。今風に訳すと「ホントに行っちゃうの？」「オレだって行きたかないよ！」。送る人と去る人の心情が表現されています。

行きゅんにゃ加那は、小学校などでも歌うことの多い身近な島唄で、奄美群島で一番よく知られている曲の一つです。簡単な解説をすると「別れ唄」で、空港や港、葬儀場など、あらゆる場所での別れを演出する奄美の切ないＢＧＭです。行きゅんにゃ加那の最初に歌われるのは、ほとんどこの歌詞です。歌詞を固定しないはずの奄美の島唄で、これは数少ない例外といえます。

朝花①
朝花はやり節
うたのはじまりは
朝花はやりぶし

歌詞が表すように、奄美島唄の場でまず最初に歌われるのが朝花です。それはウオーミングアップ（声慣らし）のため、また唄を歌う座を清めおごそかな雰囲気をかもしだすためで、ラジオ体操的実用性と君が代的鎮静作用を持っています。朝花は、笠利や龍郷などの北部大島で歌われるカサン唄と、瀬戸内町や宇検村などの南部大島で歌われるヒギャ唄に分かれます。カサン唄では、男性の打ち出しは「ヨーハレー」で、女性は「ハレカーナーイ」ではじまります。ヒギャでは男女ともに「ハレー」です。

ヒギャとは、かつての行政区分「東間切り」つまり東（ヒギャ）方面の唄ということでそう呼ばれています。

朝花②

参（いも）しゃん人（ちゅ）ど真実あらむ
石原踏（く）み来ち
参しゃん人ど真実あらむ

「意訳」万難を排し、しがらみを乗り越えて今日この場にいらっしゃった方々には誠があります。

朝花③

拝（うが）まん人も拝で知りゅり
命長めとりば

拝まん人も拝で知りゅり

「意訳」長命すると数々の出会いを得て見知らぬ方たちも友になります。

遠路はるばるやって来た稀人（まれびと）への感謝や初対面のお客への歓迎の言葉が含まれていて、見事な挨拶唄といえます。社交辞令には、これ以上の曲はないでしょう。発展して人生訓や花鳥風月を歌ったりと朝花の守備範囲は広いのです。

いつの時代も奄美島唄は朝花ではじまります。

らんかん橋（逢瀬の場所が洪水で流されてしまった）

大水（うくむぃず）ぬ出（い）じてぃ　ヤレ
らんかん橋　洗（あ）れ流らし
忍（しぬ）でぃ　来ゅる加那や
泣（な）しどぅ　マタ　戻る

「意訳」大水が出てらんかん橋が流された。待ち合わせて忍んできた加那は泣き泣き帰ってゆく。

内容は七夕の夜に出会う織姫と彦星の話に似ています。天の川を境にして会えなくなった彼らを連想させるもの悲しさがここにはあります。待ち合わせの橋を洪水で流され、恋人たちが会えずじまいになったというお話です。

らんかん橋は架空の橋です。奄美市名瀬の金久町に同名の橋が存在しますが、数メートルのサイズの小さなもので名瀬の人たちの洒落っ気で命名されたと思われます。

ただ、デートの約束をしていた恋人同士が急に会えなくなったら確かに気落ちしますよね。その切ない気持ちを唄にしたら、やはりこうなります。でも、シマンチュは、悲しいのがキライだから後編に「情けの橋を架けて……」と歌い、前編の切なさを消し去ってしまうのです。こういう約束事の歌はほかにも「太陽（てぃだ）ぬ落てぃまぐれ」などがあります。

糸くり節（別れ唄）

心配（しわ）じゃ　心配じゃ
糸くり　心配じゃ
糸ぬ切りりば　結ばらぬ
糸ぬ切りりば　結びもなりゅり
縁ぬ切りりば　結ばらぬ

「意訳」糸くりは心配だ。糸が切れてしまったら繋げないから。いいえ、糸は切れても繋ぐことは出来るけれど男女の縁は、切れてしまったらもうそれっきりです。

人の縁はもう繋ぐことは出来ないという歌詞は、切ない別れ唄のもので、とうてい結婚披露宴向きではありません。名前の通り糸くりの現場で歌われていたようです。単調な作業を円滑にするためのなぐさみ歌ということですが、どうも私はこのリズムだと逆に沢山の糸を切ってしまいそうです。同様に、男女の縁や相性も互いのリズムが合わなかった場合に切れてしまうのでしょうね。

やちゃ坊（奄美のホームレス・やちゃ坊）

やちゃ坊ちば　やちゃ坊
むぞな生れ　やちゃ坊
やちゃ坊　きもちゃげさ
山ぬ住み家ヨ

「意訳」やちゃ坊といえばやちゃ坊。やちゃ坊は可哀そうに、山が住み家だ。

やちゃ坊の呼び名のいわれは、漁師たちの舟揚げを手伝った際、舟からヤチャ（カワハギ）を盗んだからとか。住み家は山の中で木の皮のフンドシを着用と、とても野性的なイメージです。エピソードには事欠きません。一晩で信じられないような距離を小舟で移動したり、山々の尾根を走って何十キロも移動したという超人的な体力の持ち主であったと伝わっています。

金持ちの家から食べ物を盗み、お腹をすかした子供たちにそれを与えたという義賊のような男。それがあまりにも頻繁になったため、薩摩藩の役人たちがやちゃ坊狩りを行いましたが、すでに逃げ去った後。野宿した役人たちが酔いつぶれた寝込みを襲って縛り上げ、暴力を振るわずに返り討ちにしたなど溜飲の下がる話が残っています。

薩摩藩の役人たちは物語の悪役だったようですね。

やちゃ坊は架空の人物と言われていますが、似たような境遇の人たちの逸話や当時の島ン人の願望をこね合わせて作り上げたものでしょう。

当時の奄美に嘘つきはいなかったけど、ホラ吹きは存在したということ。誰だって、権力からも何からも自由な身でありたいですから……。当時の民は、それをやちゃ坊という名の容れ物に託したのでしょう。そして、それは七夕さまの笹にくくりつけた短冊のように願いごとでいっぱいになったのでしょう。

三　閑話休題（島唄一口メモ）

唄は半学

唄は半学とは、島唄を歌うことは人生の半分を学んだに等しいということ。
島唄の歌詞を中心に奄美の格言を紹介します。
◎物の知り果てや無《ね》ん
「意訳」知るということに終わりはない。
◎切れた糸は繋ぐことが出来るが、男女の縁はそうはいかない。
◎花なれば匂い　枝振り　なり振りは不要ぬ　人はこころ
「意訳」人を花に例え大事なのは見た目より内面だ。
◎咲いた花の数だけ実をつけるナスのように親の教えを一言残さず胸に染めなさい。
◎回る水車のように再び巡ってくる時節（チャンス）を待ちなさい。
◎女にしま（故郷）はない。夫のしまが、妻のしまだ。

◎童ぬ先や　分からん

「意訳」子供は誰しも可能性を持っていて、将来のことは分からない。

島唄の化石発見！

「いつ頃から奄美の島唄は歌われ始めたのですか？」というご質問を頂くことがあります。ここが口承文化の悲しさで、後世に残る確かな物証が全くありません。

とはいえ、一七〇年ほど歴史をさかのぼることは可能です。

一九三三（昭和八）年に島唄研究家の文英吉《かざり》氏が『奄美大島民謡大観』という島唄の専門書を出版しました。また、一八五〇〜五五年に薩摩藩から奄美大島へ島流しされた名越左源太《なごやさげんた》という武士が、その滞在中に島の生活を書きとめた『南島雑話』の中に島ン人が集って歌う様子が絵と文章で残されています。それ以前には、今に残る文献もなく、想像の世界に入ってゆくしか方法がありません。

そんなだから、島唄の化石でも発見されたら「ああ、ヨイスラ節は二億年前で、稲すり節は一億五〇〇〇年前だね」なんて会話が飛び交うんでしょうけどね。

さて、奄美では古語辞典に記載されているような昔の言葉が、今も方言として、また、島唄でも歌われているのです。

◎友のことは「ドゥシ」と言います。語源は「同志」でしょう。

◎刀自（トゥジ）＝妻などの言の葉に昔の雅が残っている生きた楽曲が奄美の島唄なのです。

推論！平安時代の言葉が残っているところを見ると、恐竜の時代までさかのぼらなくても良さそうですね。

島唄という呼称は、どこから？

しまうた、シマウタ、島歌、島唄。これらは全てこだわりの表記です。ひらがなやカタカナは、漢字と違って意味が限定されないため、より幅広い表現になり、ひらがなはやわらかく、カタカナは動植物の名前にも使用されている如くで、きわめて学術的です。奄美で使う「しま」という言葉は、集落、故郷、島嶼、奄美地方など幅広い意味を含んでいます。「うた」を漢字にすると唄は古典的、歌は現代的なイメージがあります。

かつてTHE　BOOMは「島唄」というヒットソングとともに、その漢字名を広めてくれました。今のところ、これが知名度で一歩リードしていると言えるでしょう。

沖縄には、一九七〇年代まで島唄という言葉は存在していなかったということです。それが七二（昭和四七）年の日本復帰の際に、日本本土から流れ込んでくる音楽文化と沖縄のものが混濁しないよう、沖縄のものは「島唄」と呼び区別したそうです。そのため、沖縄の上原直彦アナウンサーが、ラジオ放送の中で奄美から輸入した島唄という言葉を頻繁に使い、同地に定着させたことが分かっています。

では、奄美で島唄と言い始めたのはいつ頃だったのか？　前記の文英吉の『奄美大島民謡大観』の中に「島歌名人坂元豊蔵氏吹き込み」と記されたレコード広告が掲載されていました（島唄ではなく島歌となっています）。昭和初期にはすでに使われていた言葉です。

唄者（うたしゃ）

当然、島唄を歌う人。その上、得意な曲が多く歌詞を沢山知っている人。そういう人をコンクールの優勝者とした時代もあったそうです。
・島唄が上手で、その知識も豊富な人
・人格的に優れていて、周囲からも支持されている人。
※唄がうまいだけの人は声者（くいしゃ）と呼ばれます。
奄美の言葉は「オ段」が「ウ段」に、「エ段」が「イ」段に変換されます。

ですから、声者（こえしゃ）は「くいしゃ」になります。

唄者の語源

島ン人、家ン人。所属や身分を表す時に人（ちゅ）が付きます。

磯者（漁師のこと）、医者、忍者と技能者には者が付きますね、島唄を歌う人は唄者と言います。

唄者あれこれ

（タブー）

結婚式で糸くり節のような「縁の切れる」というフレーズの唄はNGです。新築祝いで「吹けよ南風（台風なのですね、コレは）」なんてのも困ってしまいます。その「場」に相応しい歌詞は絶対必要です。

（頼れる四番）

これらを踏まえた歌い手を奄美では唄者と言い、野球でいうとルールに精通した頼れる四番打者なのです。

（唄者はアマチュア）

国家試験も免許もありません。しかし、島唄を歌えば誰でも唄者という訳ではないのでコンクールなどでの審査基準を参考にしましょう。

①素敵な声質。

②島唄メロディーが正確に採れる。

③歌う際、言語（奄美方言）の部分がしっかりしている。

④なつかしい（感動的な）歌唱。

コンクールで上位入賞した場合、唄者の資格が自然に発生すると思われます。また、おらが村や町の唄上手はすでに誰もがみんな知っていますよ。

唄者の出番は、新築した家や結婚披露宴、年の祝い、島外の要人の歓迎会などで、地域文化の担い手として歌うことが多いのです。

島唄を本業にしている人は奄美ではゼロ！　民謡日本一に輝いたある方は玩具店と民謡酒場を経営していました。もうおひと方は大島紬の織子でした。郵便局員だったり、舟大工、郷土料理店経営だったりと、自営業、会社員、主婦が大半で、これが沖縄との大きな違いです。

奄美の唄　いろいろ

ふるさとを感じる唄は奄美の場合、「島唄」「新民謡」「校歌・町村歌」などが挙げられます。

◎**島唄**とはいわゆる奄美民謡で詠み人知らずの曲を指し、著作権もありません。

◎**新民謡**は作詞・作曲者がいて楽譜も存在します。作られた年もほぼ明確です。

◎校歌・町村歌などは、歌が周知されているエリアが狭いですが、強い連帯感を生みます。

裏声は奄美地方のヨーデル

一般的に歌うときに声が裏返るのはみっともないと見られますが、奄美の島唄は低音から高音への変わり目でごく自然に裏声が出てくれれば拍手喝采。とても華やかな仕上がりになるのです。これは、亜熱帯地方のヨーデルですね。島唄で裏声を使うのに諸説ありますが、裏声は本来、音色変化の効果と音域を広げ補う目的から発達してきたという音楽上の理由からだと思われます。

三味線（サンシン）メモ

（呼称の由来）

奄美では三味線をサンシンと呼びます。徳之島ではサンシル。これはどちらも三本の線（弦）のことを言っています。

弦は一番上の太いものが「男弦（オズル）」二番線が「中弦（ナカズル）」三番線「女弦（メズル）」と細くなってゆきます。糸が細いと音程が高くなり、歌うと裏声になります。裏声を使わない沖縄サンシンに比べ、奄美では細い糸を使用します。音階は、「ソ」「ド」「ソ」となります。

（三味線の造り）

いわゆるヤマト（内地）の三味線よりひと回り小さく、胴の部分は蛇皮が張ってあります。昔はニシキヘビの皮を使用しましたが、ワシントン条約の絶滅危惧種保護規制のため、現在はほとんどが樹脂製です。

（バチメモ）

沖縄県では水牛の角のバチで上から下へと弦を弾く奏法（ダウンストローク）で、奄美では竹を削った細長いバチで下から上に弾き上げる奏法（アップストローク）が多用されます。

島唄の音階

歌詞は、奄美と沖縄の民謡の共通で、八八八六が基本です。明治以降の日本本土と奄美の音階は「ヨナ抜き」と言いド・レ・ミの四番目のファと七番目のシが抜けています。沖縄ではド・ミ・ファ・ソ・シ・ドです。沖永良部と与論は琉球音階になっています。

四　新民謡

奄美新民謡とは？

大正末期から昭和初期にかけて全国的な「新民謡」ブームが巻き起こり、奄美でも多くの牧歌的な名曲が生まれました。大半は「地方の自治体や企業の依頼によって、その土地の人が気軽に歌ったり踊ったり出来て愛郷心を高めるため、またその土地の特徴・観光地・名産品などを全国にＰＲする目的で制作された歌曲」なのです。

作詞・作曲者も制作された年代もほとんど分かっています。余談ですが、一九二七（昭和二）年作の「ちゃっ切り節」は静岡鉄道の遊園地へいざなうＣＭソングです。一九三二（昭和七）年の「東京音頭」はヤクルトスワローズの応援歌として知られていますが、東京日比谷の百貨店の企画でお店の浴衣を購入した人だけが日比谷公園の盆踊り大会に参加出来るというものでした。当初は丸の内音頭と言いましたが、その後、地域を増やして現在の曲名になりました。このように皆さんがご存知の新民謡も各地で歌われています。

永良部百合の花　そして唄が生まれた①

一九三一（昭和六）年沖永良部島ではユリの球根が生産過剰となり、値崩れを防ぐため、海中投棄しました。丹精込めて育てたものを捨てねばならなかったユリ農家の心中いかばかりであったか！　彼らの厭世気分を拭い去り、士気高揚を願って作られたのが新民謡「永良部百合の花」です。徳之島の「枕節（まくらぶし）」という地元民謡に当時の和泊村助役が詞を付け、誕生しました。

永良部百合の花

作詞　山口　禎善
曲　徳之島民謡

永良部百合の花
亜米利加に咲かち　ヤリクヌ
是（うり）が黄金花
島にヨー　咲かさ
アンガヨーサトゥ
ナイチャシュンガシュンガ
（六番まであります）

「解説」沖永良部は、百合の球根をアメリカやヨーロッパに輸出して繁栄した島です。一番の歌詞はそのことを歌っています。これまでに二度の大戦を経験しましたが、太平洋戦争中に「敵性国に輸出するユリを作ることは言語道断、畑では食料を作れ」とユリの栽培が禁止されました。それでも戦後に沖永良部を復興するのはユリなのだと立ち上がった農家がありました。軍部による演習という名目で彼のユリ畑は荒らされましたが、何度も整地してユリ球根を栽培し続けました。「この戦争はいずれ終わる。その時に永良部の経済を安定させるのはユリなのだ」と。

永良部百合の花の歌はそんな人たちへの魂の応援歌でした。自分たちの暮らす土地に心を一つにでき、ともすれば折れそうな心を慰め、励ましてくれる、魂のこもった歌があるということ。過酷な歴史を重ねてこの歌は花の民の心になりました。この先、どんな困難が待ち受けていても、彼らはこの歌を歌い続けるでしょう。

農村小唄　そして唄が生まれた②

奄美群島は、一九四六（昭和二一）年から五三（昭和二八）年までの七年間、アメリカ軍政府の支配下に置かれ、日本ではなくなったのです。食料や日用品も不足し、教育については本土で六・三・三制が始まる中、奄美でも一年遅れでスタートしました。小中学校の教科書もなく密航して運びました。密輸品扱いだったので名瀬測候所の倉庫に隠したそうです。測候所は治外法権で日本国の管轄でした。教科書も不足する中、雨漏りのする学び舎で生徒たちは裸足で授業を受けていました。

現在、奄美群島内の人口は一二市町村合計で一〇万人弱ですが、当時は倍の二〇万人以上住んでいたのです。食料不足は当然のことでした。学校の教師がひと月働いて米が数日分買える程度の給与でした。これでは家族を養えないと教師がたちが離職を考えたときに、後の名瀬市長となる泉芳朗氏（いずみほうろう）が教師の配置転換を行い、彼らを田畑のある故郷へ戻しました。奄美大島は全面積の九五パーセントが山なのです。片手に教科書、片手に鍬を持ち指導者たちは奄美の教育界を守ったのです。荒れ地を開墾して、日中三〇℃を超える山の斜面に芋を植えて家族を養いました。

そんな当時の人々への声援（エール）となったのが昭和二三年の農村小唄です（写真1）。南海日日新聞社の一般公募で入選した歌詞に、明るく力強いメロディをつけて群島民を力づけました。

写真１　新民謡「農村小唄」の作曲者・村田実夫

農村小唄

作詞　政岡　清蔵
作曲　村田　實夫

唐鍬（とうげ）ぬ軽さよ
ヤレ　加那と打ちゅる　ヤレ加那と打ちゅる
荒地畑（あらじばて）ぬ　荒地畑ぬ
ソレ　唐鍬ぬ軽さよ　唐鍬ぬ軽さよ
（四番まであります）

唐鍬とは三本刃の鍬のことです。一枚刃ではないので土に食い込まずに直ぐに抜きとれる利点があります。続く歌詞には「高倉を建てろ」などの威勢の良い言葉をはさみ、勤労の継続を促します。四番の「明日（あちゃ）は晴れよ」には先行き不透明な奄美にあって希望を感じさせる唄でした。

ワイド節　そして唄が生まれた③

奄美市名瀬の「国立療養所奄美和光園」は、ハンセン療養所です。そこには徳之島出身のハンセン病患者が入寮していました。彼は無類の闘牛好きで帰れない故郷への思いが募る毎日でした。

園に勤務するレントゲン技師・中村民郎氏（大和村今里出身）は、奄美新民謡の歌詞なども手掛ける人物でした。その徳之島の男性から、闘牛の歌をリクエストされました。彼は闘牛のことはほとんど知らなかったので闘牛についての聞き取りを細かく行い、ようやく歌詞が完成しました。

作曲は、親戚の舟大工兼唄者の坪山豊《つぼやまゆたか》氏（宇検村生勝出身）に依頼し、その際「踊れる曲を頼む」と言いました。それまで作曲をしたこともない坪山にとって、もの凄い無茶振りでした。あっという間に一年が過ぎましたが曲の片鱗も見えない状態でした。

坪山は徳之島の闘牛観戦にイメージを求めてゴールデンウイークの亀津の闘牛場へやって来ました。観客の歓声を聴き、会場の熱気を肌で感じて徳之島を後にしました。翌朝、食事の最中にメロディーが閃き、ものの五分で曲は完成しました。食卓でラジカセに録音した出来立てほやほやのワイド節を聴いて中学生の息子は「父ちゃん、この曲はイケるよ！」と喜んでくれました。吹き込んだテープを中村に渡し、坪山の任務は完了した……ハズだった。

一九七八（昭和五三）年のことです。

ワイド節

作詞　中村　民郎
作曲　坪山　豊

ワイド ワイド ワイド
我きゃ牛ワイド 全島一ワイド
三京《みきょ》の山風　如何《いきゃ》荒さあても
愛《かな》しゃる牛ぐゎに　草刈らじうかりゅめ
ウーレ　ウレウレ　手舞《ま》んけ　足《すね》舞んけ
指笛《ハト》吹け　塩《ましゅ》まけ　ウーレ　ウレウレ
我きゃ牛ワイド 全島一ワイド
（四番まであります）

「意訳」徳之島三京の山風がどんなに手荒く吹いても愛しい牛に草を刈り与えないわけには行くまい。
※ワイドは士気高揚の掛け声。

徳之島で大フィーバー！

「今度、こんな歌を作ったよ」坪山は、遊びに来た築地俊造《つきじしゅんぞう》氏（笠利町川上出身）にワイド節を歌って聴かせました。テンポの良い、明るい作風に築地は一瞬にしてその歌の虜になりました。

写真２　ワイド節レコードジャケット

場面は変わって、徳之島天城町平土野《へとの》。天城農協連総会に招聘されていた築地は、会場で「奄美で面白い歌が出来ました。途中までしか覚えていませんがちょっと聴いてみてください」と座興でワイド節を二番まで歌いました。すると、前列に座っていた多くの男女が親指と小指で角を作り、牛の真似をして頭を振り振り楽しそうに踊り出し、踊りの輪はどんどん広がってゆく。それは、あっという間の大フィーバーでした。

築地は名瀬に戻り坪山に「レコードを吹き込もう！」と誘いました。

築地のボーカルで、島唄仲間が囃子や太鼓を務めシングル盤が出来ました（写真２）。レコードは飛ぶように売れ、唄は琉球弧の島々を席巻して広がってゆき、もうすっかり徳之島の闘牛ソングになりました。

この唄の発端は徳之島出身の男性の強い郷愁からきていることはすでに述べました。唄は男性の代わりに故郷へ帰って来たのです。皆に愛され口ずさまれる唄となって……。

ひとつの唄が生まれてくるその時代やきっかけなどを知ると、郷土への愛着がますます強くなるのではないでしょうか？　最後にもう一度言わせてくださいね。

「島唄が聴こえたらそこは『奄美』になる」……と。

第18章　奄美の郷土料理

浜田百合子

はじめに—郷土料理は、もう一つの郷土史—

奄美が今のように知られていなかった昭和の終わりに、私は東京の下町から奄美大島の旧名瀬市に移住してきた。奄美に住み始めて一〇年ほど経った頃、奄美群島の情報誌「ホライゾン」という冊子を制作することになった。奄美を知らない私にできるだろうかとかなり不安だったが、様々な資料や研究書などを片手に、奄美の島々を取材してまわった。

亜熱帯海洋性気候で高温多雨な島々には、様々な動植物が生息している。固有種も多く、二〇二一年には世界自然遺産に登録された。また周囲を暖流の黒潮が流れるためサンゴ礁が発達し、魚介類の食料にも恵まれてきたことが遺跡からも伺える。

考古学者の中山清美氏は、「森やサンゴ礁の恵みを利用し、狩猟採集を行う人たちが一万年もの長い間生活し続けていた琉球列島は、世界の島々の中でも大変珍しい」と語る。奄美では、水平線の彼方には恵みをもたらす神が住む楽園（ネリヤカナヤ）があると信じられてきた。平和で豊かな島々だったのだろう。その後、中世には琉球王国、近世に薩摩藩の統治下に長く置かれ、戦後は米軍政府下におかれるという稀有な歴史を辿るが、今に伝わる郷土料理には、太古からの自然の恵みの上に島外からもたらされた多様な文化や歴史が反映されているように思う。

〝郷土料理はもう一つの郷土史〟だと、私は常々思っている。自然と歴史が織りなす特徴的な郷土料理や素材の一部と、その背景を紹介したい。

一　奄美大島の主な郷土料理とその背景

奄美大島は深い森と大きな川やマングローブをもち、固有種の宝庫といわれている。琉球や薩摩藩の統治時代にそれぞれ伝わった料理もあるが、影響を受けながらも奄美風にアレンジされたものも多い。

①奄美を代表する郷土料理「鶏飯（ケイハン）」とは

美しい彩りと滋味あふれる黄金色のスープが特徴の鶏飯は、奄美の郷土料理として全国に知られている（写真1）。その歴史は、奄美群島が薩摩藩の直轄地だった江戸時代後期に遡る。奄美大島北部の赤木名（笠利）に藩の代官所があり、その役人をもてなす料理として創り出されたというのが定説だ。当時は山鳥などが使われ、炊き込みご飯だったようだ。

郷土史家の弓削政己氏によれば、「鶏飯」という料理名が文献に初めて登場するのは、幕末に記された『桂久武日記』

とのこと。サツマイモを常食としてソテツや椎の実なども利用していた島人には、大変なおもてなし料理だっただろう。

レシピが残っていないため、当時の鶏飯がどんな料理だったかは不明だが、奄美群島が日本に復帰して一五年目となる一九六八年に、現上皇陛下と上皇后陛下が来島され、現在の形の鶏飯が創作され提供された。ほぐした鶏のささみや錦糸卵、シイタケ、パパイヤの漬物、きざみ海苔などがご飯の上に盛られ、熱々の鶏のスープがかけられた料理に「今、一度」と御代わりされたことから、この料理が一躍有名になったというエピソードが伝えられている（老舗鶏飯店「みなとや」）。

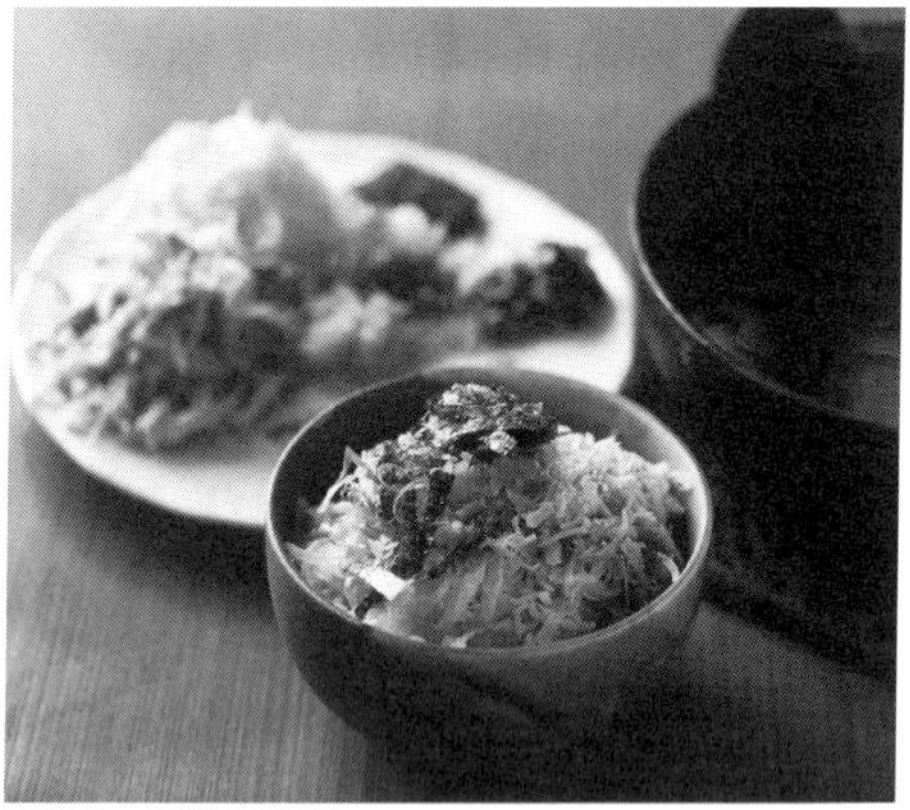
写真1　奄美の鶏飯

奄美北部で創作された上流階級へのもてなし料理だった鶏飯だが、今ではこの現代版鶏飯が奄美群島はもちろんのこと、鹿児島県の給食メニューとしても人気料理となっている。二〇〇七年には、農水省が選定する「農山漁村の郷土料理百選」（アンケート調査）で全国二位に選ばれた。

②豚骨野菜（ウァンフネヤッセ）に込められた願い

奄美の年越しに欠かせない料理が、豚骨野菜だ（写真2）。各家庭で作られ、都会の子どもたちに送る親も多いという。大鍋にたっぷりの雑魚（キビナゴなど）で出汁をとり、骨付きの豚肉（塩豚のヘラ骨肉やアバラ骨肉など）とアクを抜いたツワブキ（笠利ではアザミも）やダイコン（切り干しの地域も）のほか、地域や家庭により、野菜

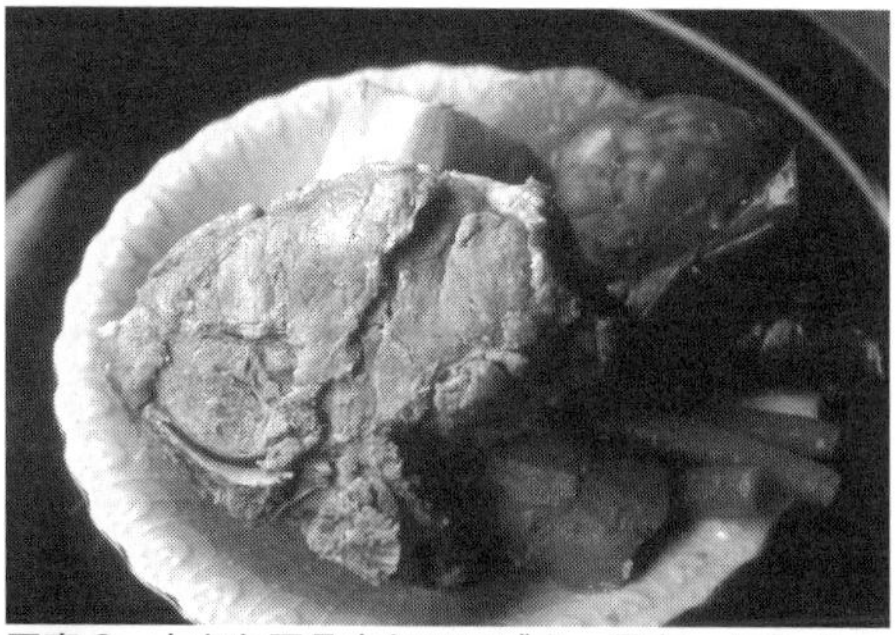
写真２　大きな豚骨肉とツワブキ、昆布、タケノコ、ダイコン、ニンジン、コシャマン（赤）などを煮込んだ豚骨野菜料理（龍郷町秋名）

昆布、タケノコ、フダンソウなどと一緒に炊きあわせる。豚肉は暑い島の一年を無事乗り越えられるように、また長い茎のツワブキは末長く、輪切りにしたダイコンは家内円満という意味が込められているとも聞いた。

奄美のほかの島々でも同じような年越し料理が食べられているが、沖縄でもこれによく似たソーキ（豚の骨付きアバラ肉）汁という料理で年を越し、祝いの席でも欠かせないという。ソーキ汁は、カツオの出汁でソーキとダイコン、トウガン、ニンジン、昆布を炊き合わせるようだ。

③鶏飯より豚飯（ブタミシ）？

笠利町屋仁出身で『シマヌジュウリ』の著者藤井つゆさんは、「奄美の最も代表的な料理としてブタミシをあげたい」と語っている。年末に屠畜した肉を塩豚にして高倉に干し、黄色くなるくらいが豚飯には美味だったらしい。隣の集落の佐仁でも鶏飯ではなく豚飯をご馳走として食べたとお年寄りから聞いた。作り方は、塩抜きした豚肉を細かく刻み、米と一緒に炊き込む。カツオ節や昆布、シイタケなどで和風スープをつくる。錦糸卵と味付けしたシイタケの千切りを作り、炊き込みご飯の上に乗せる。和風スープは上からかけてもいいし、別々によそってもいい。生前、藤井宅でご馳走になったが、ご飯が豚の脂でツヤツヤとして美しく、和風スープもさっぱりとして美味しかったことを思い出す。主に北大島で伝承されてきた豚飯。一般の島人は、鶏飯ではなく豚飯を食べていたのではないだろうか。

写真３　島豚。基俊太郎氏が1980年代に埼玉県秩父に疎開させた島豚（喜瀬豚）の子孫（宮城県大崎市の伊藤農場飼育）提供・叶芳和

④島豚を地域ブランドに

奄美の料理で欠かすことの出来ないのが豚肉。奄美では古くから全身が真っ黒の島豚（喜瀬豚は代表格）と呼ばれる在来種が飼育されていた。豚のことを、奄美では「ウァ」と呼ぶ（写真３）。

イノシシから家畜化された豚は、中国では四八〇〇年前から食べられてきたが、琉球を経由して六〇〇年前に奄美に渡来した。明治期後半に、台湾から導入した桃園種が掛けあわされたのが喜瀬豚である。

幕末の奄美大島に遠島になった薩摩藩武士の名越左源太が記した『南島雑話』には、豚が各家庭で飼われ年末に屠畜し正月料理や婚礼のご馳走であったことが、絵とともに紹介されている。

志學館大学教授の原口泉氏によれば、藩政時代、奄美各島に赴任した役人は滞在中の二年間に薩摩に塩豚を送ることが多かったとのこと。「寛永時代（一六二〇年代）、国分の町ではたくさんの豚が飼育され（中略）幕末、京都にいた薩摩藩士は、時々、豚飯を食べる会をもっていたことが、桂久武の日記に記されている」と、大変興味深い事実を語っている。島豚は、薩摩の役人を虜にしたようだ。

島豚は、奄美でも琉球でも鳴き声以外は内臓も血も全て活用されてきた。昔ながらの島豚は非常に美味だったが成長が遅いため、奄美群島が日本に復帰（一九五三年）してからは、効率至上主義の高度成長期の中で、県の指導で飼育されなくなった。美味な島豚が新たな地域おこしの産業として復活することを願っている。

写真４　油そうめん。奄美の代表的な家庭料理。ニラと雑魚だけのシンプルなものも美味だが、野菜や豚肉を入れると彩りもよく栄養もとれる

⑤油そうめんは、新しい郷土料理

油そうめんは雑魚で取った出汁に、硬めに湯がいたそうめんを絡めた奄美の家庭料理だ（写真４）。かつては農繁期や急な来客のときなどによく作られた。出汁を吸ったそうめんは喉ごしもよく、最近では肉や野菜を入れた豪華な油そうめんも人気で、奄美の郷土料理の定番となっている。

これによく似た料理に、奄美市笠利町佐仁の「ナベオテレ」がある。湯がいていたうどんが吹きこぼれそうになったので、早く「鍋オテレ（鍋を火からおろせという意味の方言）」と言ったことから料理名になった。汁はすっかりなくなっていたが、味が染みて美味しかったという。アラセツ行事では無礼講でナベオテレがふるまわれる。佐仁では、平細の乾麺が利用される。

油そうめんは、沖縄のソーメンチャンプルーとよく似ているが、出汁が入らないソーメンチャンプルーに比べ、奄美の油そうめんは出汁がたっぷり効いている点が特徴だ。油は雑魚や肉、野菜を炒める時に適量を入れる。

⑥黒糖と交換されて入ったそうめん

奄美で生産されていないそうめんが、奄美の家庭料理になったのはなぜだろう。弓削政己氏によれば、藩政時代に「昆布と同じく、鹿児島の山川方面の生産地と結びついて、奄美では黒糖と交換されてきた」という。カツオ漁

が盛んだった明治から大正時代は、盆暮れの贈答品として大判振る舞いされたが、高級品であったそうめんが日常的に普及したのは昭和になってからとのことで、油そうめんはかなり新しい郷土料理のようだ。

⑦そうめんを取り合う「ソーメンガブー」

喜界島中里集落では、ソーメンガブーという伝統行事が続けられている。公民館の屋根から袋入りそうめんが投げられ、集まった人々が争奪戦を繰り広げるのだ。勝ち取ったそうめんはその夜のうちに食べねばならない。取材に行った私も、雑魚出汁の油そうめんを区長宅で賑やかにご馳走になったことがある。

瀬戸内町立図書館・郷土館の学芸員町健次郎氏によると、「この行事名の成立は、元々は鶏や握り飯が主体だったのが、明治以降にソーメンが入ってきたことにより食品が変わったが、握り飯の俗語として「ガブー」という言葉がそのまま残された結果であろう」と、その背景をつづっている。

写真５　三献（龍郷町秋名）.

⑧三献（サンゴン）料理は、室町時代に確立した儀礼食

三献は、奄美の正月やハレの席には欠かせない儀礼料理で、三つの膳を順番にいただき、各膳の合間に焼酎の杯をいただく（写真５）。

かつて奄美では、正月は朝早くに身を清めて正装し、家族全員が正座していただいたとのこと。各地域により食材は多少異なるが、一の膳（餅の吸い物）には、蓋付きの赤椀に昆布を敷き、餅、芋、魚、海老、卵、蒲鉾などの奇数の食材を入れ、カツオと昆布出汁の汁をかけ三つ葉などを添える。二の膳は、二切れの白身の刺身に薄切りにした一切れの生姜を乗せ、酢やしょう油でいただく。三の膳（肉の吸い物）は鶏肉か豚肉を茹で、ダイコン、ニンジンを入れた吸い物。上にネギかフル（ニンニクの葉）を添える。わが家でも、豚骨野菜と三献だけは、毎年作るようにしている。

農林水産省のホームページによれば、「三献はもともと日本料理の一つである本膳料理であり、室町時代に確立され江戸時代に発展してきたが、現在は冠婚葬祭などの特別な場で行われているだけで、奄美地域では正月に行われる行事として今も根づいている」とあった。三献は、薩摩を通して伝わったであろう格式ある儀礼食なのだった。

『奄美の伝統料理』の著者泉和子氏は、「奄美の三献は、東南アジアから沖縄を経て伝わった豚・芋で祝う食文化と、中国礼法の影響（陰陽思想に依る）を受けた本土の武家儀礼の式三献（シキサンコン）が、変化して伝えられた名残り」ではないかと語る。多くの歴史を内包した奄美の三献は、今後も是非伝えていきたいと思う。

また三献は、結婚式や卒業式などの祝いの席で行われることもある。安政の大獄を機に幕府から目をつけられた西郷隆盛が奄美大島に身を潜めた際、名家の娘である愛加那と結婚をする儀に三献で祝言をあげたと伝えられている。

奄美大島南部の瀬戸内町では、三の膳は蓋つきの有田焼の小鉢に卵や魚、豚肉、蒲鉾など七種類の具材を入れた汁物だった（写真6）。これを「シンカン」といい、器のこともそう呼ぶようであった。宇検村では、「ナラチャ」と呼ぶ陶器に盛った三の膳（ナラチャ）をいただいたことがある。器にも歴史があることがわかる。

「シンカン」を調べていくと、鹿児島の郷土料理「しゅんかん（春羹）」に出会った。

写真6　三献（加計呂麻島）

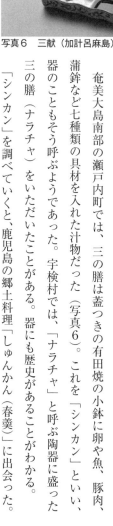

これは中国や琉球、大和の文化が融合した料理らしく、かつて珍重品だったタケノコを使った鹿児島独特の郷土料理で、三百年以上の歴史を持つ春の祝い料理だという。また、料理名でもあり、野菜の煮物を盛る器の名前でもあるらしい。薩摩の役人が故郷を懐かしんで、奄美大島に伝えたのかもしれないと想像すると、料理の味わいはますます深まるのだった。

⑨旧暦で行う伝統行事と食

奄美では多くの伝統行事が、今でも旧暦で行われている。人々は先祖の霊を慰め、神に五穀豊穣を感謝しつつ暮らしてきたのだろう。多くの行事は、食とともに伝えられている。

春の暖かさが感じられる旧暦三月三日(サンガッサンチ)は、潮が大きく引く日。人々は潮干狩りなどを楽しむが、ウナグヌセック(女の節句)の日でもあるため、初節句を迎える女児の家族はヨモギ餅を持って浜に出かけ、海水に足を浸し無病息災を願う。与論島では「新浜踏まし」として初節句の新生児にわらじを履かせ、男児はビク(籠)に海の幸を入れ、女児にはソイ(ざる)にヨモギ餅などを入れて、潮に浸からせる。一生、食べ物に困らないようにとの願いなども込められているという。

浜に出ないとフクロウやカラスになるという言い伝えが、奄美や沖縄地方に残っている。ヨモギは匂いが強く、魔除けや浄めになるのだろう。五月節句は、インガヌセック(男の節句)で、邪気や悪霊を祓うために菖蒲やヨモギを軒下や墓に供え、アクマキやラッキョウの赤シソ漬などを食べる風習がある。

⑩明治時代に始まったカツオ漁

奄美では、カツオが一年中獲れる。奄美大島におけるカツオの一本釣り漁業の歴史は一八九九年に瀬戸内町西古見において開始され、翌年に同地の朝虎松が操業を始めたという。その後、奄美各地でカツオ漁業が盛んとなったが、漁船の競合や餌（キビナゴ）不足、漁場の遠隔化なども重なって、一時破綻する。一九二二年に組合を結成した奄美市大熊では、旧名瀬市と漁協との協同でパヤオ（浮魚礁）を設置することで餌不足が解消され一年中獲れるようになった。現在はスーパーなどでも気軽に新鮮なカツオを求めることができる。

⑪奄美で開発されたモズクの養殖

ゆらゆら揺れて育つことから、中国ではモズクのことを「水雲」と書くらしい。モズクはミネラルがたっぷりのノンカロリー食物で、動脈硬化や成人病の予防に効果があるという。奄美では昔から食べられ、健康や長寿に貢献してきたのだろう。

ところが、モズク（オキナワモズク）の養殖技術が奄美で開発されたことはあまり知られていない。鹿児島県水産試験場と同大島分場では、一九七六年に瀬戸内町においてのり網による養殖試験に初めて成功。これが産官学の揃った沖縄で受け入れられ、自然食ブームにのり若モズクを商品化する一大産業へと発展した。奄美では、色や太さが十分育ってから手作業で収穫するため、太くて腰が強いモズクとなりシコシコ感やコリコリ感が味わえる。

⑫島独特の伝統野菜や果実

奄美の島々では、島独特の風味ある野菜や柑橘類が多い。薬草であるヨモギ（ニシヨモギ）のほか、フダンソウ、フル（葉ニンニク）、ヘチマ、島ラッキョウ、パパイヤ、トウガン、ツワブキ、ハンダマ、クワリ、田芋、ゴマ、島アズキ、地豆（落花生）や、ケラジミカン、ポンキツなどである。島内消費がほとんどだが長寿者が多い奄美では、改めてこれらの伝統食品が見直されている。

⑬ミキ、塩、味噌、キビ酢の歴史

（神酒とミキ）

神酒（ミキ）は、奄美が琉球の支配下にあった時代に、琉球王から任命されたノロという神役が、祭祀を行う際に欠かせない供えものであった。今でも伝統行事には、ミキ作りが行われている。作り方は、米粉に水を入れゆっくりかき回しながら煮て、冷ましてからサツマイモのすりおろし汁を入れると、サラッとした感触になる。カメに入れて芭蕉葉で蓋をして自然発酵させる。芭蕉葉についている野生菌が、発酵させるのだと聞いた。近年ではミキが市販され、ノンアルコールで栄養価が高く乳酸菌が豊富なため離乳食や健康飲料としても人気が高まっている。

（塩＝マシュ）

海のエキスである自然塩は、カルシウム、マグネシウムなどの貴重なミネラルが多く含まれ、全国各地で作られている。海に囲まれた奄美群島でも昔ながらの製法で作る自然塩が人気だ。深い味わいの自然塩は、祭りや行事の浄めや祓い、食品の保存のほか、料理の決め手にもなる。

（バラエティー豊かな味噌文化）

「大島では味噌を好む」と『南島雑話』に書かれているように、奄美では味噌は昔から盛んに食べられてきた。味噌作りはかつて奄美の女性の大事な仕事で、大豆に米（麦）麹と食塩を混ぜ発酵させて作る。特に救荒食物であるソテツの実を砕いて入れる「ナリ味噌」が好まれてきた。

粒味噌には、豚肉や魚、イカ、タコ、落花生、ニガウリなどを入れて茶請けや酒肴、ご飯のお供にする。また、汁ものや煮込みには味噌汁用の味噌を使うなど多彩だ。沖縄には、アンダンスーという常備菜の豚味噌があり、鹿児島にも油味噌や豚味噌があるが、奄美の味噌文化はバラエティー豊かなのが特徴だ。

（キビ酢）

奄美独特のキビ酢はかつては各家庭で作られていて、『南島雑話』にも記されている。言い伝えによると、サトウキビを搾って出た汁を壺に入れたり、黒糖を作り終えた舟型釜に洗い汁を入れたままにしておいたところ、甘酸っぱい液体（キビ酢）ができていたという。冷蔵庫がなかった時代、刺身や酢の物、おにぎりの手水などによく使われた。

キビ酢は醸造酢に分類され、鉄分、カルシウム、マグネシウムなどのミネラル含有率は、他の醸造酢に比べ圧倒的に多い。食物繊維が豊富で塩分が微量なうえ、ポリフェノールが多いことから奄美に長寿者が多い理由の一つに挙げられるだろう。

二　島々の郷土料理◆喜界島の郷土料理

奄美群島はまとめて「奄美」と称されることもあるが、その自然や島の成り立ち、歴史や文化は同じものもあれば少しずつ異なっているものもある。それぞれの島の特徴ある郷土料理を紹介したい。

奄美群島の北東に位置する喜界島は、サンゴ礁が隆起してできた奄美群島で一番若い島で、年間平均約二ミリずつ隆起している不思議な島だ。島中央部の城久遺跡（九～一四世紀）からは、強力な権力者の存在が推測されている。琉球による喜界島侵攻は奄美の島々の中で一番遅かった（一四六六）とのことだが、何か関係があるのかもしれない。食には薩摩から伝わったものもあるが、琉球文化の影響も多く感じられる。

写真７　ヤギ汁

①ヤギ汁

喜界島といえば、まず浮かぶのがヤギ料理。他の島でも滋養強壮食として食べられてきたが、特に需要が多い喜界島では古くから多くのヤギが海岸の岩礁地帯で飼われ、海辺に生えるボタンボウフウ（長命草）などの薬草を食べているという。ヤギ汁は郷土料理店のほか新任の先生の歓迎会でも振る舞われる（写真７）。

作り方はヤギの骨付き肉を三時間ほど煮込み、塩味が基本。

初心者には、味噌味が好まれる。沖縄ではカツオ出汁で煮込み、器に盛る際にヨモギ葉をたっぷり入れるのが特徴だ。

②ヤギの刺身

ヤギ肉の刺身を初めて食べたのは、喜界島の居酒屋だった。匂いが全く感じられず絶品なのが不思議で店の主人に聞いたところ、ヤギ肉を冷凍しておけば匂いは消えるとのこと。半解凍状態にしたヤギの赤肉を玉ねぎのスライスと一緒にいただくと、コリコリした甘い食感だった。

③カラジュウリ

一八四一年に唐（当時の中国）の人が乗った船が難破し小野津集落に漂着したが、地元の人々に親切にされた御礼に教えられたのが料理の由来だ。唐料理が、カラジュウリとなったらしい。屠畜したヤギ肉と湯がいて洗った内臓に野菜を加え、新鮮なヤギの血液を入れて炒める。琉球料理には、ヤギの血で作るチーイリチーがある。

④正月料理

喜界島の元旦料理は、サングン（三献）と呼ばれる。今では簡素化されているとのことだが一献は塩、昆布、スルメと焼酎。二献は、魚の吸い物と刺身、三献には春雨の吸い物とスディブタ（硯箱の形をした漆器で料理も含めての名前で、喜界島のおせち料理）、サンペーツキ（ダイコンとニンジンの酢の物）などが先祖棚に飾られ、家長が順番に家族に振る舞うという。スディブタは、豚や魚、卵、ダイコン、昆布、田芋など何種類もの料理が整然と盛られる。喜界島独特の春雨の吸い物（シームン）は、各種行事にも作られ人気だという。

⑤日本トップレベルの白ゴマの産地

喜界島では、古くからゴマが栽培されてきた。奄美大島でもゴマ菓子は幕末の『南島雑話』に登場するが、現代まで栽培が続けられているのは喜界島だけらしい。この島に適応した種が喜界島在来種と呼ばれるようになり、改良の手が加えられていないため、ゴマ特有の香りや風味が強い。ゴマの生産は乾燥などに手間がかかるため機械化されておらず、日本のゴマはほとんどが輸入品だが、わずかな国産の中で喜界島は日本のトップレベルの白ゴマの産地として知られ、注目されている。黒糖にゴマを入れて作るゴマ菓子も人気だ。

写真８　ヨモギ餅。奄美では旧暦三月三日の女児の節句には、ヨモギ餅を持って海辺に出かける。薬草のヨモギと黒糖をたっぷり使ったヨモギ餅は、奄美を代表する餅菓子だ

⑥田芋餅（ウムムッチー）、ヨモギ餅（フツムッチー）

田芋は、子芋を多くもつことから縁起がいいと言われ、喜界島では女児の節句に田芋を煮て黒糖を混ぜた菓子が食べられる。また、奄美と同じく餅米にヨモギと黒糖を入れて蒸すフツムッチー（ヨモギ餅）（写真８）や、五月の節句に食べる小麦粉と黒糖を混ぜて焼くヤチムッチーなどがある。これは沖縄菓子のチンピンと形や材料がよく似ている。地理的には鹿児島に一番近い島だが、硬めの島豆腐や菓子などに、琉球文化を感じることが多い。

三　島々の郷土料理◆徳之島の郷土料理

闘牛の島として知られる徳之島だが、長寿世界一を二人（泉重千代さん、本郷かまとさん）も輩出した稀有な島としても有名だ。お二人とも地場産の野菜や魚、肉などを食べ、黒砂糖や黒糖焼酎が大好きだったという。若い時からよく働き、品種改良されていない抗酸化性の在来種の食材を食べてきたことが長寿の秘訣になったのだろう。

写真9　漁（ぎゅう）なくさみ

①漁（ぎゅう）なくさみ（または、長寿鍋）

徳之島金見集落の料理「漁（ぎゅう）なくさみ」は、イセエビと魚介類を豊富に入れた鍋料理だ（写真9）。追い込み漁から戻ってきた漁師が、獲ってきた魚介類を浜辺で炊いたのが始まりと言われる。ソテツのナリ味噌で風味をつけるのが、美味しさの秘訣らしい。オカヤドカリの大産卵を取材した金見岬で、私も何度か食べたが実に豪快で贅沢な鍋料理だった。

②伊仙町の祝い料理（煮物）

塩ゆで豚や、昆布、かき餅、揚げ豆腐、落花生など七品目を料理膳に盛るスズリブタが、特徴だ。正月には赤椀（魚の汁物）と黒椀（鶏、シイタケ、紅白かまぼこ等の汁物）、煮物（豚、ダイコン、昆布など）、紅白餅、お造りを並べたお膳（正月煮物）が並ぶ。

四　島々の郷土料理◆沖永良部島の郷土料理

沖永良部島は、サンゴ礁が隆起してできた平坦な島で、多くの鍾乳洞が点在している。一四〇〇年頃に琉球北山王にルーツをもつ世之主が島を統治していたことから、今なお風習や食文化においては琉球文化が色濃く残っている。

①田芋餅と墓正月

沖永良部島には、先祖と共に新年を祝う墓正月という伝統行事が旧暦一月一六日にある。これは、沖縄の十六日祭（ジュールクニチー）に相当する風習のようだ。今では、田皆や瀬利覚など一部の集落でのみ行われているが、まだ風が冷たい時期に老若男女の親族が集まり、墓前で宴を楽しむのである。重箱の中には、茹でた田芋に黒糖を混ぜきなこをまぶした田芋餅が入る（写真10）。軟らかくてやさしい甘みの餅菓子だったが、日持ちがしないので販売は島内のみに限られている。

写真10　田芋やクワリ（茎）を使った沖永良部島の料理

②硬めの島豆腐と、豆腐の味噌漬け

沖縄と同じようにこの島の豆腐は硬く締まっているので、炒め物や煮物に入れても形が崩れない。ある料理店では、豚のあばら骨肉と豆腐、ニンジン、昆布、タケノコなどを入れて煮しめにしていた。沖永良部風正月料理とのことだった。

一九二一年に沖縄を訪れた民俗学者の柳田國男が書いた『海南小記』には、沖縄の豆腐を「野武士のごとき剛健なる豆腐」とほめている。沖縄の豆腐は一四世紀以降に中国から伝えられたという。

また、沖永良部島独特の豆腐の味噌漬けは、硬めの豆腐を蒸して味噌に漬けて作る。チーズのような食感だが紅麹と泡盛で作る琉球秘伝の「豆腐よう」と何か関係があるのか、と想像するのは楽しい。

写真11　ミシジマイ、ピャースーなどの与論島の料理

五　島々の郷土料理◆与論島の郷土料理

沖縄の国頭岬から約二三キロの距離にある与論島は、平坦で小さな島だが、東洋の真珠と表現されるほど白砂が美しい島だ。周囲全体が裾礁に囲まれている。沖永良部島と同様に、食文化にも琉球文化が色濃く反映されている。

①炊き込みご飯のミシジマイ

与論島の行事食の一つで繁忙期の他、葬式や催しの打ち上げにもよく作られる（写真11）。うるち米と餅米、三枚肉、シイタケ、ニンジン、ゴボウなどを入れて炊き込む。沖縄の伝統料理にジューシーという炊き込みご飯があるが、ミシジマイとよく似ている。

②野趣の醍醐味、ピャースー（トウガンの酢汁）

ピャースーは、与論島独特の野趣あふれる郷土料理だ。トウガンを割って半身をくり抜く。獲れたての魚を三枚におろし、塩を振ってから酢で締めて薄切りにする。くり抜いたトウガンに入れて酢をたっぷりかける。薄切りにしたトウガンの中身やタマネギ、ニンジン、唐辛子などを加えてしょう油などで味を整える。三月節句を取材した日に浜辺でご馳走になったひとときは、開放感と共に爽やかな思い出として残っている。

島の人に聞くと、昔から浜辺で釣りたての魚を酢に浸して作っていたらしい。ピャースーは方言でペー（酢）の汁（スル）が訛ったもので、酢で食べるのは沖縄式なのだと聞いた。与論では刺身を酢で食べるのが一般的で、酢で白くしてから安心して食べるという。冷蔵庫がなかった時代の知恵なのだろう。エラブチ、トビウオなど白身の魚のほか、ピキ（スズメダイ）で作るときは、骨ごと叩いて軟らかくしてから酢で締めて食べるという。

③トゥンガーモンキャーと十五夜

与論島には旧暦の八月一五日の夕刻、神の使いとされる子ども達が各家庭を回り、お供え物の餅を頂いていくトゥンガーモンキャーという行事がある。国の重要無形文化財の「与論十五夜」を取材した夏に、子ども達が楽しそうにお餅をもらっていたのを思い出す。かつては、こっそり盗む無礼講だったらしい。供え物の餅は、こねた餅米に硬めに茹でた小豆をくっつけたもの。白餅は親を小豆は子や子孫を表し、子孫繁栄を意味するのだという。

沖縄では、ジュウグヤ（十五夜）にフチャギという小豆をまぶした餅を、火の神や仏壇に供えるという。餅は月を小豆は星を表すらしいが、このフチャギはトゥンガーモンキャーで見た小豆餅とそっくりだった。どちらも小豆は甘くない。

六　おわりに―伝統料理は、歴史と文化と人々をつなぐ―

島々を取材しながら、それぞれの味を楽しんだ二〇年だった。食の世界は深くて楽しい。奄美の自然の恵みの上に、東南アジアや中国、琉球、薩摩からの味が伝わり、また奄美から大和へと伝えられた食文化もあったという。長い歴史の中では様々な苦難があっただろうが先人たちは異文化を受けいれつつ、独特の郷土の料理も創りだしてきた。食べることで、自然に感謝しつつ歴史をつなぎ、文化をつなぎ、子孫をつないできたといえるだろう。私たちは食べることで、今なお奄美の食の歴史を作っているのだと思う。

また、奄美の自然の中で育まれた島豚や島ヤギ、島魚、島野菜と、島の名がつく在来の食材でつくられてきた伝統的な郷土料理は、奄美を丸ごと盛り込んだ薬膳料理でもある。これらを大切にしながら、滋味深い奄美の味とその背景を少しでも伝えていきたいと思う。

参考文献

名越左源太『南島雑話1』平凡社、一九八四
藤井つゆ『新版 シマ ヌ ジュウリ』南方新社、一九九九
奄美の情熱情報誌『ホライゾン』ホライゾン編集室
泉和子『心を伝える　奄美の伝統料理』南方新社、二〇一五
久留ひろみ・ホライゾン編集室『奄美の食と文化』南日本新聞社、二〇一一
今村知子『鹿児島の料理』春苑堂出版、一九九九
喜界町保健福祉課すこやかセンター『おいしいたのしい喜界島』二〇〇九
伊仙町保健福祉課「食レシピ集」二〇〇七
ゆんぬ食・農同好会『ヨロン　ふるさとの味』二〇〇一
家庭料理友の会『家庭でつくる　沖縄行事料理とふるまい料理』むぎ社、二〇一三
叶芳和『島豚復活への道』南海日日新聞、二〇一六年六月二一〜二六日

第19章　本場奄美大島紬

南　祐和

一　はじめに

日本の経済を支えている自動車業界、日産やトヨタの隆盛の歴史には養蚕からのスタートがあった。養蚕の盛んな、群馬県の富岡製糸場や現在も操業している碓氷製糸場への見学で、繭玉から糸を挽く大型機械になんとＮＩＳＳＡＮのロゴがあり、織物機械にはＴＯＹＯＤＡ（当時はトヨタでない）の表示があった。機械のノウハウはその技術から発展したことに感銘したものだ。

自己紹介から始めることにしよう（写真１）。

私の父である南忠則は、旧笠利町の佐仁で昭和三七年に紬業を起業した。当時、笠利町の紬業者のほとんどが男物を生産していた。男物の大島紬は女性柄のように複雑でなく、割と小規模でも作ることができ、特に図案（設計図）の必要性もなく、配列方法なども自分の記憶だけで作ることができた。一業者同柄だけつくるというパターンが多く、苗字を柄名とした。有馬柄、徳田柄、伝優柄などがそうである。

写真１　紬を織る筆者

父も起業した当初は男物柄のみを作っていた。農業をしていた祖父がハブの被害に遭い、奄美市（旧名瀬市）石橋町の朝沼病院で治療をうけることになった。当時の佐仁と名瀬間は片道四時間ほどかかり、看病が大変だと病院の近くで家を借り、本格的に女性用の紬柄に挑戦していった。

私は次男で、家督は長男が継ぐものという考えが一般的だったので、幼少期から家業の大島紬にはまったく興味がなかった。

その後、兄が製造を継ぎ、父は名瀬市の港町や中央通り周辺で問屋が仕入をするのを見込み、その一角で販売に従事する、いわゆる相場（仲買い）といわれる仕事をしていた。一帯には四畳半ぐらいの広さの相場（仲買い）が乱立していた。昭和四五年頃、兄が大島紬の工程を見せる観光施設に力を入れることになった。

私は大学卒業後、東京で結婚し、電子関係の仕事をしていたが奄美に帰郷して大島紬の製造をやることになった。二八歳だった。そのころの大島紬の業界は、生産反数が戦後ピークに達し、「作れば売れる時代」を迎えていた。機屋で育ったものの、幼少の頃から紬に興味がなく工程も分からない。県の染織指導センターに通うことにしたが、一年かけて技術をマスターするのは時間が惜しいと思い、三日でやめた。独学で習得することにした。

同級生たちは高校卒業後、紬に従事していたため、同年の皆から、約一〇年の遅れがあった。製造過程のポイントは設計（図案）と色（泥染め以外の染色）であり、この工程を重点的に勉強・習得しようと決心した。大量生産の時代なら分業制が効率的だが「紬がいつまでも売れることはない」と思い、出来るだけすべての工程を手掛け、小回りの利く会社にしたいと考えていた。また、消費者の動向を知るため、販売にも出かけ、売れ筋の把握も勉強した。

私もこの大島紬業界に携わって五三年、分業制といわれる製造工程をすべて自分の手で習得することを目標にして、現在も養蚕から製造販売まで行っている。今回この執筆依頼を受け、年齢も八〇歳を前にして現場から職人・経営者として一筆書かせていただくことにした。

二　衣服の歴史

そもそも、衣服のはじまりは寒さやケガから体を守るためであり、気候や気温により、大きく北と南、東と西によって異なる。寒い北は資源が乏しく、狩猟で得た獣皮、羊の皮や毛を利用して耐寒用の衣服を作った。暑い南や緯度の高い温帯地方では、昼と夜、四季の温度差から身体を守るために豊富にある植物繊維で織物を作って衣服とした。

素材を分類すると、自然繊維としては絹糸、綿糸、麻《あさ》糸、芭蕉《ばしょう》、苧麻《ちょま》など、化学繊維は種々ある。大島紬は絹糸一〇〇パーセントなので絹糸の由来を紐解くと、日本への伝来は中国からである（写真2）。

織物は西では羊の毛糸を用いた毛織物を発展させ、東では蚕の繭から絹糸で絹織物を発展させた。また短繊維の毛糸を強い糸にするには高度の技術が必要で長い年月がかかったが、絹糸は長繊維で（繭一個から太さ〇・〇二ミリ、長さが約一三〇〇メートル）その細い糸を撚り合わせる技術（撚糸）ができ、毛や麻、木綿の繊維に先んじて高度な織物技術と織物機械を発達させたと思われる。

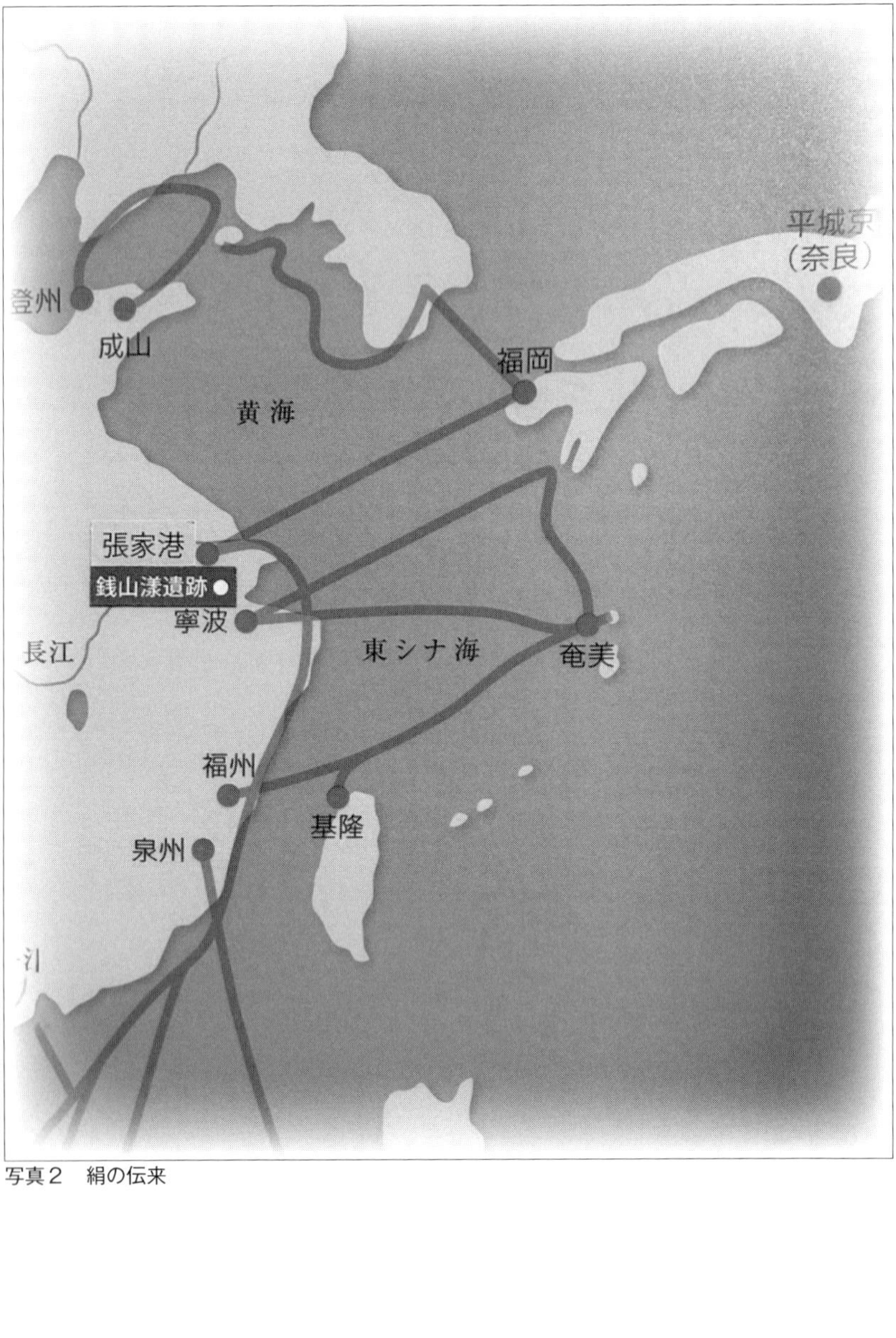

写真２　絹の伝来

中国から日本への養蚕の伝搬は、朝鮮半島から九州へ、中国張家港から福岡へ、福建省から沖縄ではなく奄美大島経由で鹿児島へ、台湾から奄美大島経由で鹿児島へなど様々な経路が考えられている（長野県岡谷養蚕博物館資料より）。

三　着物の歴史

日本のきものは呉服とも呼ばれる。三世紀中頃、中国の揚子江南部にあった胸元で衿合わせをする呉の国の衣服が日本に伝えられ、日本の衣服の起源となり、別名「和服」ということになった。この古墳時代は右前と左前の襟を合わせていたが、それが右襟を先に合わせて左襟を重ねる現在の形になったのは奈良時代とされる。重ねて着る形式は文化の進んだ中国、随の儀式の服装に倣って始まり、日本の衣服の基本形となった。

「きもの」を大きく分けると正装（フォーマル）と普段着（カジュアル）に分けられ、さらに小紋、御召、紬、色無地、江戸小紋、訪問着、付け下げ、振袖、黒留袖、色留袖、喪服など多種多様に分けられていく。結城紬や大島紬はカジュアルキモノの分野ではあるが、普段着というよりおしゃれ着というべきであろう。

着用にはその着物にあった帯や帯締め、帯揚げ、草履など付属品が必要になる。

染色方法（柄付け）で分類すると、後染め織物と先染め織物の二種類に大別される。白糸を機械、あるいは手織りをして布状にしたものに手描き、またはプリントする技法が後染め織物、糸の状態に柄を付ける技法が先染め織物。京友禅や加賀友禅などは後染め織物で、結城紬や本場大島紬は先染め織物となる。

四　本場大島紬の歩み

本題の大島紬は、フランスのゴブラン織り、ペルシャ絨毯と並ぶ世界三大織物といわれている。国の伝統的工芸品指定では「本場大島紬」と称され、鹿児島市や宮崎県都城市でも生産されている。奄美大島で生産される大島紬は「本場奄美大島紬」として区別して、反物には地球印の検査証紙が添付される。鹿児島で生産される反物は旗印である。戦前の奄美産地の証紙は旗印だった。これには事情がある。戦争がはげしくなり奄美から本土の鹿児島へ疎開した紬業者が、以前奄美で使用していた旗印の証紙を利用したのである。奄美は行政分離されていたので異議を申し立てられず、新しく地球印の証紙を登録することになった。

一七二〇年、薩摩藩から大島紬着用禁止令が出されたとの記録や、江戸後期の『南島雑話』に紬の製造について明記されていることから、既に江戸時代には奄美で定着していたことが分かる。

明治初期に至って、生産、販売も自由となり、そのため企業化が進められ、家内制手工業から工場制へと発展。明治二八年頃には、従来の手紡ぎ糸から練玉糸に変わり、織機も地機（いざり機）から、高機になり、明治四〇年には手括りから締め加工技術が導入される。大島紬の歴史で明治の後半ほど技術進歩が進んだことはない。

生産のピークは大正一〇年で約三三万四〇〇〇反、戦後は昭和四七年の約二九万七〇〇〇反であった。令和五年は約二七〇〇反と最盛期の一パーセントにも満たない減産である。

鹿児島産地や都城市の紬業者も前記の理由でほとんど奄美大島出身。ただ、本土の産地では奄美大島のような泥染めの工程ができないため、泥染めは現在でも奄美の泥染め業者に依頼している。

柄行き、手法も産地ごとに多少異なる。鹿児島産地はモダンな柄が多く、白大島や色大島にたけているが、奄美産地は渋く伝統的な柄で泥染め製品が主体。要因は都会からの距離など環境や交通の便の違いではないかとされる。また、奄美は大島紬一辺倒であるが、近隣の沖縄県には、琉球絣、紅型、ミンサー、南風原など数種類の織物がある。島ごと、地域ごとに特徴的な織物があるのは、琉球王国における儀礼的な服装と庶民の衣服の違いが関係していると思われる。かつては、奄美でも花織りや芭蕉布、綿織物なども存在していた。奄美が大島紬のみになったのは、本土の問屋の意向が大きかったからだ（奄美の大島紬は問屋が発注して買い取る「誂え品」が主流となって発展してきた）。

例えば芭蕉は繊維をとるのも大変で、夏のみの衣類とあって、四季のある本土の環境に合わなかった。綿素材は短繊維であり、糸にするのに大掛かりな機械が必要だ。絹糸なら繭玉を煮て指で引くだけで糸になる。短繊維に比較して作業能率が良いズル引きといわれる技法だ。

「紬」は、「紡ぐ」から発祥している。本来、糸が太かったり、細かったりの素朴な玉糸であったが、大正時代前半ぐらいから現在使用されている撚糸に変わっていった。さらに、「かすり」として柄の表現を点の集合体で表すのに玉糸だと柄がムラに見えてしまう。初期の絣を作るのには、絹糸を芭蕉の繊維で括って防染していたが、明治の後半に笠利村（現奄美市笠利町）重井子坊と永江伊江温による締め機の発明があり、飛躍的に絣の美しさと、大きな柄が作られるようになった。

大島紬の技術進歩には、明治二三年ごろ、タテ絣とヨコ絣を針で合わせることを始めた喜界島出身の浜上あい女史と締め機の技術を公開した永江伊江温と唐実義兄弟、織り進むとき左右並行して打ち込むバッタンを改良した笠利村佐仁出身の田中清彦氏の功績が大であろう（図1）。

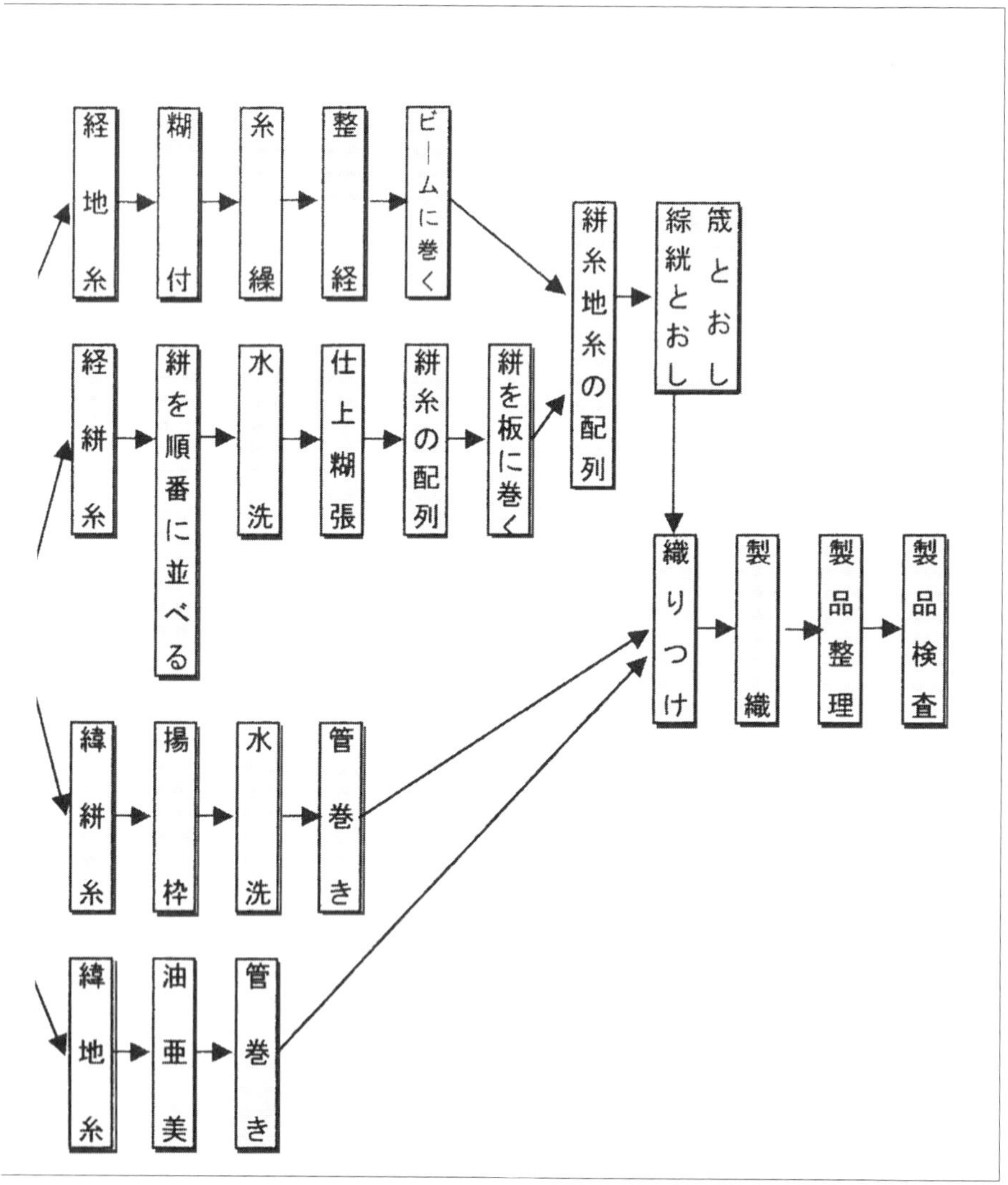
経地糸
糊付
糸繰
整経
ビームに巻く
経絣糸
絣を順番に並べる
水洗
仕上糊張
絣糸の配列
絣を板に巻く
絣糸地糸の配列
筬とおし
綜絖とおし
緯絣糸
揚枠
水洗
管巻き
緯地糸
油亜美
管巻き
織りつけ
製織
製品整理
製品検査

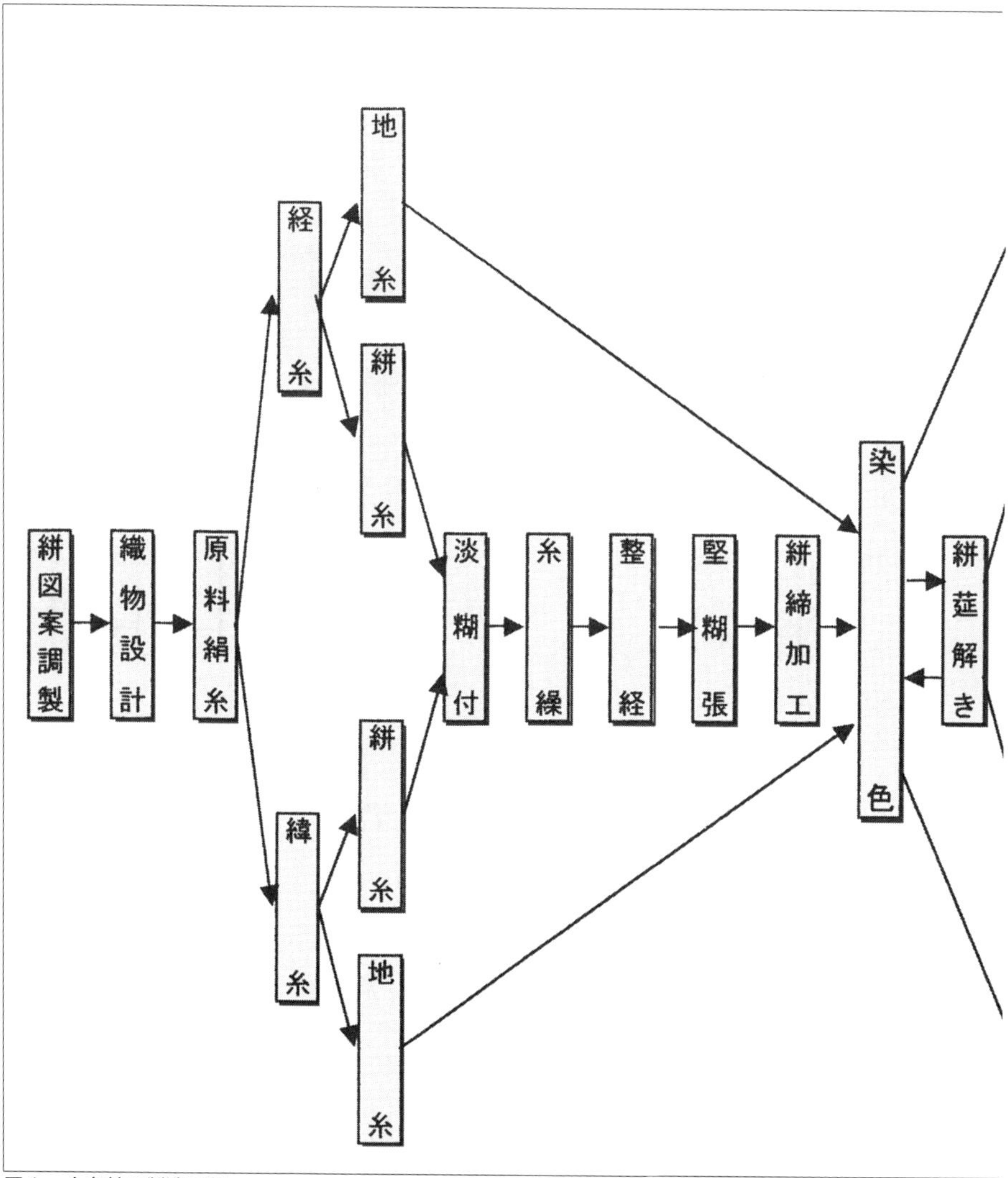

図1　大島紬の製造工程

戦後、大島紬の販売は、「あこがれの大島紬」の知名度で、昭和四〇年ごろまでは数社の問屋が扱う一方、「かつぎ屋」と称して、機屋から反物を数十点借りて本土で奄美出身や知人を頼りに直接販売をする島出身者が増えた。反物を借用証書も内金もなしで貸すため、表に出ない持ち逃げも横行した。

本場奄美大島紬には、定義がある。①絹一〇〇パーセント、②先染めの手織りであること、③平織りであること、④手機（ばた）で縦横絣および横絣をかすり合わせして織り上げること。規定通りの商品も大事だが、「モノづくり」とは規定に拘束されず自由な発想も大事だと思う。

大島紬の特徴は「軽い」、「着崩れしにくい」、「年齢制限が少ない」、「重厚さ」などだが、かつては嫁入り道具として持参した大島紬を近隣の人たちにタンスの中まで披露していた。

高価な大島紬を持つことにより、心を豊かに保ち、大島紬のように「私は裏表ありませんよ」と示す意味もあったようだ。また、昭和四五年ごろから、クレジット会社の企画で、あこがれの大島紬が「一カ月一万円の三年間月賦で、三六万円で買える」のキャッチコピーが流行り、奄美では織り上がってない商品まで購入予約が入った。そのため、業界では粗製乱造に走り、その後の信頼回復に時間を要した。

問屋が扱った理由には、絣の密度（マルキ）による商品価格のランク付けがあり、商品の見分けが容易だったこともある。業界も問屋が「このマルキの大島紬がいい」と言うと、皆、同じシリーズを作り、他より少し低めの金額で売買するようなった。今思えば自分達で自分の首を絞めたようなものである。戦後、隆盛を期した昭和四七年ごろは、問屋から「誂え品」として原図通りにつくるパターンと、「市場品」として産地の機屋の考案した企画商品があった。価格は市場品より誂え品が一反一万円から二万円高く、矛盾を感じたものだった。

この頃の流通形態は、製造（機屋）や名瀬の中央通り周辺の相場（仲買人）から地方問屋、京都室町の大手問屋を経由し、各地の呉服屋を通して、一般の消費者（お客様）と面談。裏地、仕立て、帯など一式販売をすることが普通だった。昭和五五、六年から日本の人口減、着物離れなどで次第に問屋の誂えという「止め柄」は少なくなり、ほとんどの製品が現在のように機屋のオリジナルとして製造されるようになった。

時代の流れは、機屋の自由な発想による同柄の反数、柄選定、販売を可能にした。しかし、製造業者（機屋）は、作るだけでよかった時代から、独自の販売力も必要になった。

戦中戦後の大島紬は、昭和初期に年間三〇万反余の生産だったのが、軍靴の足音が響くようになった昭和一五年には贅沢品として国から製造販売禁止となった。陳情の結果、住民生活に対する影響大として一部許可されたが、昭和二〇年の敗戦で生産はゼロとなった。

戦後、高度経済成長には大島紬ブームが起き、産地では増産傾向の中、昭和五〇年ごろには鹿児島で韓国大島紬が発覚、脅威となった。存亡の危機として鹿児島、奄美の業者が一つになり、国へ陳情・要請を行った。

やがて韓国の産業政策の転換、物価高騰などで自然消滅したが、平成、令和の時代には鹿児島、奄美両産地とも減産が続いている（表1）。

夫の稼ぎで生活し、妻のはたおりの収入を子供の仕送りに回したとか、紬のお陰で大学へ行けたとか、明治以後の奄美において大島紬が経済的に大きな役目を果たしたことは紛れもない事実である。旧名瀬市の住居ビル建設ラッシュも、紬業者が織り工を確保するための住居から始まったようなものである。

表１　本場奄美大島紬生産状況（暦年１月～１２月）

明治	35	年	5, 084
	36	年	9, 408
	37	年	11, 217
	38	年	13, 345
	39	年	14, 450
	40	年	24, 687
	41	年	35, 536
	42	年	36, 443
	43	年	39, 527
	44	年	32, 842
大正	元	年	34, 335
	2	年	57, 999
	3	年	80, 819
	4	年	96, 340
	5	年	141, 915
	6	年	189, 747
	7	年	237, 225
	8	年	278, 820
	9	年	239, 053
	10	年	334, 228
	11	年	273, 521
	12	年	268, 631
	13	年	254, 305
	14	年	317, 264
昭和	元	年	339, 474
	2	年	356, 094
	3	年	328, 962
	4	年	291, 729
	5	年	311, 440
	6	年	310, 530
	7	年	310, 666
	8	年	291, 805
	9	年	295, 896
	10	年	285, 384
	11	年	226, 899
	12	年	206, 943
	13	年	235, 521
	14	年	235, 230
	15	年	217, 590
	16	年	237, 548
	17	年	258, 338
昭和	18	年	251, 024
	19	年	41, 982
	20	年	0
	21	年	3, 083
	22	年	2, 590
	23	年	6, 670
	24	年	1, 070
	25	年	681
	26	年	22, 291
	27	年	34, 011
	28	年	38, 155
	29	年	32, 840
	30	年	42, 095
	31	年	57, 268
	32	年	68, 550
	33	年	66, 832
	34	年	60, 002
	35	年	70, 207
	36	年	84, 394
	37	年	101, 285
	38	年	128, 649
	39	年	137, 753
	40	年	158, 583
	41	年	189, 425
	42	年	199, 923
	43	年	212, 489
	44	年	224, 738
	45	年	235, 305
	46	年	258, 538
	47	年	297, 628
	48	年	281, 768
	49	年	271, 851
	50	年	270, 788
	51	年	267, 641
	52	年	261, 627
	53	年	243, 343
	54	年	253, 895
	55	年	269, 778
	56	年	269, 125
	57	年	258, 814
	58	年	255, 314
昭和	59	年	262, 460
	60	年	238, 555
	61	年	201, 692
	62	年	178, 638
	63	年	161, 706
平成	元	年	149, 876
	2	年	126, 311
	3	年	113, 594
	4	年	95, 292
	5	年	78, 731
	6	年	67, 640
	7	年	62, 755
	8	年	60, 631
	9	年	55, 441
	10	年	49, 828
	11	年	43, 651
	12	年	37, 339
	13	年	34, 088
	14	年	33, 232
	15	年	31, 901
	16	年	30, 235
	17	年	27, 273
	18	年	23, 893
	19	年	18, 162
	20	年	14, 144
	21	年	10, 698
	22	年	8, 919
	23	年	7, 728
	24	年	6, 883
	25	年	5, 866
	26	年	5, 340
	27	年	5, 106
	28	年	4, 732
	29	年	4, 402
	30	年	3, 862
令和	元	年	3, 671
	2	年	3, 385
	3	年	3, 290
	4	年	2, 960
	5	年	2, 710

本場奄美大島紬協同組合

五　紬業者の現況

では、現在の紬業者の実態はどうなっているのか。以前から、主に鹿児島産地と奄美大島産地があり、鹿児島産地には藤絹織物の独自の協同組合と鹿児島市内の業者で結成する旗の証紙の本場大島紬織物組合があり、宮崎県都城市には鶴の証紙の組合がある。奄美大島産地には地球印の証紙をもつ本場奄美大島紬協同組合が存在している。奄美の組合員数は個人業者含め、約七〇社。しかし実際稼働する組合員は半分の三〇社ぐらいだ。その中で、後継者が育ち、稼働している業者は約一〇社と言えよう。

現在、業界の問題点は経営面の後継者不足に限らず、分業制で約四十数工程に及ぶ技術者不足もある。後継者不足の最大の要因は単純に他業種と比較して、低賃金であること。技術を習得するのに二年から三年かかるが、この間基本的には無報酬である。

将来性に乏しく、安価な賃金。「大島紬が好きだから」と言う夢だけでは生活できないのである。本土から夢を抱いて多くの人たちが移住してきたが、夢を実現したのは少数である。技術を習得するまでの賃金対策として、業界、行政から多少の援助を行っているが効果は少ない。

また、昭和五〇年に経済産業大臣より伝統的工芸品として指定を受けたが、本場奄美大島紬伝統工芸士会も高齢化で減少傾向にある。こうした中、四〇代の機屋の後継者のいる数社が、それぞれのカラーを出して共存共栄を図っている。

以前のように問屋の指示に従うモノ作りではなく、各機屋の特徴を発信するモノ作りに移行する必要がある。奄美市（旧名瀬市）など行政が中心になり、本場奄美大島紬活性化事業や大島紬再生協議会などを立ち上げ、模索提案を行ってきたが、これといった成果は実っていない。原因は業界の体質にあると考える。心をひとつにして取り組むことに弱い。良くも悪くも島民気質であろうか。紬業界の結論として機屋それぞれの特徴を出し、それぞれのやり方で事業を行い、他を認め合うことで、総じて業界の生き残りとすべき時代ではないかと案じている。

六　弊社「夢おりの郷」の挑戦

「夢おりの郷」には、約四〇年間売れ筋の商品がある。販売当初は邪道だと批判されたこともあったが、泥染めの反物は、通常縦横ともに一〇〇パーセント泥染めにするが、この商品は、草木染や化学染料染めを併用した商品だ。泥染めだけでは表せない表現ができる。

また、芭蕉の繊維を利用、木綿や金糸、ラメなども利用する。大島紬の特徴である、「柄に流行がない」、「年齢を問わずに着用可能」、「親子三代着られるほど長持ちする」が、販売の上でメリットでなく、今ではデメリットとなっていると思う。

大島紬は、伝統産業とよく言われるが、私の考える伝統とは守るのではなく、時代に合わせて変化して挑戦し、継続することである。

平成一三年六月、旧名瀬市から空港沿線で交通の便の良い、現在の龍郷町に引っ越した。糸から作る、いわゆる養蚕から始まり販売会まで出来る全工程を一箇所に集約した。今までにないようなモノづくりをするためだ。反物だけでなく、半巾帯、名古屋帯、袋帯、ショールなども製造、観光客が大島紬の歴史や書物の閲覧もできる博物館のような機能も備え、写真が撮れるスタジオ、職人の作業風景を現場で見学、職人との会話もでき、大島紬の着付け体験、泥染め、藍染め体験、はた織り体験などができる施設も盛り込んだ。

三〇年前から呉服屋と協議して、毎年お客様、もしくは着物ファンを奄美にお連れし、紬の工程を理解してもらう産地ツアーを企画している。弊社で働きたいという希望者で住居が必要な場合に対処するため、本社に隣接した社宅を設け、保育所も併設した。紬に従事する人たちの環境改善である。

私は、大島紬の業態を「感動産業」と位置付けている。普段の日常生活では、大島紬をはじめ「きもの」は生活必需品ではない。多くの人にきものに関心を持ってもらい、大島紬の工程の大変さを理解してもらうとともに、奄美の歴史や料理、シマ唄などでもてなし、感動していただく。そうすることで一〇〇万、二〇〇万円の大島紬の購買につながっていく。お客様には、大島紬という着物と同時に感動も買っていただき、着用のときもこの感動を思い出して着てもらう。

「かすり」の細かさで表すマルキを追うのも大事だが、一目見て「KIREI　きれい」「KAWAII　かわいい」「KAKKOII　かっこいい」の三Kの物つくりを目指し、「伝統とは挑戦すること」を生涯やっていきたい。

それが製造から流通、販売までを実践で学んだ私の結論だ。

七　これからの大島紬業界

日本は働き方改革と称し、一週間何時間以内で休日をとるなど、「職人」と呼ばれる人たちにとっては新たな環境が待ち受けている。職人は計画通りに仕事が進む場合もあれば、そうでないときもある。調子が良いときは時間を忘れて作業する。長い伝統を持つ大島紬は、家内制手工業の域にあり、自分でコツコツと製品を創り上げる。大島紬の原価を計算すると、初期投資は商品の二割程度の糸代だけ。あとは人の手間賃だけだ。一部の工程を除くと雨でも作業でき、作業場所も数坪で、暑さ、寒さも防げ、家族で作業ができる。売れ行き好調な時代に問屋の指導もあって生産を拡大し、分業制の産業になった。これからは、新たな働き方の環境下で「職人」を貫かねばならない。

大島紬の現状は、毎年減反が続き、減産に歯止めがかからない状況にある。生活様式の変化や和装離れの中、大島紬の生地を利用した洋装化も図られているが、洋服地と異なり、ピチッとしたデザインには不向きである。

また、ネクタイや小物の利用もあるが、その使途に合わせて製造してないため、やぼったいイメージは拭えない。しかし、購買人口が減ったこともあり、過剰生産されず、価格の維持も自然になされる。減産は必ずしも悪いことだけではない。

奄美の経済を支えてきた大島紬を残す努力は必要だが、今後かつての隆盛を見ることは不可能であろう。民族衣装と言われる「着物」が、現在も生活の中で活用されていること自体、世界中でもまれではないか。これから商品としては二極化が進む。本物志向で、歴史の重みと重厚感のある大島紬と、規格にとらわれず自由な発想で気楽に着装される安価な大島紬だ。

これから、ますます機屋独自の特徴を出していくとともに、職人不足は業界で譲り合いをしながら小さな企業が生き残る、ドイツ包丁など刃物を生産する町、ドイツのゾーリンゲンのような皆で支え合う大島紬業界が望ましいと考える。

私は高齢だが、これからも業界の一人として先人達から受け継いできた奄美の宝を形に変えて、未来へつなぐ努力をこの奄美大島で続けていくことを誓う。

第20章　加計呂麻島のネシア発信力

叶　芳和

一　亜熱帯自然の宝庫

奄美大島の南端の町、瀬戸内町古仁屋でフェリーに乗ると二〇分で加計呂麻島に着く。下船、大地を踏んだ瞬間、空気の変化を感じる。言葉でうまく表現できないが、何とも言えない和らぎの空気が漂っている。カンポン（マレー語の村）の空気だ。

加計呂麻（カケロマと読む）は、言葉自体に発信力がある。非大和《やまと》的な漢字で、強い響きがある。観光旅行者には「加計呂麻」という名前そのものに魅かれるものがある。

奄美大島と大島海峡で隔てられた、離島のさらに離島の加計呂麻島は、リアス式海岸で深く刻まれている。「島も通わぬ加計呂麻島～」と新民謡に唄われているが、もちろんこれは加計呂麻讃歌である。椎の木など広葉樹林で覆われ、ルリカケス、アカショウビン、オットンガエル等々、固有種の希少野生動植物がたくさん棲息している。公共事業によるセメント型開発が少ないので、世界自然遺産登録をめざす奄美群島の中でも自然が一番残っている。

島の人たちはアニミズムの流れをくむ自然・祖先信仰が厚く、人々の温かさも色濃く残る。また、家の周りは石垣も残っており、奄美の源郷の風景がある。

大島海峡は優れものである。リアス式海岸で深く刻まれた入り江は波静かで、薩川湾は、戦前は帝国海軍の要塞として戦艦大和や武蔵が停泊した。最近の大島海峡はシュノーケリングなどマリンスポーツが盛んだ。中でも、毎年七月初めに開催されるシーカヤック大会は、世界のどこにも負けない魅力がある。カヤックが青い海を疾走する、弾けるような躍動感あふれる風景だ。

加計呂麻は「宝の島」といわれる。歴史と文化がある。そして、青い海、白い砂浜、サンゴ礁、色とりどりの熱帯魚（「熱帯魚のファッションショー」芝田稔秋氏表現）、こんもりとした広葉樹林の森。亜熱帯の自然が豊かだ。大島海峡があるのも、加計呂麻があるから海峡が存在できる。

二　昇曙夢・島尾敏雄、亜熱帯の人物と特産品

奄美は何色？　こんな問いかけが時々、起きる。「赤色」という答えが多いように思う。夏の灼熱、赤土土壌、あるいは戦後の復帰運動の頃の文芸活動「赤土文化」の影響であろうか。しかし、筆者には「赤色」は亜熱帯の柔らかな自然には合わないように思える。春先、奄美の森は椎の木の若葉が一斉に盛り上がる。黄緑、萌黄である。生命が輝いている。筆者の奄美・加計呂麻イメージはこの色である。沖縄は「赤」かもしれないが、亜熱帯の奄美はやわらかな色がふさわしい。人情、やさしさ、やわらかな気持ちの形成も、この風土の賜であろう。

加計呂麻には平家落人伝説がある。島の東端に位置する諸鈍集落に、古代日本の芝居の原型と言われる「諸鈍シ

写真１　諸鈍シバヤ（瀬戸内町諸鈍）

バヤ」（写真1）が伝わっており、国の重要無形民俗文化財に指定されている。「大屯《おおちょん》神社」には壇ノ浦の戦いに敗れ、落のびてきた平家一族の平資盛（清盛の三男）が祀られている。「ノロ神」信仰も、琉球支配とは別にこの時代に伝えられたのであろうか。

島の特産物に、さとうきびから作る「黒糖」（純天然）がある。「さとうきび酢」も挙げたい。四〇〇〇年前から伝わる優れもので、長寿の効果がある。酢を作るには酵母が必要であるが、きび酢はさとうきびの搾り汁を、加計呂麻の自然環境でのみ可能な、大気中に含まれる浮遊菌・酵母菌による自然発酵醸造酢である。九〇年頃、「世界でここだけにある酵母菌」で発酵させていると聞いたとき、またまたいい加減なことを言ってと思ったものである。

しかし、日本酒は蔵に住み着いている蔵付き酵母を取り入れて醸しているため、蔵ごとに酒の味が違うことを考えれば、さとうきび酢は「世界中で加計呂麻にしかいない」酵母菌で発酵させているから美味しいというのは正しいであろう。加計呂麻の大地を踏んだ瞬間、空気の変化を感じるのも、この浮遊菌のせいであろうか？

加計呂麻ゆかりの人物に昇曙夢（芝集落出身）がいる。日本最初のロシア文学者で、ロシア文学の翻訳研究を通して明治・大正・昭和初期の日本文壇に大きな影響を残した。また、郷土史家として不朽の名著『大奄美史』の著作もある。戦後、沖縄と同じく米軍占領下におかれた奄美群島の日本復帰運動の際には、奄美連合全国総本部委員長として活躍した（一九五三年日本復帰）。

作家の島尾敏雄も、加計呂麻に関係する。戦争中の特攻隊体験を描いた『出発は遂に訪れず』は加計呂麻が舞台だ。中心から見た日本と違った「もう一つの日本」、「固い画一性」から抜け出すための概念「ヤポネシア」や「琉球弧」という造語も島尾のものだ。

三　地域振興策──資源植物園構想

人口は約一四〇〇人である（請島、与路島を含む）。一九五六年の町村合併前は一万人を超えていた。戦前の昭和二年には一万五六五七人、昭和一五年には一万一二四八人もいた。しかし、高度成長期以降、過疎化が始まった。最近は観光客が増え、若者のIターンもあるが、若い人の雇用の場が少なく、過疎化は依然深刻である。

加計呂麻は亜熱帯の自然豊かなところである。ここをどう生かすか。

筆者は「加計呂麻島に資源植物園を」という構想を提起したことがある（一九八〇年代）。育種改良による農業発展を目指し、日本の国家戦略として、〝東南アジア〟の資源植物を採集して遺伝子資源を生きたままプールできる資源植物園を創る。加計呂麻は気象条件から最適地だ。

資源植物園が加計呂麻に出来れば、全国各地から研究者や修学旅行生が訪問し、大島南部は永久的に発展することになる。遅れているといわれる大島南部が、一躍、世界の最先端に躍り出ることになる。シンガポール植物園のように、地元の観光・経済への影響は大きい。奄美一番の豊かな自然を生かした発展戦略であったが、いまだ実現は夢のまた夢。

＊本稿の初出は日本島嶼学会長嶋俊介編、別冊『環』二五号『日本ネシア論』藤原書店、二〇一九年所収の拙稿「加計呂

麻島のネシア発信力」である。今回本稿では下記の四節「付論　歴史と人口」を加筆した。

四　付論　歴史と人口

古代奄美は東シナ海交易圏の先進地

加計呂麻は歴史の島である。

奄美諸島自体が歴史の島である。奄美諸島は、かつて、どこにも帰属していなかった。日本にも、琉球にも帰属していなかった。「無国籍」（前利潔説）の時代である。一〇〇〇年前、奄美諸島にはまだ統一国家は存在せず、自由にして独立した民が集団を営んでいた。アジ（按司、地域の支配者）が割拠する時代である。

一五世紀半ばから琉球王朝に支配され、「被支配の地」になった。一六〇九年からは薩摩に支配される時代に移り、抑圧される時代が長く続いた。明治、大正、戦前と称される昭和初期は日本国の下にあったが、第二次世界大戦後は米軍の占領下に置かれ、再び被支配の地となった。奄美は数奇な歴史をたどった。

古代奄美は、琉球より先進地だった。弥生時代から古墳時代における日本本土の有力階層が使用していた装身具は、奄美近海で採れるゴホウラ・イモガイ等、奄美諸島以南に生息する巻貝を素材としたものが中心である。四世紀頃からは、九州との交易が活発に行われていたのである。

七世紀になると、中国（唐）の進んだ制度・文物を導入する目的で遣唐使が始まるが（六三〇年）、この流れで、奄美諸島にも立ち寄った可能性が指摘されている。『日本書紀』によれば、奄美（海見）は六五七年にトカラ列島からの漂泊者を受け入れたと書かれている。ここに初めて史料上に奄美が登場した。なお、遣唐使船には原則として、奄美語の通訳が乗船していた。

八世紀には、奄美は大和朝廷に積極的に朝貢するようになった。律令政府は南島を統治下に置き、その南島については西海道を管轄する大宰府が窓口になって対応した。大宰府が南島人に位を授け、贈物を贈るよう命じた。南島の特産物である「夜光貝」や「赤木」が大宰府に届けられた。喜界島には大宰府の出先機関があったと推定されている。喜界島は大和朝廷の出先であったともいえる。

一一～一三世紀になると、徳之島産の陶器「カムィヤキ」が環東シナ海域の交流・交易圏の主要産品として登場する。カムィヤキは奄美・沖縄・先島諸島の琉球弧の隅々まで流通し、共通の文化圏を作っていった（本書第1章、四本論文参照）。つまり、徳之島のカムィヤキが琉球列島の土器文化を終わらせ、琉球列島を同じ文化圏にまとめる役割を果たしたのである。最近の研究によると、一一～一二世紀の奄美は、沖縄より先進地であったとみられている。

また、農耕文明の普及も、奄美は沖縄諸島より先んじていた。グスク遺跡出土の穀類の年代測定で明らかになってきたことであるが、「農耕は奄美群島で八～一二世紀、沖縄諸島では一〇～一二世紀に始まりました。（略）この頃、奄美・沖縄諸島では狩猟・採集・漁労から農耕への変遷があったわけですが、狩猟採集から農耕への変遷があった島は世界ではほとんど知られていません。世界中のほとんどの島は農耕を伴った人達によって植民されました。つまり、狩猟採集の時代はありません。奄美・沖縄諸島の先史時代には稀代の文化現象があったことになります」（高宮広土、鹿児島大学の奄美の研究報告書『魅惑の島々、奄美群島—歴史・文化編』二〇一一）。

「海洋の民」「森林資源」

奄美諸島は四方を海で囲まれている。交流・交易で東シナ海域に乗り出していた事実は、奄美人は「海洋の民」であったことを示唆している。海洋だけではなく、船材を供給する「森林資源」もあった。世界自然遺産に登録された湯湾岳や井之川岳には大型櫂船《かいせん》を建造できる材木がある。航海技術や櫂船建造技術も持っていたのではないか。薩摩藩は元和九（一六二三年）年に「大嶋置目之條々《おおしまおきめのじょうじょう》」を発し、奄美が櫂船を建造することを禁じた（「かいせんつくるまじく候」）。東シナ海域貿易の利権を独占するため、奄美の海洋進出を阻害することが目的であった。木材資源を持ち、一方で古代から海賊として九州南部を荒らしまわっていた奄美が怖かったのかもしれない。奄美の直轄支配からわずか一〇年余で、奄美の本質、「海洋の民」であることと、豊富な「木材資源」の存在を見抜いていたと言えよう。

古代奄美は、今日では想像だにできないくらい元気だった。一〇世紀末には、遣唐使船の南島路の航路をなぞって九州各地に海賊として現れ、住民・財産を奪い、奄美に連れ帰り奴隷にしたという話も伝わる。当時、奄美島人は「南蛮人」と呼ばれていた（『瀬戸内町誌　歴史編』一二五～一二九頁。『名瀬市誌一巻歴史編』二一八頁）。

古代奄美が環東シナ海交易圏で活発な存在であったならば、加計呂麻島が圏外におかれたとは考えにくい。大島海峡は東シナ海域屈指の良港である。大宰府を出て台湾に至る航程で、仮に台風に襲われたとき、大島海峡に勝る避難所はない（戦前、薩川湾は帝国海軍の要塞だった）。

加計呂麻は奄美学の主戦場か

「奄美学」の主戦場は加計呂麻島なのであろうか。日本民俗学の父、柳田国男（『遠野物語』の著者）も、司馬遼太郎も、島尾敏雄も、江戸時代の名越左源太も、笹森儀助も、明治初期のドイツ人学者ドゥーダーラインも、加計呂麻島に行った。加計呂麻島は南西諸島の一端、外海離島のそのまた離島である。何故、巨匠たちが訪問するのであろうか。

戦後来日したオーストリア人民俗学者ヨーゼフ・クライナーも、加計呂麻島に行った。クライナーは東京で柳田国男に師事した際、「日本文化の起源は南方で、それが、いまなお色濃く残っているのは、奄美・加計呂麻島だ。君は沖縄よりも奄美大島の加計呂麻島に行きなさい」と勧められて、加計呂麻に行った（一九六二年）。「民俗学の父」に勧められての加計呂麻行きであった。

奄美群島は一九五三年の日本復帰、六〇年代以降の高度経済成長期の開発の波にのまれたが、加計呂麻島が開発から取り残され奄美の原風景が残っていたからではない。柳田も司馬も島尾も、高度成長期以前に加計呂麻を訪れている。奄美全体がまだ開発以前、それにもかかわらず、原風景を求めて加計呂麻島に行ったのである。ユタが残っていたように、人々の暮らしの隅々に奄美の「原点」があったからだ。

しかし、巨匠たちの研究、訪問は何の意味があったのであろうか。加計呂麻島は一九六〇年代（昭和三〇年代後半）以降、急速に過疎化に見舞われた。民俗学は何に役に立ったのであろうか。それとも、民俗学研究からの提案を無視してきたからであろうか。

歴史、文化遺産は、人を呼ぶ効果が大きく、地域の資産である。これを活かし切れていないことが地域衰退につ

表1　加計呂麻島の人口（単位：人）

	明治3年（1870）	明治43年（1910）	大正7年（1918）	昭和2年（1927）	昭和35年（1960）	平成12年（2000）	令和2年（2020）
実久	…	512	629	735	362	40	19
芝	429	607	625	720	423	101	48
薩川	543	574	614	716	335	65	58
須子茂	244	394	466	506	222	44	28
瀬相	247	416	370	392	188	93	63
伊子茂	176	201	251	260	122	56	71
諸鈍	607	1,202	1,361	1,617	827	247	160
加計呂麻島	…	11,132	11,712	12,894	7,222	1,704	1,080
請島	753	1,381	1,508	1,496	1,061	200	77
与路島	720	954	1,196	1,267	906	165	70
古仁屋	339	1,308	1,945	4,611	7,713	6,383	4,708
瀬戸内町域	…	27,149	30,743	34,408	24,697	11,649	8,546

「明治三年大島本島人口調査」。その後は国勢調査。
（出所）『瀬戸内町誌 歴史編』平成19年3月、403頁（弓削政巳執筆）。
（注）諸鈍は徳浜を含む。

ながっているのではないか。民俗や歴史、文化遺産を正しく活かせば、加計呂麻観光はもっと伸びていくはずである。

加計呂麻島の人口構造変化

表1に示すように、一九六〇年代以降、加計呂麻島は過疎化が激しい。注目したいのは、明治三年の人口は第二次大戦敗戦から回復したピーク時（一九六〇年）よりも多かったことである。黒糖地獄論に従えば、明治初期の人口がかくも多かったことは説明しにくい（食料不足下では人口は増えない）。江戸後期、加計呂麻、請・与路島は南方貿易から富を得ていたのではないか。歴史文献で確認したわけではないが、黒糖地獄の収奪下ではあれだけの人口扶養力はなかったのではないか。（注、家人《ヤンチュ》が多かった諸鈍は、明治初期の人口は少なかったが、明治後期には人口が急増した。黒糖地獄の有無の影響であろうか）。

加計呂麻島の歴史は「地政学」を動員した方が説明しやすい。人口統計を見ると、明治三年、与路七二〇人、池地四七七人、芝四二九人、隣の薩川五四三人。これに対し本島側の古仁屋は三三九人であった。古仁屋は小さく、加計呂麻・請・与路が多

図1　加計呂麻島および請・与路島

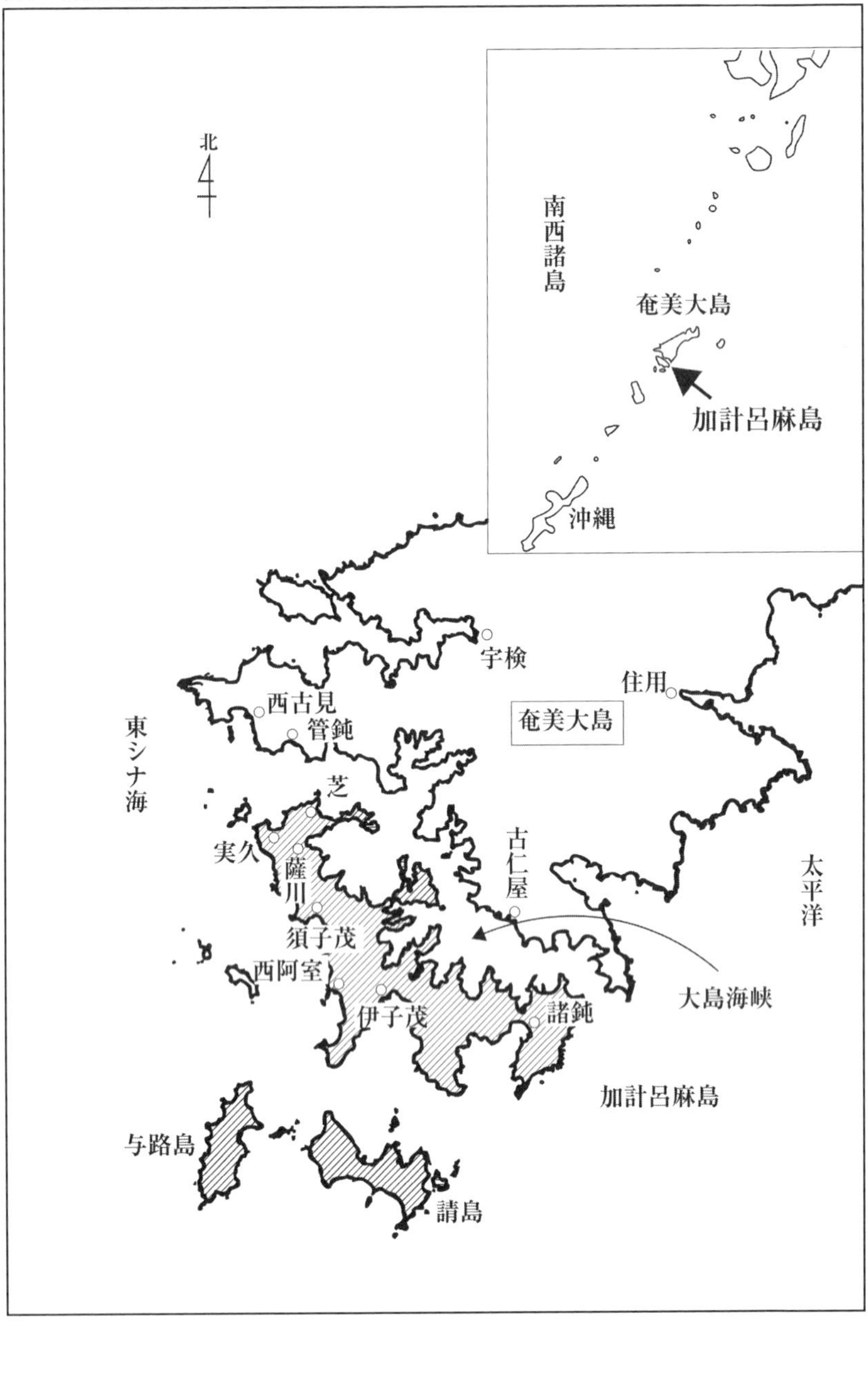

い。今とは全く逆である。請・与路、加計呂麻は奄美大島南部に位置し、当時は琉球等南方貿易から富を得ていたのではないか。

実際、加計呂麻島は繁栄を示唆するデータもある。明治時代であるが、鎮西村の鉄砲百合の生産は「奄美トップ」群島の二三%を占めた。(注、「大島郡統計書」によると、明治四一～四四年の鉄砲百合生産量は、鎮西村一九億本、和泊村九・八億本、知名村二・四億本(沖永良部計一二億本)である。ちなみに、エラブユリ(鉄砲百合の栽培種)の商業化は一八九九(明治三二)年である)。当時、奄美は蘇鉄と百合で莫大な財を得たが、その主産地は加計呂麻島であった。もちろん、これは群島内消費ではなく、「輸出」によるものである。なお、上記数値は明治時代の鉄砲百合のものであるが、ウケユリは花の香りの強さや美しさから、江戸時代から珍重されていた(ウケユリはカサブランカの交配親にも使われたと言われる)。

また、琉球時代は請・与路、加計呂麻の「裏側」が栄えていたが、薩摩支配になってから「表側」の芝が栄えるようになった。芝集落は大島海峡の西の入り口に位置し、しかも波静かなため、藩政時代は黒糖積み出しのための港として大きな役割を果たしたのである。芝の繁栄は地政学上の利点ゆえであろう。江戸時代、「裏日本」が栄え、幕末開港に伴い太平洋側が「表日本」として栄えるようになったのと同じだ(江戸時代は表と裏が逆)。こういう歴史が見落とされ、加計呂麻や請・与路に大方が持っているイメージは、歴史の実像と違うように思う。

例えば、筆者の郷里「芝」集落は、藩政時代の重要な港であった。砂糖の積出し港であり、薩摩から受け入れる食糧倉庫があり、薩摩役人の屋敷もあり(口承伝説では「代官屋敷」)、大きく栄えていたと伝えられている。しかし、こういう歴史がまったく無視された認識、歴史観が横行している訳である。

奄美島唄に「豊年節」がある。この唄は瀬戸内地方の一部で歌い継がれてきたものだ。これは収穫の喜びを歌ったものではなく、食糧等を運んでくる薩摩船の来航を喜ぶ唄である。

1
エンヨーハレー西《にし》ぬ口から
白帆《しりゃほ》や巻《ま》きゃ巻きゃ来ゆりヨイヨイー
（スラヨイヨーイー）
蘇鉄《そてち》ぬどがき粥《がい》やはん零《くぶ》せヨー
うとめましゅナーロイー
・・・

2
ヘンヨーハレー線香《しんこ》ぬ無《ね》だな
松木《まちげ》ぬ葉《は》ば線香ち灯《とぼ》ちヨイヨイー
（スラヨイヨイー）
山川観音丸《やまがわかんのんまる》二番漕ぎ願おナロイー
ヤーレイー線香ぬ無だな
松木ぬ葉ば線香ち灯ちヨイヨイー

ここで歌われている西（にし）の入口とはどこだろうか？　筆者は勝手に、加計呂麻島の旧実久村芝集落ではないかと思っている（推論）。芝は大島海峡の西の入口に位置している。藩政時代の米食糧倉庫や役人の屋敷の跡もあるからだ。（注、同じ西の入口である西古見と花天も二三反帆船居船場であった）。方言では「にし」は「北」の意味だから、違うという説がある。しかし、歌の世界では「西」を「にし」というのはよくあることだ。例えば、よく歌われる歌詞に「西ぬ管鈍なんじ　雨ぐれぬ　かかてぃ～」（「雨ぐれ節」）。また、「西ぬ実久なんてぃ大和船ぬぬれて～」（八月歌「西ぬ実久踊り」）。管鈍も、実久も、奄美大島の西側に位置している。

加計呂麻島研究は今後の課題

芝集落には明治初期、小学校があった。つい数年前までそのことは知られていなかった（二〇一八年に記念碑建立）。代官屋敷があり、食糧倉庫があり、二三反帆船居船場という重要な港であった歴史も忘れられている。[1]『瀬戸内町誌』にも、明確な記載はない。そういう芝の歴史は消されている。なぜであろうか？

上に述べたことは、歴史文献で確認されたことではない。伝承や筆者の推論が入り混じったものである。しかし、「史料のみに依存することは限界と危険が伴う」（柳田国男）。

加計呂麻島は歴史の島である。南方貿易で栄え、一五世紀には琉球の統治下に入り、一七世紀初め薩摩藩の琉球侵攻では最前線となり、そして薩摩藩の支配下に入り、戦後高度成長期以降は一挙に過疎化していった。ダイナミックな歴史変動を経て今日に至っている。地政学上、興味は尽きないように思われる。なぜ、歴史研究の光が当てられないのであろうか。

歴史文化遺産は、地域振興のための一番の地域資源である。加計呂麻島に歴史研究の光が当てられる日が来ることを期待したい。ネシア（奄美諸島）からの発信は重要である。

注

1 大島代官本田孫九郎の藩庁への上申書（一八〇六年）には実久方深浦が居船場と記されているが、それは間違いであろう。深浦ではなく、芝である（深浦は芝の小字）。深浦には食料倉庫跡もなく、口承伝説も残っていない。そもそも当時（一八〇〇年代初頭）、人はまだ住んでいなかった。

あとがき

島から旅立つ多くの高校、大学生はもちろん、島民の皆さんにも郷土を知る基本書として広く読まれることを期待しています。そういう意味で、本書は啓蒙書を目指しました。

本書の論文一つひとつは概説書ですが、二〇本集まることによって「集積の利益」が発生し、大きな価値を生み出しています。読者が五本あるいは一〇本読むことによって、融合されて、面白さが増すと思われます。

幾つかの論文は、かつて奄美は元気だったことを示しています。今は「奄美らしさ」がなくなっているのではないかと考えさせられます。アイデンティティ復活が地方創生につながるのではないか。奄美の「野生」を取り戻せ（野蛮ではないよ！）。それが奄美の魅力の再現になるでしょう。

本書は、当初想っていた以上に良い本になりました。これは偏に原石の良さもありますが、オンライン研究会でそれを磨いたコメンテーターの皆さんのお陰でもあります。執筆者以外でコメンテーター役を務めてくださった東京在住の稲田勇夫氏、小勝竹雄氏、島岡稔氏、山田信廣氏、奄美の高槻義隆氏、美佐恒七氏に感謝を申し上げたい。皆、リーディングス編纂の意義を理解し、積極的にボランティア参加した人たちです。また、ズーム会議のホスト役を務めた田原信作氏の貢献に感謝します。本書の企画段階で、奄美の執筆者を紹介してくださった奄美のトラさんこと花井恒三氏の協力も有難いものでした。

われわれ執筆者一同は、この啓蒙書が「奄美の魅力を伝える一冊」となり、奄美の地域振興に役立てばという「ふるさと貢献」の気持ちで寄稿しました。スマホの普及で活字文化は人気がなく、今日のご時世、出版は利益の出ない事業だと言われます。我々の気持ちを受けて本書の出版を引き受けてくださった南方新社の向原祥隆社長に、誰よりも先にお礼を申し上げたいと思います。

奄美学専攻ではない筆者が編者になりました。やはり、限界を認めざるを得ない。もっと多くの寄稿が望ましい。全て筆者の責任ですが、これで「奄美学事始め」は成りました。未来につなげたいと思います。本書が島出身の若い人たちの心の財産になってくれることを願います。

二〇二五年一月

叶　芳和

叶　芳和（かのう よしかず）一九四三年瀬戸内町芝生れ。一橋大学大学院博士課程修了。（財）国民経済研究協会理事長、会長を経て、拓殖大学教授等歴任。著書に『農業・先進国型産業論』（日本経済新聞社、一九八二）、『赤い資本主義・中国』（東洋経済新報社、一九九三）、『走るアジア遅れる日本』（日本評論社、二〇〇二）、『日本ワイン産業紀行』（藤原書店、二〇二四）など。南海日日新聞文化欄寄稿二〇二一～二三年度（月一回、金曜日）。第二回石橋湛山賞受賞（一九八一年）。

指宿邦彦（いぶすき くにひこ）一九五三年奄美大島名瀬生れ。元・セントラル楽器島唄企画室長。民謡日本一の当原ミツヨ、元ちとせ、坪山豊氏等多くの唄者の録音を担当する。著書に『大人青年（ふっちゅねせ）』（二〇〇四）、『奄美島唄学校』（二〇一二）がある。

及川　高（おいかわ たかし）一九八一年生。筑波大学大学院人文社会科学研究科、歴史・人類学専攻修了。博士（文学）。専門は民俗学（宗教民俗学、南島民俗学、現代民俗学）。東北大学東北アジア研究センター教育研究支援者、沖縄国際大学総合文化学部講師、准教授を経て、現在は熊本大学文学部准教授。主著に『「宗教」と「無宗教」の近代南島史―国民国家・学知・民衆―』（森話社、二〇一六）。

久保井博彦（くぼい ひろひこ）一九四七年奄美市名瀬生れ。一九七四年武蔵野美術大学油絵実技専修科卒業（山口長男、松樹路人、宮田晨哉に師事）。現在、奄美市在住。田中一村記念美術館企画展示室、銀座井上画廊（東京）、サテリット・パリ（仏・パリ）にて個展を開催。日本美術家連盟会員、写実画壇会員、名瀬美術協会会長、田中一村記念美術館企画「奄美を描く美術展」実行委員会委員長を務める。

桑原季雄（くわはら すえお）一九五五年宇検村生れ。筑波大学大学院博士課程中退。一九九〇年鹿児島大学教養部に着任し、法文学部、共通教育センターを経て二〇二〇年三月退職。鹿児島大学名誉教授。専門は東南アジア、ミクロネシア、薩南諸島の文化人類学的研究。単著に『奄美の文化人類学』、共著に『奄美戦後史』、『鹿児島の島々』など。

酒井正弘（さかい まさひろ）一九四五年龍郷町戸口生れ。大島高校、埼玉大学。一九八二年、山梨県甲州市勝沼町の中央葡萄酒株式会社入社。現在、同社顧問。

田畑千秋（たばた ちあき）一九五二年奄美市名瀬生れ。大分大学名誉教授。日本総合学術学会理事。博士（民俗学）。佐藤玩具財団優秀論文賞。沖縄文化協会賞（仲原善忠賞）。南海文化賞。『奄美名音集落の八月歌』、『奄美のわらべ歌』、『奄美の暮しと儀礼』、『奄美沖縄 女のことわざ』、『奄美大島の口承説話』、『南島口承文芸研究叙説』、『ドイツ人のみた明治の奄美』（共著）、『奄美語研究ノート』（共著）、『奄美―復帰五〇年―』（共編著）。

仲里　効（なかざと いさお）一九四七年沖縄・南大東島生れ。雑誌「ＥＤＧＥ」編集長を経て批評家。主な著書に未來社から刊行された『オキナワ、イメージの縁』（二〇〇七）、『悲しき亜言語帯』（二〇一二）、『眼は巡歴する』（二〇一五）、『遊撃とボーダー』（二〇二〇）、『沖縄戦後世代の精神史』（二〇二二）。共著に『沖縄問題とは何か』（二〇〇八）、『沖縄映画論』（二〇〇八）ほか、監修に『沖縄写真家シリーズ』全九巻（未來社）など。

名越 護（なごし まもる）一九四二年宇検村生れ。鹿児島民俗学会会員。元南日本新聞記者。著書に『南島雑話の世界』、『奄美の債務奴隷ヤンチュ』、『新南島雑話の世界』、『南島植物、民俗学の泰斗 田代安定』で第四三回南日本出版文化賞受賞。

新井典子（あらい のりこ）東京生れ。拓殖大学国際学部教授（英語教育）、英マンチェスター大学 PhD（社会科学）。二〇一五年、大学のゼミ合宿で学生を連れ初めて奄美を訪問。大島紬の泥染め体験にはしゃぎ、田中一村に魅了される。近年は英語を頂点に据えた世界の言語ピラミッドを意識した言語政策・教育に関心を寄せる。

浜田百合子（はまだ ゆりこ）一九五三年、東京生れ。東京女子大学卒業後、出版社に勤務。結婚を機に奄美大島へ移住。一九九五年より二〇年間、奄美群島の情報誌「ホライゾン」を企画編集する。同誌は全国タウン誌フェスティバルにおいて各賞を受賞。（現在は全号が電子版）。また、同ＨＰ（https://amami-horizon.com）を英訳付きで制作し、二〇二一年度「鹿児島ＩＣＴｅＩ大賞」を受賞。元（一社）共同通信社奄美通信員。共著として、『奄美の食と文化』、『生命めぐる島奄美』（南日本新聞社）など。

東 美佐夫（ひがし みさお）一九五七年奄美市生れ。鹿児島大学工学部卒業。名瀬市採用、農林水産省出向、東京事務所、奄美群島広域事務組合、総務部長、奄美市副市長などを経る。奄振法や旧名瀬市及び群島の長期計画策定、未利用資源の研究（特許出願）などに携わる。放送大学や各種シンポジウム（内閣府地方創生シンポジウム等）での報告・講演など。著書に『島口むんばなしⅠ・Ⅱ』（南方新社、二〇二三）。第27回自費出版文化賞入選（地域文化部門）。

星野一昭（ほしの かずあき）一九五四年東京生まれ。自然保護レンジャーとして環境庁（当時）に入庁後、外務省、鹿児島県勤務を経て二〇一四年に環境省自然環境局長を最後に退職。この間、国立公園管理、野生生物保護、世界自然遺産の登録と管理に従事。二〇一五年から五年半、鹿児島大学特任教授として、奄美沖縄四島世界自然遺産候補地科学委員会の審議、奄美のノネコ対策や世界自然遺産理解のための普及啓発活動に尽力した。

南 祐和（みなみ ひろかず）一九四六年旧笠利町佐仁生れ。一九六九年愛知工業大学電子工学科卒、一九七二年家業の（株）南絹織物で大島紬製造に就く。一九八五年代表取締役社長就任。二〇〇一年龍郷町大勝へ移転、（株）夢おりの郷へ社名変更し体験観光施設及び保育園併設。二〇一八年会長就任。一九八三年奄美大島青年会議所理事長、一九九四年民族衣裳文化普及協会伝統文化賞受賞、二〇一三～一九年本場奄美大島紬伝統工芸士会会長。二〇二四年叙勲「瑞宝単光章」。

皆村武一（みなむら たけいち）一九四五年和泊町皆川生れ。一九六八年、鹿児島大学卒業、九州大学大学院を経て、一九七三年、鹿児島大学赴任、二〇一〇年三月退職、名誉教授。一九八〇年、経済学博士。主な著作『奄美近代経済社会論』（一九八八）、『戦後奄美経済社会論』（二〇〇三）、『ザタイムズにみる幕末維新』（一九九八）。

箕輪 優（みのわ ゆう）一九五一年奄美大島名瀬生れ。一九六九年県立大島実業高校卒業、同年東京消防庁採用。一九七五年国学院大学二部法学部卒業。二〇一一年東京消防庁定年退職。二〇一二年成城大学大学院文学研究科日本常民文化専攻博士課程前期入学、二〇一七年同後期課程修了。著書『近世・奄美流人の研究』（南方新社、二〇一八）、第二五回日本自費出版文化賞部門賞受賞（研究・

語部門）『大島御規模帳から見た奄美近世史』（[illegible]、二〇二二）

安田荘一郎（やすだ そういちろう）一九五三年名瀬生れ。二〇〇二年西郷精神「敬天愛人」を広めるためＮＰＯ法人グレース・ェ・サモサを設立。二〇〇三年日本復帰五〇周年を記念して奄美スローフードフォーラムを開催。二〇〇六年より龍郷西郷塾を開始、講師を務める。二〇一六年場所を奄美市に移し奄美西郷塾塾長として開塾、奄美全域における西郷像の啓発活動を行い、現在に至る。

四本延宏（よつもと のぶひろ）一九五四年伊仙町馬根生れ。法政大学文学部英文学科卒業。奄美群島文化財保護対策連絡協議会会長。著書に「亀焼古窯」『鹿児島考古』（共著、鹿児島県考古学会、一九八四）、「カムィヤキ窯跡発見」『奄美博物館講演会講演会資料集』（名瀬市教育委員会、二〇〇二）、「徳之島カムィヤキ陶器窯跡」谷川健一編『日琉交易の黎明』（二〇〇八）。

ヨーゼフ クライナー（Josef Kreiner）一九四〇年オーストリア・ヴィーン生れ。現在熊本県在住。ヴィーン大学、東京大学東洋文化研究所で民族学、考古学、日本研究を専攻。一九六二年、奄美をはじめ南西諸島等を調査（一九六四『奄美の村落社会と宗教』（独文）の論文でヴィーン大学で博士号を取得）。ヴィーン大学教授、ドイツ・ボン大学教授、ドイツ連邦政府立ドイツ日本研究所を設立、初代所長、法政大学特任教授等務める。著書に『南西諸島の神観念』（住谷一彦との共著、未来社、復刻版一九九九年）、『日本民族学の戦前と戦後―岡正雄と日本民族学の草分け』（編・著、東京堂出版、二〇一三年）、『加計呂麻島昭和37年―ヨーゼフ・クライナー撮影写真集』（南方新社、二〇一六年）ほか。一九九五年沖縄文化協会賞、二〇〇三年国際交流基金賞、二〇一七年南海文化賞、二〇二二年人間文化研究機構・日本研究国際賞。

リーディングス

外から見た奄美諸島
―奄美のアイデンティティは何か―

二〇二五年四月十日　第一刷発行

編　者　叶　芳和
発行者　向原祥隆
発行所　株式会社南方新社
〒八九二―〇八七三
鹿児島市下田町二九二―一
電話〇九九―二四八―五四五五
振替口座〇二〇七〇―三―二七九二九

印刷製本　シナノ書籍印刷株式会社
定価はカバーに印刷しています
乱丁・落丁はお取替えします
ISBN978-4-86124-536-7 C0025